小川英雄先生傘寿記念献呈論文集

古代オリエント研究の地平

小川英雄先生傘寿記念
献呈論文集刊行会編

LITHON

小川英雄先生(1993年5月撮影)

古代オリエント研究の地平
小川英雄先生傘寿記念献呈論文集

目　次

小川英雄先生　略歴　　　　　5

小川英雄先生　著作目録　　　6

三田の考古学・民族学　　　　　近森　正　35

小川英雄先生の傘寿を言祝ぐ　　　　　金関　恕　41

Greetings to Professor Hideo Ogawa from Amihai Mazar

Amihai Mazar　43

エマルの寡婦
　　──前 13 世紀シリア社会の一断面──　　　　　月本昭男　49

後期青銅器時代南レヴァントからエジプトへの物品提供
　　──「イヌウ」の解釈を通して──　　　　　間舎裕生　69

北イスラエル王国時代末期の歴史的研究序説　　　長谷川　修一　91

記録管理文書としてのアッシリア王室書簡　　　伊藤早苗　111

エジプト語における文連鎖
　　──エジプト語を支える「らしさ」の継承──　　　永井正勝　127

古代パレスティナにおける魚醤の利用　　　牧野久実　149

目　次　3

ローマ時代のコインに刻まれた運命の女神
　　──西方のフォルトゥナと東方のテュケーの図像をめぐって──
　　　　　　　　　　　　　　　　　　　　　　　　江添　誠　167

初期イスラーム時代のナバテア人
　　──イスファハーニー『歌の書』の考察を中心に──　徳永里砂　183

パレスチナ自治区ブルジュ・ベイティン遺跡の塔の機能と年代
　　──ビザンツ時代、十字軍時代の塔との比較を通して──
　　　　　　　　　　　　　　　　　　　　　　　　杉本智俊　207

ガンダーラ仏教美術における階段蹴込みレリーフの意味
　　──新資料に基づく再考──　　　　　　　　　　藤原達也　231

帝俊考──中国神話の暇な神（デウス・オティオースス）──　森　雅子　253

世界史の大学入試問題における古代オリエント史　高田　学　269

　　執筆者紹介　285

　　あとがき　　小川英雄先生傘寿記念献呈論文集刊行会　287

小川英雄先生　略歴

1935 年 6 月 23 日　川崎市生まれ

1960 年 3 月　慶應義塾大学文学部史学科西洋史専攻卒業
1962 年 3 月　慶應義塾大学文学研究科修士課程卒業
1965 年 3 月　慶應義塾大学文学研究科博士課程修了
1988 年 3 月　慶應義塾大学文学研究科より文学博士号授与

1963 年 4 月　慶應義塾大学文学部助手就任
1968 年 4 月　慶應義塾大学文学部専任講師就任
1970 年 4 月　慶應義塾大学文学部助教授就任
1978 年 4 月　慶應義塾大学文学部教授就任
2000 年 3 月　慶應義塾大学文学部教授退任
2001 年 4 月　慶應義塾大学名誉教授就任

1966–67 年　英国政府給費留学（ロンドン大学）
1974–75 年　オランダ政府給費留学（ユトレヒト大学）

1965、1966、1973、1974 年　イスラエル国テル・ゼロール遺跡
　　　　　　発掘調査に参加
1990–1992 年　イスラエル国エン・ゲヴ遺跡発掘調査に参加

　日本オリエント学会会長、三田史学会会長、日本宗教学会評議員、中近東
文化センター評議員、日本イスラエル文化研究会理事を歴任。

小川英雄先生　著作目録

著　書

〔1〕　『西洋史特殊Ⅰ―古代オリエント史』慶應義塾大学通信教育部、1972 年 10 月、1981 年 4 月

〔2〕　『オリエント神話 99 の謎：神々と宗教の起源を探る』（サンポウ・ブックス）、サンポウジャーナル、1978 年 11 月

〔3〕　『聖書の歴史を掘る―パレスチナ考古学入門』（オリエント選書 1）、東京新聞社出版局、1980 年 6 月

〔4〕　『古代オリエント』（ヴィジュアル版世界の歴史　第 2 巻）、講談社、1984 年 10 月、1988 年 2 月、1989 年 10 月

〔5〕　『古代オリエントの宗教』（エルサレム文庫 2）、エルサレム宗教文化研究所、1985 年 5 月、1986 年 5 月（第二刷）

〔6〕　『イスラエル考古学研究』（以下、目録中のⒶの論考を再録）、山本書店、1989 年 7 月

〔7〕　『オリエント考古学』慶應義塾大学通信教育部、1991 年 9 月

〔8〕　『ミトラス教研究』（以下、目録中のⒷの論考を再録）、リトン、1993 年 2 月

〔9〕　『ローマ帝国の神々―光はオリエントより』（中公新書）、中央公論新社、2003 年 10 月

〔10〕　『改訂・西洋史特殊Ⅰ―古代オリエント史』慶應義塾大学出版会、2011 年 4 月、2013 年 4 月

〔11〕　『古代オリエントの歴史』慶應義塾大学出版会、2011 年 4 月

〔12〕　『発掘された古代オリエント』リトン、2011 年 12 月、〔7〕の増補改訂版

共著・編著

〔1〕　「古代ヘブル人の戦争」、林健太郎・堀米庸三編『古代オリエントの興亡』（世界の戦史第一巻）、人物往来社、1965 年 6 月、（分担執筆）231-280 頁

〔2〕　"Area C,"「C 地区」in K. Ohata, ed. *Tel Zeror II*, 1965, 日本オリエント学会、1967 年 12 月、（分担執筆）20-30 頁（英文）、33-51 頁（和文）

〔3〕　「磨崖のモニュメント」、「隊商都市」、座談会「都市、王宮、神殿、王墓」、三笠

宮崇仁・杉勇編集『オリエントの廃墟』（世界の文化史蹟　第二巻）、講談社、1968 年 12 月、1978 年 6 月（第二版）、（分担執筆）67 頁、138 頁、216-219 頁、図版解説

〔4〕　「カナーン人の歴史」、「ヘブライ人の歴史」、江上波夫監修『文明の誕生』（世界歴史シリーズ第一巻）、世界文化社、1968 年 5 月、（分担執筆）100-102 頁、132-142 頁

〔5〕　「陣営皇帝の時代」、秀村欣二編『古代〈西洋〉』（世界歴史シリーズ第一巻）、学習研究社、1969 年 10 月、（分担執筆）340-345 頁

〔6〕　"Area A II" and "Area C,"「A II 地区」「C 地区」in K. Ohata, ed. *Tel Zeror III*, 1966, 日本オリエント学会、1970 年 8 月、（分担執筆）14-2 頁、49-53 頁（英文）及び 19-40 頁、73-78 頁（和文）

〔7〕　『歴史（西洋史）』慶應義塾大学通信教育部、1971 年 3 月、（分担執筆）1-24 頁

〔8〕　「古代シリアの歴史と美術」、『砂漠の星と祈り：イラク・シリアの美術』（オリエントの文化遺産／並河萬里写真 2）、集英社、1972 年 6 月、（分担執筆）149-161 頁、図版解説

〔9〕　『華麗な幻像：トルコの史跡と美術』（オリエントの文化遺産／並河萬里写真 3）、集英社、1972 年 8 月、（分担執筆）図版解説

〔10〕　「ヘレニズム時代の西アジア」前島信次編『西アジア史』（世界各国史第 11 巻）山川出版社、1972 年 5 月、1974 年 8 月、1975 年 10 月、1980 年 3 月、（分担執筆）45-82 頁

〔11〕　「西アジア史研究の現状 1　古代オリエント（2）」『歴史と地理（世界史の研究 69）』山川出版社、21-31 頁、1972 年 11 月

〔12〕　村上堅太郎・江川波夫編『新版詳説「世界史」（文部省検定済教科書）教授資料』山川出版社、1973 年 4 月、（分担執筆）37-42 頁

〔13〕　「フェニキア美術」、新規矩男編『古代地中海美術』（大系世界の美術 4）、学習研究社、1973 年 8 月、（分担執筆）310-315 頁、図版解説

〔14〕　*The Tel Zeror Excavation*, 日本オリエント学会、1974 年、（英文、分担執筆）

〔15〕　神田信夫、柴田三千雄編著『「世界の歴史」（文部省検定済教科書）教授資料』山川出版社、1974 年 4 月、（分担執筆）1-3 頁、17-19 頁、20-23 頁、24-26 頁、29-30 頁、56-64 頁

〔16〕　「イラン文明の歴史」『イラン・イラク・アラビア』（世界の国 6）、講談社、1974 年 9 月、（分担執筆）42-54 頁、図版説明

〔17〕　「シリア・パレスチナの美術」、「ナバタエ・アラビアの美術」、新規矩男編『古代西アジア美術』（大系世界の美術 2）、学習研究社、1975 年 4 月、（分担執筆）304-312 頁、図版解説

〔18〕　「テル・ゼロール出土切妻形屋根付墳墓について」『三笠宮殿下還暦記念オリエン

ト学論集』講談社、1975 年 12 月、84-91 頁Ⓐ

〔19〕「ミトラス教とオリエント」『足利惇氏博士喜寿記念論文集』国書刊行会、1978 年 5 月、105-106 頁Ⓑ

〔20〕 "The Concept of Time in Mithraic Mysteries," in J. T. Fraser et al. eds. *The Study of Time III*, New York & Berlin: Springer-Verlag, 1978, 658-679

〔21〕 "Mithraic Ladder Symbols and the Friedberg Crater," in M. B. de Boer and T. A. Edridge eds. *Hommages à Maarte J.Vermaseren. 2*, Leiden: Brill, 1978, 854-873

〔22〕「ギリシア・ローマ宗教」『世界の宗教と経典・総解説』自由国民社、1979 年 2 月、(分担執筆) 6-12 頁

〔23〕「来世に連なる一筋の道」『シリア国立博物館』(世界の博物館 18)、講談社、1979 年 4 月、(分担執筆) 89-92 頁

〔24〕「ミトラス教信者組織の女性的要素」『日本オリエント学会創立 25 周年記念「オリエント学論集」』刀水書房、1979 年 11 月、115-128 頁Ⓑ

〔25〕「戦士と大地母神」、「初期地中海美術の遺跡と美術館めぐり」、「年表」(共編)、『地中海文明の開花』(新潮古代美術館 6)、新潮社、1980 年 5 月、(分担執筆) 81-96 頁、97-112 頁、136-137 頁

〔26〕「オリエントの遺跡と美術館めぐり」『オリエントの曙光』(新潮古代美術館 1)、新潮社、1980 年 9 月、(分担執筆) 97-113 頁

〔27〕「ローマ帝政期のブリタニア」『指導用補助資料 世界史シリーズ』帝国書院、1980 年

〔28〕松本清張編『正倉院への道』日本放送出版協会、1981 年 11 月、1985 年 2 月 (第二刷)、(シンポジウム参加)

〔29〕「ミトラス・イシス・サバジオスの崇拝」、杉勇、前島信次、護雅夫編『渦巻く諸宗教』(オリエント史講座 3)、学生社、1982 年 3 月、(分担執筆) 117-135 頁

〔30〕曽野綾子編著『聖パウロの世界をゆく』講談社、1982 年 9 月、1985 年 11 月、(シンポジウム形式)

〔31〕『連接來世的道路 希臘・羅馬時代的敍利亜之生活與藝術敍利亞国立博物館 (呉密察主譯) (世界博物館 18)』、文化事業股份有限公司、中華民国七十二年二月一日、89-92 頁、〔23〕『シリア国立博物館』の中国語訳

〔32〕『シンボル研究』(共著) 慶應義塾大学松永記念文化財研究基金による研究報告、1983-1985 年

〔33〕『埋没都市ポンペイ：その日何が起こったか NTV スペシャル』日本テレビ放送網、1983 年 10 月、(分担執筆) 108-112 頁

〔34〕「ミトラス教の基本的性格」『日本オリエント学会創立三十周年記念オリエント学論集』刀水書房、1984 年 6 月、83-96 頁Ⓑ

〔35〕 "Mitras and the Bible" 古代オリエント博物館編『江上波夫先生喜寿記念古代オ

リエント論集』山川出版社、1984 年 7 月、55-64 頁

〔36〕「聖書考古学の理論と歴史」『聖書考古学大事典』講談社、1109-1112 頁、1984 年 7 月

〔37〕『聖書美術館 5　聖書の旅』毎日新聞社、1985 年 3 月、101-105 頁、150-151 頁

〔38〕『西アジアの古代遺跡　不思議古代大百科　古代遺跡と古代文明のすべてがわかる本』(『トワイライトゾーン』別冊) ワールド・フォト・プレス、1985 年 4 月、17-32 頁

〔39〕「新石器時代アナトリアにおける「私」の発見」、宗教史学研究所編『聖書とオリエント世界』山本書店、1985 年 5 月、227-252 頁

〔40〕「テル・ゼロールの古名について」、慶應義塾大学東洋史研究室編『西と東と：前島信次先生追悼論文集』汲古書院、1985 年 6 月、1985 年 6 月、33-46 頁Ⓐ

〔41〕"Mitras and the Goddesses" 三上次男博士喜寿記念論文集編集委員会編『三上次男博士喜寿記念論文集　歴史篇』平凡社、1985 年 8 月、330-346 頁

〔42〕「古代テル・ゼロールの基本的性格について」、日本オリエント学会編『三笠宮殿下古稀記念オリエント学論集』、小学館、1985 年 12 月、100-111 頁Ⓐ

〔43〕『聖바울로의世界를가다』曽野綾子編著、伊元鎬訳、文学思想社出版部、ソウル特別市、1985 年 12 月、〔30〕の韓国語訳

〔44〕「セミラミス伝説におけるアナトリア的要素」『深井晋司博士追悼シルクロード美術論集』吉川弘文館、1987 年 2 月、83-100 頁

〔45〕『地中海アジアの古都』(編・著、江上波夫監修／世界の大遺跡　第 3 巻)、講談社、1987 年 7 月

〔46〕史学会編『日本歴史学界の回顧と展望 19―西アジア・アフリカ 1949 ～ 85』山川出版社、1988 年 2 月、(分担執筆) 93-96 頁

〔47〕「地中海沿岸の諸民族」『西洋の歴史 (古代・中世編)』ミネルヴァ書房、1988 年 7 月、(分担執筆) 40-49 頁

〔48〕「來世로이어지는한줄기의길」『시리아國立博物館 (世界의博物館 17)』한국일본社、1988 年 12 月、89-92 頁、〔23〕の韓国語訳

〔49〕「ソロモンとシバの女王」『週刊朝日百科　世界の歴史 8』朝日新聞社、1989 年 1 月、(分担執筆) 56-57 頁

〔50〕「農耕がもたらしたもの」、「都市が崩壊する」、「とさ―シュメールの哀歌」、「メソポタミアの農耕」、「オリエントの農事暦」、「古代ゲームの謎」『週刊朝日百科世界の歴史 9』朝日新聞社、1989 年 1 月、(分担執筆) 34 頁、48-49 頁、57-61 頁

〔51〕「海の上の人類史とは」、「漂流と海賊」、「葦船ティグリスの航海」『週刊朝日百科世界の歴史 14』朝日新聞社、1989 年 2 月、(分担執筆) 65 頁、73 頁、79 頁

〔52〕「ゲシュールとエンゲヴ遺跡」、慶應義塾大学民族学考古学研究室編『考古学の世

10

界』新人物往来社、1989 年 6 月、584-596 頁

〔53〕「古代オリエント―その出土遺物の背景」、天理大学・道友社 共編『ひとものこ
ころ　第三期　第二巻　古代オリエント 1』天理教道友社、1990 年 3 月、（分担
執筆）8-13 頁

〔54〕「ミトラス教における軍事的要素」『日本オリエント学会創立三十五周年記念オリ
エント学論集』刀水書房、1990 年 7 月、55-71 頁Ⓑ

〔55〕「古代オリエントのアジール」、宮家準、小川英雄編『聖なる空間』（宗教史学論
叢 5）、リトン、1993 年 11 月、131-148 頁

〔56〕『オリエント世界の発展』（世界の歴史 4）、（山本由美子氏と共著）中央公論社、
1997 年 7 月、

〔57〕「ミトラスの密儀と太陽神」、松村一男、渡辺和子編『太陽神の研究　下』（宗教
史学論叢 8）リトン、2003 年 3 月、183-202 頁

〔58〕「ミトラス教とコマゲネ」『三笠宮殿下米寿記念論集』刀水書房、2004 年 11 月、
165-177 頁

〔59〕『改訂・歴史（西洋史）』（共著）慶應義塾大学通信教育教材、2008 年 4 月、
2009 年 4 月（再改訂）、11-35 頁

〔60〕『オリエント世界の発展』（世界の歴史 4、中公文庫）、（山本由美子氏と共著）、
中央公論社、2009 年 12 月、〔56〕の増補改訂文庫版

〔61〕「地中海沿岸の諸民族」『西洋の歴史（古代・中世編）』ミネルヴァ書房、2010 年
1 月、2011 年 10 月（増補改訂版）、（分担執筆）40-49 頁

翻　訳

〔1〕　フェルマースレン『ミトラス教』山本書店、1973 年 10 月、1974 年 4 月（第二
刷）、1979 年 12 月（第三刷）、1986 年 11 月（第四刷）、1991 年 8 月（第五刷）。
M. J. Vermaseren, Mithras de geheimzinnige God, Amsterdam: Elsevier, 1959
(Mithras, the Secret God, London: Chatto and Windus, 1963)

〔2〕　『日本語版ブリタニカ』TBS ブリタニカ、1974 年
馬車

〔3〕　『ブリタニカ国際大百科事典』TBS ブリタニカ、1977 年
［監修及び補筆］アナザルボス　アパメア　アヒヤ　アミュンタス三世　アリア
ラテース I ～ X　アリオバルザネース　アリュアッテース　アルテミシア　アレ
クサンドロス　ヤンナイオス　イシボセテ　イスラエル史　イドゥメア　イズレ
ル　イゼベル　エクロン　エジオン・ゲベル　エドム人　エビル＝メロダク　エ

リコ　エルサレム史　王の道　オクソス　オスロエネ王国　オデナトゥス　オニアス4世　ガト　ガーナ　カペナウム　カルナイム　キュアクサレス　キルアテ・セベル　ギルガル　ギレアデ　近東　クナクサの戦い　クロイソス　クムラン廃墟　ゲシュル　ケニ人　ゲゼル　ゲネサレ　ゲラサ　ゲリジム山　ゴイム　シケム　シモン　新バビロニア　スコテ　ゼノビア　セレウコスI　セレウコス朝　ソロモン　ディアスポラ　デカポリス　ドウラ・エウロポス　トビヤ家　トラレス　ドル　ナバタイ人　ヌミディア　ハゾル　バテシバ　パルミュラ　ヒェラポス　フリュギア　フルク5世　フルリ人　ペカ　ペリシテ人　ベレニケ (2)　ヘレニズム的ユダヤ教　ヘロデ大王　ミュラ　ミュシア　メギド　モチア　ユダ王国　ユバ　ヨッパ　ラキシュ　リュキア　リュカオニア　レバント地方
［執筆］イスラエル王国　プトレマイオスI〜XV　ミトラダテスI〜VI　ユダ王国

〔4〕　Y.ヤディン『バル・コホバ』山本書店、1979年12月。Y. Yadin, *Bar-Kokhba: The Rediscovery of the Legendary Hero of the Second Jewish Revolt against Rome*, Weidenfeld and Nicolson, London, 1971

〔5〕　T.ヘイエルダール『ティグリス号探検記—文明の起源を求めて』（共訳）、筑摩書房、1981年11月、1989年6月（ちくま文庫版）。T. Heyerdahl, *The Tigris Expedition: In Search of our Beginnings*, Doubleday, New York, 1981

〔6〕　J. M.ロバーツ『図説：世界の歴史　2　文明のあけぼの』（共訳、監修）、小峰書店、1982年8月、1983年、1985年。J. M. Roberts, *An Illustrated World History: The first civilizations*, Penguin, 1980

〔7〕　J. M.ロバーツ『図説；世界の歴史　3　ギリシア・ローマの遺産』（共訳、監修）、小峰書店、1982年8月、1983年、1985年。J. M. Roberts, *An Illustrated World History: The World of Greece and Rome*, Penguin, 1980

〔9〕　『旧約新約聖書大事典』教文館、1989年6月。B. Reicke and L. Rost eds., *Biblisch-historisches Handwörterbuch*, Vandenhoeck & Ruprecht, 1962-1979　アシェラ他28項目

〔9〕　『聖書考古学大事典』（共訳）、講談社、1984年7月。M. Avi-Yonah, B. Mazar, Y. Yadin eds., *Encyclopedia of Archaeological Excavarions in the Holy Land*, Jerusalem, 1970

〔10〕　ケニヨン著『カナン人とアモリ人』山本書店、1984年8月。K. M. Kenyon, *Amorites and Canaanites*, Oxford University Press, 1966

〔11〕　フェルマースレン著『キュベレとアッティス、その神話と祭儀』、新地書房、1986年4月。M. J. Vermaseren, *Cybele and Attis*, Thames and Hudson, London, 1977

〔12〕　G.ダウニー『地中海都市の興亡—アンティオキア千年の歴史』新潮社、1986年

8月、1989年7月（第五刷）。G. Downey, *Ancient Antioch*, Princeton University Press, 1960

〔13〕 S. N. クレーマー『聖婚―古代シュメールの信仰・神話・儀礼―』（共訳）、新地書房、1989年11月。S. N. Kramer, *The Sacred Marriage Rite, Bloomington*, IN: Indiana University Press, 1969

〔14〕 「帝国の考古学」、「紅海沿岸の国々」、クリス・カー編『朝日＝タイムズ　世界考古学地図　人類の起源から産業革命まで』（共訳）、朝日新聞社、1991年10月

〔15〕 フランツ・キュモン『ミトラの密儀』平凡社、1993年11月。F. Cumont, *Les mystères de Mithra*, Bruxelles, 1913

〔16〕 *En-Gev Excavation, The Japanese Archaeological Project in The Biblical Land*, （英訳）、天理大学、1994年3月31日

〔17〕 フランツ・キュモン『古代ローマの来世観』平凡社、1996年6月。F. Cumont, *After Life in Roman Paganism*, Yale UniversityPress, 1922

監　修

〔1〕 フランツェンロ（蔗沢紀志夫訳）『クレオパトラ』（監修及び年表製作）、河出書房新社、1963年11月

〔2〕 『世界史用語集』（一部監修）、山川出版社、1975年3月

〔3〕 『人類の歴史200万年』（一部監修）、リーダーズ・ダイジェスト社、1980年6月

〔4〕 『ミリオーネ全世界事典（イル・ミリオーネ）』全14巻（一部監修）、学習研究社、1980年11月

〔5〕 『メトロポリタン美術全集　第一巻　古代エジプト・オリエント』（鈴木まどか氏と共同監修）、福武書店、1987年1月

〔6〕 『朝日＝タイムズ　世界考古学地図　人類の起源から産業革命まで』（鈴木公雄、樺山紘一、青柳正規氏と共同監修）、朝日新聞社、1991年10月

〔7〕 『世界の文化・自然遺産：みんなで守ろう』全七巻、学習研究社、1994年5月

〔8〕 『聖書の世界　ビジュアル博物館』同朋出版、1994年8月

〔9〕 「古代都市マダイン・サリ」（矢島文夫氏と共同監修）『クォーク』4月号、講談社、1996年、100-109頁

〔10〕 ピエール・ブリアン『ペルシア帝国』（知の再発見双書57）創元社、1996年5月

〔11〕 「古代都市マダイン・サリ」『幻の超古代文明』（クォーク・スペシャル）講談社、

1997 年 5 月＝〔9〕

〔12〕 『3 日でわかる古代文明』（知性の basic シリーズ）ダイヤモンド社編、ダイヤモンド社、2001 年 9 月
〔13〕 『ペトラ』、TBS 第 6 チャンネル、23：30─24：00、2002 年 12 月 8 日放送
〔14〕 『3 인만에열는고대문명』Seoul, Seoul Cultural Publishers, 2003.〔12〕の韓国語訳
〔15〕 ジョナサン・N・タブ『写真で見る聖書の世界』（日本語版監修）、あすなろ書房、2006 年 10 月
〔16〕 『ペトラ（THE 世界遺産）』、TBS 第 6 チャンネル、18：00─18：30、2010 年 7 月 11 日放送

学位論文

学部卒業論文　1960 年 3 月、慶應義塾大学
〔1〕 「ナバテア人とヘレニズム」
〔2〕 「古代東方におけるミトラ神信仰の進化」
修士論文　1962 年 3 月、慶應義塾大学
　　「ナバテア王国の社会的発展について」
博士論文　1988 年 3 月、慶應義塾大学
　　「イスラエル考古学研究」

論　文

〔1〕 「ナバテア王国の成立について」『史学』33 巻 3・4 号、1961 年 4 月、167-188 頁
〔2〕 「ナバテア王国の経済活動について」『オリエント』5 巻 1 号、1962 年、19-32 頁
〔3〕 「ナバテア王オボダスの神格化について」『史学』35 巻 2・3 号、1962 年 12 月、203-238 頁
〔4〕 「古代末シリア宗教史研究（一）」『史学』37 巻 2 号、1964 年 8 月、85-108 頁
〔5〕 「ミトラとクロノス」『オリエント』7 巻 3・4 号、1964 年、63-78、142 頁
〔6〕 「古代末シリア宗教史研究（二）」『史学』37 巻 4 号、1965 年 2 月、57-76 頁
〔7〕 「古代末シリア宗教史研究（三)」『史学』39 巻 1 号、1966 年 7 月、91-114 頁

〔8〕 「ウン・マル・アマッド発掘報告書の再検討」『オリエント』10巻3・4号1967年、81-102頁、

〔9〕 「サマリア発掘調査史考（一）」『史学』41巻2号、1968年12月、123-136頁Ⓐ

〔10〕 「ミトラ教の起源について」『宗教研究』42巻4号、1969年6月、97-116頁Ⓑ

〔11〕 「サマリア発掘調査史考（二）」『史学』42巻2号、1969年11月、19-98頁Ⓐ

〔12〕 「マリサ発掘調査報告書の再検討」『ユダヤ・イスラエル研究』5/6巻、1970年10月、1-14頁

〔13〕 「ドゥラ・エウロポスのミトラス神殿と初期ミトラス教（一）」『史学』44巻2号、1971年1月、1-24頁Ⓑ

〔14〕 「サマリアのコレー女神遺跡の編年」『古代学』17巻4号、1971年3月、233-243頁

〔15〕 「ローマ帝政期サマリアの宗教事情」『西南アジア研究』22巻、1971年9月、17-36頁

〔16〕 「テル・ゼロール出土滑石製祭祀用小鉢断片について」『オリエント』14巻1号、1971年、133-162頁Ⓐ

〔17〕 「ドゥラ・エウロポスのミトラス神殿と初期ミトラス教（二）」『史学』44巻4号、1972年4月、75-96頁Ⓑ

〔18〕 "A Steatite Bowl from Tel Zeror," Orient 7, 1972, 25-48

〔19〕 「ミトラ教とキリスト教の関係についての最近の論潮」『オリエント』16巻2号、1973年、129-138頁Ⓑ

〔20〕 「ドゥラ・エウロポスのミトラス神殿と初期ミトラス教（三）」『史学』45巻3号、1973年5月、69-90頁Ⓑ

〔21〕 「ポール・ラップと聖書考古学」『史学』46巻4号、36-56頁、1975年6月Ⓐ

〔22〕 「ミトラス神一代記における時間の概念」『慶應義塾大学言語文化研究所紀要』第8号、1976年12月、207-222頁Ⓑ

〔23〕 "A Gable-Roofed Grave at Tel Zeror, Israel," Orient 12, 1977, 27-46

〔24〕 「フリードヘルク出土のクラテールの装飾について」『オリエント』20巻1号、1977年、95-106頁Ⓑ

〔25〕 "The Origins of Mithraic Mysteries and the Idea of Proto-Mithraism," Orient 13, 1978, 21-30

〔26〕 「ミトラス教の彼岸観」『月間シルクロード』Ⅳ巻9号、1978年11月、50-52頁

〔27〕 「ローマ帝国への古代オリエント宗教の流入」『オリエント』22巻1号、1979年、21-30頁Ⓑ

〔28〕 「ミトラス教神概念における女性的要素」『法学研究』54巻3号、1981年3月、235-253頁Ⓑ

〔29〕 「滑石製祭祀用小鉢と前一千年紀前半の地母神崇拝」『ユダヤ・イスラエル研究』

10 号、1982 年 8 月、1-9 頁Ⓐ

〔30〕「滑石製祭祀用具再論」『史学』52 巻 2 号、1982 年 9 月、23-34 頁Ⓐ

〔31〕「ヤハウェ・風土・国際情勢―古代オリエントの一神教崇拝によせて」『聖書と教会』昭和 57 年 10 月号、1982 年 10 月、2-7 頁

〔32〕「古代オリエントの都市」、中村孚美編『都市人類学（現代エスプリ別冊「現代の人類学」シリーズ　第二号）』至文堂、1983 年 12 月、27-53 頁

〔33〕「ミトラス教と東アジアの古代仏教」『大法輪閣』昭和 59 年 4 月号、1984 年 4 月、44-53 頁

〔34〕 "Hellenistic and Roman Towers on the North Rise, Tel Zeror," *Orient* 20, 1984, 109-128

〔35〕「男性原理と女性原理の問題　オリエント神話の場合」、川床睦夫編『シンポジウム　イスラームの宗教意識とその周辺―中近東の宗教意識の諸側面―』中近東文化センター、1984 年 12 月、85-93 頁

〔36〕「テル・ゼロールとクムラン」『オリエント』29 巻 1 号、1986 年、32-47 頁Ⓐ

〔37〕「ヘロドトス I　104-106 の歴史的背景」『ユダヤ・イスラエル研究』11 号、1988 年 10 月、1-7 頁

〔38〕「古代テル・ゼロール―その集落と宗教―」『西南アジア研究』30 号、1989 年 6 月、71-81 頁

〔39〕「ミトラスの密儀と地母神崇拝」『宗教研究』63 巻 1 号、1989 年 6 月、75-92 頁Ⓑ

〔40〕「メルカルトの神性について」『ユダヤ・イスラエル研究』12 号、1990 年 3 月、8-16頁

〔41〕「ミトラス教起源論の諸問題」『オリエント』33 巻 1 号、1990 年、1-14 頁

〔42〕「ミトラス教のシンボルと神話にみられる女性的要素の痕跡」『歴史研究』618 号、1991 年 4 月、13-17 頁Ⓑ

〔43〕 "Bronze Industry Remains at Tel Zeror, Israel," in *Near Eastern Studies: Dedicated to H.I.H. Prince Takahito Mikasa on the Occasion of His Seventy-Fifth Birthday* (BMECCJ, vol. V), Wiesbaden: Otto Harrassowitz, 1991, 267-278

〔44〕「ミトラスとシャドラファ」『ユダヤ・イスラエル研究』13 号、1992 年 8 月、22-29頁

〔45〕 "The Origin of Militaristic Elements in the Mithraic Mysteries," *Orient* 28, 1992, 124-131

〔46〕「ミトラス崇拝とキュベレ崇拝の関係について」『オリエント』36 巻 1 号、1993 年、38-54 頁

〔47〕「ミトラス教図像の付属場面」『史学』63 巻 4 号、1994 年 8 月、85-100 頁

〔48〕「フランツ・キュモンのローマ帝国宗教論」『松山大学論集』（星野陽教授記念号）

6 巻 4 号、1994 年 10 月、27-41 頁

〔49〕 "Discrepancies between the Cults of Mithras and Cybele," *Orient* 30-31 (Special Issue), 1995, 254-269

〔50〕 「ミトラス神殿の起源、性格、影響について」『オリエント』39 巻 1 号、1996 年、69-84 頁

〔51〕 「エンゲヴ出土の列柱付き建造物について」『オリエント』41 巻 1 号、1998 年、48-64 頁

研究報告

〔1〕 「ミトラ教史の方法論」『宗教研究』44 巻 3 号、1971 年 3 月、27-28 頁Ⓑ

〔2〕 「ドゥラ・エウロポスのミトラス教史料」『宗教研究』45 巻 3 号、1972 年 3 月、26-27 頁

〔3〕 「ローマ帝国におけるアーリマン信仰」『宗教研究』46 巻 3 号、1973 年 3 月、26-27 頁

〔4〕 「ミトラス教神統記におけるサトゥルヌス神」『宗教研究』47 巻 3 号、1974 年 3 月、60-61 頁

〔5〕 「ミトラス教のローマ的性格」『宗教研究』51 巻 3 号、1977 年 12 月、183-184 頁Ⓑ

〔6〕 「王妃セミラミスと地母神キュベレ」『宗教研究』59 巻 4 号、1986 年 3 月、349-350 頁

〔7〕 「ミトラス教における軍事的要素の意味」『宗教研究』62 巻 4 号、1989 年 3 月、161-162 頁Ⓑ

〔8〕 「シャンドラファとミトラス」『宗教研究』64 巻 4 号、1991 年 3 月、150-152 頁

〔9〕 「ミトラス教の神統記について」『宗教研究』67 巻 4 号、1994 年 3 月、135-136 頁

辞典・事典の項目執筆

〔1〕 『学芸百科辞典』旺文社、1970 年
アモリ人　アラム語　アラム人　イスラエル王国　イスラエル共和国　エルサレム　カナン　死海文書　神政　サマリア　パレスティナ　パリサイ人　ヘロデ

マッカベイ王朝　ユダ王国

〔2〕　『宗教学辞典』東京大学出版会、1973 年
　　　ミトラス教　地母神

〔3-6〕『世界美術小辞典（芸術新潮）』新潮社、1975 年 12 月号、1976 年 1 月号、2 月
　　　号、9 月号
　　　テル・アナファ他約 40 項目

〔7〕　『グランド現代百科事典』（全 21 巻）学習研究社、1970 年〜 1976 年
　　　アッタロス一世　アンティオキア　アンティオコス一世　アンティゴノス一世
　　　エジプト史　エデッサ　キュベレ　ナバテア人　ハスモン朝　パルミラ　ペトラ
　　　マッカベイ戦争　ミトラス教　ユダス・マッカバイオス　ユダヤ戦争　ヨセフス

〔8〕　『図説人物事典』学習研究社、1977 年
　　　アッタロス一世　アンティオコス一世　アンティゴノス一世

〔9〕　『世界人名事典』旺文社、1977 年
　　　ヘロデ

〔10〕　『古代文明と遺跡の謎・総解説』自由国民社、1981 年 8 月、27-33 頁、90-102
　　　頁、106-115 頁
　　　ヘレニズム文明　パルミラ　バールベック　エルサレム　ペトラ　メダイン・サ
　　　リ　マーリブ　ハドラマウト　カッパドキアの岩窟教会　トロイ

〔11〕　『日本大百科全書「ニッポニカ」』小学館、全 25 巻、1982 年 6 月〜 1983 年 3 月
　　　アッタロス一世　アッタロス二世　アッタロス三世　アンティオコス一世　アン
　　　ティオコス二世　アンティオコス三世　アンティオコス四世　アリュアッテス
　　　ガラテア　クロイソス　死海文書　シリア王国　セレウキア　リュディア　バク
　　　トリア　マサダ　セレウコス一世　ミトラス教　ミトラ

〔12〕　『世界大百科事典』平凡社、1988 年 3 月
　　　ナバテア王国　ペトラ　ミトラ　ミトラス教　フェニキア　アララク　ウガリト
　　　カルケミシュ　ビュブロス　ハマト　シリア（古代）

〔13〕　『新カトリック大事典』（全 5 巻）研究社、1988 年〜 2010 年
　　　カイサレイア　キュロス　クシュ　シェバ　聖書考古学　聖書地理学　陶器　テ
　　　ル　ハツォル

〔14〕　『新潮世界美術辞典』新潮社、1985 年 2 月＝〔3-6〕の再録

〔15〕　『旧約新約聖書大事典』教文館、1989 年 6 月
　　　最近の考古学とパレスチナ発掘

〔16〕　『世界宗教事典』（山折哲雄監修）平凡社、1991 年
　　　ミトラ、ミトラス教

〔17〕　『改訂版　ブリタニカ国際大百科事典』TBS ブリタニカ、1991 年
　　　オリエントの神話

〔18〕 日本オリエント学会編『古代オリエント事典』岩波書店、2004 年 12 月
キュベレ　テル・ゼロール　ナバテア人　バアルベック　ペトラ　ベロッソス
ポセイドニオス　ミトラス教
〔19〕 『聖書の謎百科』荒地出版社、2006 年 12 月、240-253 頁
聖書の考古学
〔20〕 島薗進他編『宗教学文献事典』弘文堂、2007 年 11 月、88 頁
「ローマ帝国の神々―光はオリエントより」(紹介)

書評・紹介

〔1〕 「M. Hadas, Hellenistic Culture, 1959」『史学』33 巻 1 号、1960 年 12 月、112-
115 頁
〔2〕 「N. Glueck, Rivers in the Desert, 1959」『史学』34 巻 3・4 号、1962 年 3 月、
116-175 頁
〔3〕 「セム人の発祥地の問題―Grintz による批判的要約」『史学』36 巻 1 号、1963 年
8 月、107-112 頁
〔4〕 「田村実造編訳『イブン・ハルドゥーンの歴史序説』アジア経済研究所」『オリエ
ント』7 巻 1 号、1964 年、62 頁
〔5〕 「G. Douney, A History of Antioch in Syria, 1958」『史学』37 巻 3 号、1964 年
11 月、117-122 頁
〔6〕 「ロンドン大学考古学研究所のオリエント学」『オリエント』11 巻 3/4 号、1968、
104 頁
〔7〕 「R. Merryfield, Roman City of London」『史学』41 巻 4 号、1969 年 3 月、113-
115 頁
〔8〕 「Collingwood and Wright, Roman Inscriptions in Britain, 1965」『史学』42 巻 1
号、1969 年 8 月、126-128 頁
〔9〕 「ミトラ教信仰史研究国際会議」『オリエント』13 巻 1/2 号、1970 年、42 頁
〔10〕 「L. A. Cambell, Mithraic Iconography and Ideology, 1968」『オリエント』13 巻
1/2 号、1970 年、177-182 頁
〔11〕 「前島信次著『東西文化交流の諸相』誠文学新光社」『オリエント』12 巻 3/4 号、
1969 年、135-136 頁
〔12〕 「パレスティナ考古学の動向（ヘレニスティック時代）」『オリエント』14 巻 2 号、
1971 年、39-40 頁
〔13〕 「G. Dowey 教授の業績紹介」『オリエント』20 巻 1 号、1977 年、120 頁

〔14〕「蛭沼寿雄、秀村欣次、新見宏、荒井献、加納正弘著『原点新約時代史』山本書店　1976」『オリエント』20 巻 1 号、1977 年、229-231 頁

〔15〕「流沙海西奨学会篇『アジア文化史論叢　1』山川出版社　1978」『オリエント』21 巻 2 号、1978 年、142-145 頁

〔16〕「関谷定夫著『図説・旧約聖書の考古学』ヨルダン社　1979」『オリエント』21 巻 2 号、1978 年、146 頁

〔17〕「Arabia Society の活動について」『オリエント』22 巻 2 号、1979 年、172 頁

〔18〕「杉山二郎『オリエント考古美術誌』NHK ブックス、1981」『東京新聞』、1981 年 3 月 23 日

〔19〕「関谷定夫著『図説・新約聖書の考古学』講談社　1981」『西南学院大学広報』No.59、1982 年 1 月、6 頁

〔20〕「H. T. フランク　秀村欣次・高橋正男訳『聖書の世界』東京書籍　1983」『オリエント』26 巻 2 号、1983 年、174 頁

〔21〕「フィネガン　三笠宮崇仁訳『考古学から見た古代オリエント史』岩波書店 1983」『オリエント』26 巻 2 号、1983 年、175 頁

〔22〕「H. T. フランク　秀村欣次・高橋正男訳『聖書の世界』東京書籍　1983」『史学雑誌』93 巻 6 号、1984 年 6 月、118 頁

〔23〕「H. T. フランク著、森村信子訳『聖書の考古学　上・下』エンデルレ書店　昭和 59 年、60 年」『オリエント』28 巻 1 号、1985 年、195-196 頁

〔24〕「A. B. チェイス著、吉成薫訳『リンド数学パピルス』全 2 冊　朝倉書店　1985」『オリエント』28 巻 2 号、1985 年、99-100 頁

〔25〕「I. ヤディン著、石川耕一郎訳『ハツォール』山本書店　1986」『オリエント』29 巻 2 号、1986 年、156-158 頁

〔26〕「ハンセン著、伊吹寛子訳『幸福のアラビア探検記』六興出版社　1987」『オリエント』30 巻 2 号、1987 年、100-101 頁

〔27〕「M. パールマン著、小野寺幸也訳『聖書の発掘物語』山本書店　1987」『オリエント』30 巻 2 号、1987 年、101-102 頁

〔28〕「M. パールマン著、小野寺幸也訳『聖書の発掘物語』山本書店　1987」『本のひろば』1988 年 1 月号、No.355、キリスト教文書センター、24 頁

〔29〕「カマール・サリービー著、広河隆一・矢島三枝子訳『聖書のアラビア起源説』草思社、1988」『オリエント』31 巻 2 号、1988 年、177-178 頁

〔30〕「S. N. クレーマー、久我行子訳『シュメールの世界に生きて』岩波書店、1989」『日本経済新聞』（朝刊）、1990 年 2 月 18 日

〔31〕「高橋正男著『旧約聖書の世界』時事通信社　1990」『オリエント』34 巻 2 号、1991 年、164-165 頁

〔32〕「須永梅尾著『マニ教の世界』私家版　1991」『オリエント』34 巻 2 号、1991

年、165-166 頁

〔33〕「後藤光一郎『宗教と風土―古代オリエントの場合』リトン、1993」『オリエント』37 巻 1 号、1994 年、156-157 頁

〔34〕「関谷定夫『考古学でたどる旧約聖書の世界』丸善ブックス　1996」『學鐙』94 巻 1 号、1997 年 1 月、83 頁

〔35〕「Lynn E. Roller, *In Search of God the Mother, the Cult of Anatolian Cybele*, 1999」『史学』70 巻 1 号、2000 年 9 月、111-118 頁

〔36〕「三笠宮崇仁監修、岡田明子、小林登志子『古代メソポタミアの神々』集英社 2000」『週刊読書人』2001 年 2 月 2 日号、5 頁

〔37〕「前田徹他『歴史学の現在　古代オリエント』山川出版社　2000」『歴史と地理 (世界史の研究 186)』541 号、山川出版社、2001 年 2 月、47-52 頁

〔38〕「A. マザール著　杉本智俊・牧野久美訳『聖書の世界の考古学』リトン　2003」『週刊読書人』2003 年 10 月 3 日号、3 頁

〔39〕「三笠宮殿下米寿記念論集刊行会編『三笠宮殿下米寿記念論集』刀水書房 2004」『オリエント』47 巻 2 号、2004 年、160-161 頁

〔40〕「David T. Sugimoto, *Female Figurines with a Dish from The Southern Levant and the Formation of Monotheism*, Keio University Press, Tokyo, 2008」『史学』77 巻 2/3 号、2008 年 12 月、181-186

〔41〕「J. ポラード、H. リード著　藤井留美訳『アレクサンドリアの興亡』主婦の友社 2009」『史学』78 巻 3 号、2009 年 10 月、149-154 頁

〔42〕「徳永里砂著『イスラーム成立以前の諸宗教』イスラーム信仰叢書 8　国書刊行会平成 24 年」『史学』81 巻 3 号、2012 年 7 月、149-150 頁

〔43〕「平川敬治著『カミと食と生業の文化誌：民族学と考古学のはざまで』創文社 2001」『史学』81 巻 4 号、2013 年 1 月、699-701 頁

〔44〕「鋤田文三郎著『チーズのきた道』講談社学術文庫　2010 年　全 261 頁」『史学』82 巻 3 号、2013 年 9 月、185-187 頁

その他

〔1〕「イスラエルの二ヶ月」『世界の戦史　月報 1』人物往来社、1966 年 6 月、1-6 頁

〔2〕「イギリスの古代遺跡訪問記」『月刊考古学ジャーナル』vol.14、ニュー・サイエンス社、1967 年 11 月、11-14 頁

〔3〕「私と発掘」『慶應通信』300 号、1973 年 3 月 1 日、3 頁

〔4〕「古代オリエント人の歴史観」『三色旗』300 号、1973 年 3 月、23-26 頁

〔5〕 「女性立像 （オリエントの秘宝8）」『東京新聞』（夕刊）1974年3月7日

〔6〕 「ローマ帝国の衰亡とポンペイの埋没」及び座談会「ポンペイ秘話」（青柳正規氏と）『蘇るポンペイ』（産報デラックス99の謎 歴史シリーズ5）産報ジャーナル、1977年7月、28-33頁、106-122頁

〔7〕 「東地中海とミトラス教」『地中海学会月報』No.5、1977年12月Ⓑ

〔8〕 「古代シリア・パレスチナ都市遺跡の規制時代」『世界史のしおり』14号、帝国書院、1978年4月、7-11頁

〔9〕 「ミトラス教の世界観」『人間誕生』道友社、1978年5月、20-21頁

〔10〕 「パレスチナ問題の起源」『天理時報』1978年11月19日号、第三面

〔11〕 日本オリエント学会編『天理教図書館所蔵古代オリエント関係外国語図書分類目録：1974年現在』（川村喜一、高橋正男氏と共訳）日本オリエント学会、1979年3月

〔12〕 「訃報 川村喜一理事」『オリエント』21巻2号、1979年3月、巻頭

〔13〕 「ローマ世界への古代オリエント文化の流入」（大会レジメ）『オリエント』21巻2号、1979年3月、152-153頁

〔14〕 「1978年の歴史学界・回顧と展望「古代オリエント」」『史学雑誌』88巻5号、1979年5月、277-280頁

〔15〕 「非常に珍しい出土物の話」『三田評論』No.795、1979年8月、47頁

〔16〕 「オリエントと時間」『オリエント通信』第8号、日本オリエント学会、1979年10月、10-11頁

〔17〕 「ナバテア人の世界―シルクロードの西端」（講演要旨）『オリエント』22巻2号、1980年3月、81-82頁

〔18〕 「遺跡丘の発掘」、「ミトラ崇拝の流布」、「歴史と人口」、「アメリカ大陸の発見」、「肖像彫刻と風景画の起源」、富岡次郎他著『実践トレーニング「世界史」』中央図書、1980年10月、40、72、90、120、154頁

〔19〕 「聖パウロの布教の跡を訪ねて」講演要旨『オリエント』23巻2号、1981年3月、274-275頁

〔20〕 「歴史の窓枠」『三色旗』402号、1981年9月、8頁

〔21〕 「地中海岸のオリュンポス山」『地中海学会月報』No.43、1981年10月、3頁Ⓑ

〔22〕 「正倉院伎楽面とミトラス教」『オリエント通信』第15号、日本オリエント学会、1981年11月、10-11頁Ⓑ

〔23〕 「クリスマスの起源」『オリエント通信』第15号、日本オリエント学会、1981年11月

〔24〕 「古代レヴァントの男女模様」『オリエンタリスト信州』（長野県オリエント文化協会会報）4、1982年3月、7-9頁Ⓐ

〔25〕 「使徒パウロの足跡を訪ねて」『下野新聞』1982年5月26日、14頁

〔26〕「古代オリエントの行政官」『人事院月報』No.379、1982 年 8 月、4-6 頁

〔27〕「オリエント考古遺跡研究について」『三色旗』414 号、1982 年 9 月、2-7 頁Ⓐ

〔28〕「40 年代アンティオキアのパウロ」『オリエント通信』第 17 号、日本オリエント学会、1982 年 9 月、5-7 頁

〔29〕「アレクサンダー大王の征服は徳行かあるいは蛮行か」『コンセンサス』10 月号、日本電気株式会社、コンセンサス編集部（全 NEC ユーザー会）、1982 年、4-5 頁

〔30〕「古代の長城について」『本』12 月号、講談社、1982 年、12-13 頁

〔31〕「新石器時代における自我の発見」『東亜交渉』No.4、1982 年、30-31 頁

〔32〕『学研　文明の誕生（メソポタミア文明）』学習研究社、1983 年 1 月、1-8 頁

〔33〕「今宮時代の一中等部生の思い出」慶應義塾中等部、1983 年 4 月、8 頁

〔34〕「オランダと私　オランダ留学体験記 1」『日蘭学会通信』No.26、1984 年 7 月、5-6 頁

〔35〕「日本語版への序言」『聖書考古学大事典』講談社、1984 年 7 月

〔36〕「古代アスカロンの興亡」『地中海文化の旅 41』、1984 年 10 月、1-2 頁

〔37〕「ヘレニズム時代オリエントの思想的社会的研究　私の卒業論文」『三色旗』445 号、1985 年 4 月、21-24 頁

〔38〕「近山金次先生の名講義と私（講義覚書）」『塾』24 巻 1 号（No.135）、1986 年 2 月、28 頁

〔39〕「古代オリエントの旅―聖書の時代―」『INPERIAL インペリアル』63 号、帝国ホテル、1986 年、46-48 頁（コラム・旅と宿泊の文化史 1）

〔40〕「ヘロデとゼノビア」『歴史読本ワールド 5、中東編、特別増刊』31 巻 19 号、新人物往来社、1986 年 10 月、106-109 頁

〔41〕「日本人と西アジア遺跡」『ぎゃらりい』（メトロポリタン美術全集第一巻付録）、第三号、福武書店、1987 年 1 月、6-7 頁

〔42〕「シルクロードの西端の世界から」『住商ニュース』住友商事、1987 年 3 月

〔43〕「私と外国の考古学者たち」『三色旗』471 号、1987 年 6 月、19-21 頁

〔44〕「変わりゆく宗教―古代宗教の変遷と考古学」（金関恕氏との対談）『G-TEN（ぢいてんブックレット）22』おやさと研究所、1987 年 9 月、104-122 頁

〔45〕「ハットゥシャシュの「王の門」と戦斧、ナクシェ・ルスタムの墓または拝火壇」（図版説明）『世界のしおり』42 号、帝国書院、1988 年 1 月

〔46〕「正倉院伎楽面とミトラス教」『古代オリエント』第 6 号、NHK 学園、1989 年 3 月

〔47〕「壁画に見られるエジプト農民の生活」『世界史のしおり』45 号、帝国書院、1989 年 5 月

〔48〕「序言」『印欧語族研究』印欧語族研究会、1988 年、iii 頁

〔49〕「現代陶芸に見られる聖地イスラエルの風景」（ノラ・コハヴィ夫人講演会）
『CAS ニューズレター』No.31、慶應義塾大学地域研究センター、1989 年 12 月、
3 頁

〔50〕「レバノンの今と昔」『ウィークリー出版情報』No.434、日本出版販売、1990 年、
31-33 頁

〔51〕「聖書の考古学」『歴史読本ワールド　特集「聖書の世界」』創刊号、新人物往来
社、1990 年 4 月、149-163 頁

〔52〕「古代アスカロンの興亡―男が女性化する症状のことなど」、牟田口義郎監修『地
中海文化の旅（1）』（河出文庫）河出書房新社、1990 年 6 月、175-180 頁

〔53〕「モーシェ・コハヴィ教授講演会」『史学』59 巻 2/3 号、1990 年 8 月、169-170
頁

〔54〕「逃れの町」『慶應通信』514 号、1991 年 1 月、2 頁

〔55〕「ジンゲル博士講演会について」『史学』59 巻 4 号、1990 年 12 月、163-164 頁

〔56〕「聖書世界にみるピラミッド」『歴史読本ワールド　特集「ピラミッドの謎」』1
月号、1991 年 1 月、106-111 頁

〔57〕「古代オリエントとは　オリエントのやきもの（タイルの源流を探って）」『Inax
Booklet』vol.10, No.4、1991 年、54-57 頁

〔58〕「イスラエル発掘記」『月刊イスラエル』日本イスラエル親善協会、1991 年 10
月 11 月合併号、5-7 頁

〔59〕「古代への誘い」『総解説・古代文明と遺跡の謎』自由国民社、1991 年 11 月、巻
頭

〔60〕「日本人によるイスラエルの考古学発掘調査」『月刊イスラエル』日本イスラエル
親善協会、1991 年 12 月号、6-8 頁

〔61〕「シリア砂漠に栄えた謎の隊商都市―パルミラの都」、「モハメット昇天の聖なる
地―エルサレムの岩のドーム」『歴史読本ワールド　特集「世界の七不思議」』新
人物往来社、1992 年 2 月、138-144 頁、154-160 頁

〔62〕「文字と造形の両面から人類の文化を―展覧会の見どころ知りどころ　天理秘蔵
名品展　大阪市立美術館 4 月 7 日 –5 月 10 日」『天理時報』第一面、1992 年 3
月 8 日

〔63〕「過去の足跡から未来を見つめる―展覧会の見どころ知りどころ　天理秘蔵名品
展　大阪市立美術館 4 月 7 日 –5 月 10 日」『天理時報』第一面、1992 年 3 月 15
日

〔64〕「聖書の沈黙から、ピラミッドの謎に挑んだ諸説・推理」『生きる　別冊（古代エ
ジプト II ピラミッド特集）』、1992 年、22-25 頁

〔65〕「グデアの魅力」『読売新聞』、17 面、1992 年 3 月 31 日、夕刊（第 3 版）

〔66〕「イスラエルでの発掘」『日吉オープンフォーラム News Letter』17 号、14-15 頁、

1992 年 3 月

〔67〕「チーズ、バター、ヨーグルトはいつからつくられるようになったのか」、「バベルの塔は本当にあったのか」、歴史教育者協議会編『100 問 100 答　世界の歴史 2　中東・アフリカ』河出書房新社、1992 年 7 月、15-18 頁、31-34 頁

〔68〕「聖書考古学発掘調査団の活動について」『ユダヤ・イスラエル研究』13、1992 年 8 月、38-42 頁

〔69〕「聖書の考古学」『総集編　聖書の謎百科　別冊歴史読本特別増刊号』新人物往来社、1992 年 11 月、354-367 頁（〔52〕の再録）

〔70〕「エルサレムはなぜ聖地なのか？」『歴史読本ワールド　特集「世界の宗教」』新人物往来社、1993 年 1 月、28-33 頁

〔71〕「古代都市」『三田評論』No.944、1993 年 1 月、20-27 頁

〔72〕「オリエント文明と砂漠」『第 1 回松戸オリエント協会セミナー』第 2 号、松戸オリエント協会、1993 年、1-28 頁

〔73〕「ヘロデ」、「ゼノビア」『総集編　世界の王室と国王・女王　別冊歴史読本特別増刊』新人往来社、1993 年 4 月、133-137 頁（再録）

〔74〕「93 年の三田史学　民族学・考古学の立場」『三色旗』542 号、1993 年 5 月、14-17 頁

〔75〕「ソロモン王朝の都市アフェックの謎」『歴史読本ワールド　特集「失われた都市の謎」』新人物往来社、1993 年 8 月、28-34 頁

〔76〕「エン・ゲブ遺跡の発掘」『月刊イスラエル』日本イスラエル親善協会、1993 年 7 月号、7-10 頁

〔77〕「絶壁都市ペトラの謎（解説）」『クォーク』9 月号、講談社、1993 年 8 月、80-91 頁

〔78〕「ミトラス教」『世界「宗教」総覧　歴史読本特別増刊　辞典シリーズ』新人物往来社、1993 年 10 月、366-367 頁

〔79〕「ミトラス教」『世界「宗教」総覧　愛蔵保存版』新人物往来社、1994 年 4 月、366-367 頁（＝〔79〕）

〔80〕「「海の民」ペリシテ人の謎」『歴史読本ワールド　特集「地中海の歴史と謎」』新人物往来社、1994 年 4 月、36-41 頁

〔81〕「絶壁都市ペトラの謎（解説、監修）」『古代遺跡タイムトラベル：Ancient mystery』講談社、1994 年 4 月、100-111 頁（＝〔78〕）

〔82〕「聖書の考古学」『聖書の謎百科（歴史読本　特別増刊　新版）』新人物往来社、1995 年 1 月、353-367 頁（〔52〕の再録）

〔83〕「エルサレムの岩のドーム及びパルミラの都」『歴史読本ワールド　総集編「世界の謎不思議百科」』新人物往来社、1995 年 5 月、136-151 頁（＝〔62〕）

〔84〕「ビチェンツァ」『みんなで守ろう世界の文化・自然遺産　補遺版』学習研究社、

1995 年、9 頁

〔85〕「エルサレムはなぜ聖地なのか？」『歴史読本ワールド　総集編「世界の宗教と神話伝説百科」』新人物往来社、1995 年 11 月、74-80 頁（＝〔71〕）

〔86〕『100 문 100 답 중동・아프리카 비안』、1995 年、24-27 頁、45-48 頁（＝〔68〕の韓国版）

〔87〕「『民族考古―大学院論集―』第 3 号の刊行に寄せて」『民族考古 3』、慶應義塾大学文学部民族学考古学研究室、1996 年 3 月

〔88〕「イスラエルの都市アフェックの謎」『歴史読本ワールド　特集「よみがえる古代文明の謎」』新人物往来社、1996 年 5 月、20-27 頁

〔89〕「聖書世界にみるピラミッド」『歴史読本ワールド　特集「よみがえる古代文明の謎」』新人物往来社、1996 年 5 月、306-313 頁

〔90〕「卒業論文と海外旅行」『三色旗』578 号、1996 年 5 月、巻頭

〔91〕「古代イスラエルの宗教」、梅原猛他編『宗教と文明』（講座「文明と環境」第 13 巻）朝倉書店、1996 年 5 月、2008 年 8 月（新装版）、54-64 頁

〔92〕「ハツォール（イスラエルの遺跡 1）」『月刊イスラエル』日本イスラエル親善協会、1996 年 7 月号、裏表紙

〔93〕「アヴダット（イスラエルの遺跡 2)」『月刊イスラエル』日本イスラエル親善協会、1996 年 7 月号、裏表紙

〔94〕「古代アラビア、隊商貿易の覇者ナバテア人」『GEO』同朋舎、1996 年 10 月、62-63 頁

〔95〕「エン・ゲディ（イスラエルの遺跡 3)」『月刊イスラエル』日本イスラエル親善協会、1996 年 8 月号、裏表紙

〔96〕「ヒルベット・クムラン　（イスラエルの遺跡 4)」『月刊イスラエル』日本イスラエル親善協会、裏表紙、1996 年 9-10 月号

〔97〕「テル・アナファ（イスラエルの遺跡 5)」『月刊イスラエル』日本イスラエル親善協会、1996 年 12 月号、裏表紙

〔98〕「ゲゼル（イスラエルの遺跡 6)」『月刊イスラエル』日本イスラエル親善協会、1997 年 2 月号、裏表紙

〔99〕「ベエル・シェバ（イスラエルの遺跡 7)」『月刊イスラエル』日本イスラエル親善協会、1997 年 3-4 月号、裏表紙

〔100〕「ベト・シェアン（イスラエルの遺跡 8)」『月刊イスラエル』日本イスラエル親善協会、1997 年 5 月号、裏表紙

〔101〕「エルサレム（イスラエルの遺跡 9)」『月刊イスラエル』日本イスラエル親善協会、1997 年 5 月号、裏表紙

〔102〕「オリエントの古代遺跡から　鼎談（矢島文夫、山本由美子と共に)」『世界の歴史　月報 9』第 4 巻付録、中央公論新社、1997 年 7 月

〔103〕「テル・カシィーレ（イスラエルの遺跡 10）」『月刊イスラエル』日本イスラエル親善協会、1997 年 6 月号、裏表紙

〔104〕「古代オリエントの遊牧と定住」『古代オリエント』50 号、NHK 学園、1997 年 8 月

〔105〕「ベルヴォワール（イスラエルの遺跡 11）」『月刊イスラエル』日本イスラエル親善協会、1997 年 8 月号、裏表紙

〔106〕「アフェック（イスラエルの遺跡 12）」『月刊イスラエル』日本イスラエル親善協会、1997 年 9 月号、裏表紙

〔107〕「シケム（イスラエルの遺跡 13）」『月刊イスラエル』日本イスラエル親善協会、1997 年 10-11 月号、裏表紙

〔108〕「二代眞柱様と日本オリエント学会」『ビブリア（二代眞柱中山正善様三十年祭記念特集）』No.108、天理図書館、1997 年 11 月、48-51 頁

〔109〕「芥川也寸志先生の思い出」『慶應義塾中等部開設五十周年記念文書』1997 年 11 月、10 頁

〔110〕「ビュッポス（イスラエルの遺跡 14）」『月刊イスラエル』日本イスラエル親善協会、1997 年 12 月号、裏表紙

〔111〕「エン・ゲヴ（イスラエルの遺跡 15）」『月刊イスラエル』日本イスラエル親善協会、1998 年 1 月号、裏表紙

〔112〕「アシュケロン（イスラエルの遺跡 16）」『月刊イスラエル』日本イスラエル親善協会、1998 年 2-3 月号、裏表紙

〔113〕「マサダ（イスラエルの遺跡 17）」『月刊イスラエル』日本イスラエル親善協会、1998 年 4 月号、裏表紙

〔114〕「テル・ゼロール（イスラエルの遺跡 18）」『月刊イスラエル』日本イスラエル親善協会、1998 年 5 月号、裏表紙

〔115〕「アッコー（イスラエルの遺跡 19）」『月刊イスラエル』日本イスラエル親善協会、1998 年 6 月号、裏表紙

〔116〕「栃木県オリエント協会と日本オリエント学会」『協会 25 年のあゆみ』栃木県オリエント協会 25 周年記念誌、1998 年 7 月、3 頁

〔117〕「カエサレア（イスラエルの遺跡 20）」『月刊イスラエル』日本イスラエル親善協会、1998 年 7 月号、裏表紙

〔118〕「聖書の記事と出土物―日本隊の発掘調査から―」『アーキオ』vol.5、ニュートンプレス、1999 年 1 月、158-165 頁

〔119〕「断崖にきざまれた神秘の都市ペトラ―ヨルダンの岩山に彫りこまれた壮麗な遺跡群を訪ねよう」『Newton ニュートン』19 巻 2 号、ニュートンプレス、1999 年 2 月、28-35 頁

〔120〕「レナード・C・プロンコ『歌舞伎の東西』」『CAS ニューズレター』No.98、慶

應義塾大学地域研究センター、2000 年 1 月、6 頁

〔121〕「古代オリエントの神々とローマ帝国」『古代オリエント』60、NHK 学園、1-7 頁、2000 年 2 月

〔122〕「教員紹介」『三色旗』628 号、2000 年 7 月、36 頁

〔123〕「絶壁都市ペトラの謎」、「古代都市マダイン・サリ」、吉村作治監修・クォーク編集部編『沈黙の古代遺跡　エジプト・オリエント文明の謎』講談社＋α文庫、2000 年 9 月、192-212 頁（協力）（＝その他〔78〕＋監修〔9〕）

〔124〕「博士号の取得まで―森雅子さんの場合」『三色旗』635 号、2001 年 2 月、10-11 頁

〔125〕「ギリシア・ローマの宗教」『世界の宗教　総解説』（全訂新版）自由国民社、2001 年 5 月、352-362 頁

〔126〕「三笠宮殿下とテル・ゼロール」『オリエント』46 巻 2 号、2003 年、1-6 頁

〔127〕「ローマ帝国の神々―光はオリエントより（執筆ノート）」『三田評論』No.1064、2004 年 1 月、98 頁

〔128〕「ローマ帝国のオリエント宗教と考古学」『時空を超えた対話―三田の考古学―（慶應義塾大学民族学考古学専攻設立 25 周年記念論集）」六一書房、2004 年 3 月、巻頭のことば

〔129〕「ミトラス教」『オリエントとは何か―東西の区分を超える』（別冊『環』8）藤原書店、2004 年 6 月、162-169 頁

〔130〕「聖書考古学と私」『史学』73 巻 4 号、2005 年 4 月、103-110 頁

学会発表及び講演

〔1〕　「ナバテア人のペトラ定住の問題」早慶連合史学会（於 慶應義塾大学）、1960 年 11 月 11 日

〔2〕　「ナバテア王オボダスの神格化について」　第 3 回日本西洋史学会大会（於 東京教育大学）、1962 年 6 月 10 日

〔3〕　「シリアのミトラ教」　京大読史会大会（於 京都大学）、1963 年 11 月 3 日

〔4〕　「ミトラとクロノス」　日本オリエント学会大会（於 東京大学）、1964 年 11 月 1 日

〔5〕　「テル・ゼロール第二次発掘調査について」（共同発表）日本オリエント学会月例講演会（於 東京天理教館ホール）1965 年 10 月 16 日

〔6〕　「イスラエル発掘調査の記録」三田史学会例会（於 慶應義塾大学）、1966 年 4 月 26 日

〔7〕 「古代英国における東方宗教」日本オリエント学会月例講演会（於 東方天理教館ホール）、1968 年 1 月 20 日

〔8〕 「ロンドンの古代遺跡」三田史学会大会（於 慶應義塾大学）、1968 年 5 月 10 日

〔9〕 「ヘレニズム時代のサマリアについて」京大読史会大会（於 京都大学）、1968 年 11 月 3 日

〔10〕 「イエルサレムの過去と現在」日本オリエント学会月例講演会

〔11〕 「ミトラ教研究の問題点」第 29 回日本宗教学会大会（於 早稲田大学）、1969 年 10 月 11 日

〔12〕 「古代英国におけるミトラス教神殿遺跡の研究」第 20 回日本西洋史学会大会（於 広島大学）、1970 年 11 月 29 日

〔13〕 「テル・ゼロール出土滑石製祭祀用小鉢について」第 13 回日本オリエント学会大会（於 天理大学）、1971 年 5 月 30 日

〔14〕 「ドゥラ・エウロポスのミトラス神殿遺跡の意義」第 30 回日本宗教学会大会（於 広島大学）、1971 年 10 月 16 日

〔15〕 「クリーヴランド美術館蔵　祭祀用石器の図像学的考察」言語文化研究所第二部総会（於 塾監局第二会議室）、1972 年 6 月 29 日

〔16〕 「考古学と風土」日本オリエント学会第 132 回月例講演会（於 東京天理教館ホール）、1972 年 10 月 14 日

〔17〕 「ローマ帝国におけるアーリマン信仰の痕跡」第 31 回日本宗教学会大会（於 立正大学）、1972 年 10 月 21 日

〔18〕 「シリア・パレスチナにおける中期青銅器時代の城壁について」第 23 回日本西洋史学会大会（於 お茶の水大学）、1973 年 5 月 20 日

〔19〕 「ミトラス教神統記におけるサトゥルヌス神の地位」第 32 回日本宗教学会大会（於 金沢大学）、1973 年 10 月 13 日

〔20〕 「パレスチナにおける先史時代都市の問題」日本イスラエル文化研究会研究例会（於 日米会話学院（四谷））、1974 年 3 月 30 日

〔21〕 「国際都市ペトラ」『シルクロード 25 年、並河萬里写真展』（於 新宿小田急デパート、グランド・ギャラリー）1981 年 4 月 17 日

〔22〕 「シリア・パレスチナにおけるテル形成の宗教的背景」第 20 回日本オリエント学会大会（於 青山学院大学）、1974 年 5 月 30 日

〔23〕 「ローマ帝国におけるミトラ神信仰の基本的性格」日本オリエント学会第 162 回月例講演会（於 東京天理教館ホール）、1976 年 1 月 17 日

〔24〕 "The Concept of Time in the Mithraic Mysteries," *The Third Congress of the International Society for the Study of Time*, Alpbach, Austria, 1976 年 7 月 5 日

〔25〕 「ミトラス教における救済の表現」第 18 回日本オリエント学会大会（於 大阪大学）、1976 年 10 月 31 日

〔26〕「聖書の文明と考古学 1 ～ 2」文京区第 104 期成人学校（於 東京都文京区立社会教育館）、1977 年 6 月 29 日及び 7 月 6 日

〔27〕「ミトラス教のローマ的性格」第 36 回日本宗教学会大会（於 愛知学院大学）、1977 年 10 月 16 日

〔28〕「初期ミトラス教の流布」地中海学会秋期講演会（ブリジストン美術館土曜講座）（於 ブリジストン美術館ホール）、1977 年 10 月 22 日

〔29〕「ローマ世界への古代オリエント文化の流入」日本オリエント学会第 20 回大会（於 京都大学楽友会館）、1978 年 11 月 26 日

〔30〕「聖書の歴史を掘る 1-12」東京文化センター特別講座（於 東京文化センター、サンシャインシティ）1978 年 9 月 21 日、10 月 5 日、11 月 9 日、11 月 30 日、12 月 7 日、12 月 14 日

〔31〕「ローマ帝国の宗教 1 ～ 2」朝日カルチャー・センター（於 新宿住友ビル 48 階）、1978 年 10 月 4 日、11 日

〔32〕「ペトリのテル・エル・ヘシの発掘について」日本イスラエル文化研究会例会（於 日米会話学院　四谷）、1978 年 12 月 14 日

〔33〕「ナバテア人の世界（シルクロードの西端）」日本オリエント学会第 200 回月例講演会（於 東京天理教館ホール）、1979 年 10 月 17 日

〔34〕「ミトラス教と豊饒崇拝」三田史学会昭和 54 年度大会（於 慶應義塾大学）、1979 年 11 月 10 日

〔35〕「ハドリアヌスの城壁」遺跡の旅（第 5 集）、NHK 文化センター（於 新青山ビル）、1980 年 6 月 12 日

〔36〕「聖書の歴史を掘る」群馬県高等学校教育研究会歴史部会（於 群馬県立高崎女子高校）、1980 年 6 月 12 日

〔37〕「ローマ帝政期のロンドン」遺跡の旅（第 6 集）、NHK 文化センター（於 新青山ビル）、1980 年 9 月 25 日

〔38〕「聖パウロの遺跡を訪ねて」日本オリエント学会第 208 回月例講演会（於 東京天理教館ホール）、1980 年 9 月 30 日

〔39〕「アナトリアの大地母神信仰」第 16 回ユーラシア大陸文化講演会（於 主婦の友ビル（神田）、2 号館 3F、No.12）、1980 年 11 月 28 日

〔40〕「トルコの古代遺跡」遺跡の旅（第 8 集）、NHK 文化センター（於 新青山ビル）、1981 年 1 月 8 日

〔41〕「古代オリエント留学―世界史の原点をさぐる」全 10 回、池袋コミュニティ・カレッジ（於 西武スポーツ館 8 階）、1981 年 1 月 10 日、17 日、2 月 28 日、3 月 7 日、14 日（他の 5 回は月本昭男氏）

〔42〕「ギリシアとオリエント―両地古代遺跡の性格の異同について」第 5 回地中海学会大会　シンポジウム「ギリシアとオリエント」パネリスト、1981 年 6 月 28

日

〔43〕「イエルサレムの過去と現在」長野県オリエント文化協会　第 15 回オリエント・セミナー（於 長野県勤労者福祉センター、長野市、第二会議室）、1981 年 9 月 26 日（土）

〔44〕「西アジア世界とシルクロード」全 12 回、三越文化センター、1981 年 10 月～1982 年 1 月

〔45〕「テル・ゼロール出土祭祀用鉢型石器再考」日本オリエント学会第 23 回大会（於 東京文化センター、サンシャインシティー）、1981 年 10 月 25 日

〔46〕「古代における愛の問題」第 3 次長野市民教養講座『歴史における愛のかたち』第二回（於 長野県勤労者福祉センター、長野市、第二会議室）、1981 年 12 月 8 日

〔47〕「使徒パウロの足跡を訪ねて」第 9 回栃木県オリエントセミナー第 2 講（於 栃木県立美術館）、1982 年 5 月 22 日

〔48〕「女王ボウディッカの叛乱」朝日カルチャー・センター『ローマ世界の人間像 (4)』、（於 新宿住友ビル 48 階）、1983 年 4 月 28 日

〔49〕「テル・ゼロールのローマ時代見張塔について」日本オリエント学会第 25 回大会（於 天理大学）、1983 年 11 月 5 日

〔50〕シンポジウム「イスラームの宗教意識とその周辺―中近東の宗教意識の諸側面―」第三セッション『男性原理と女性原理　古代オリエント神話の場合』（於 中近東文化センター）、1983 年 11 月 19 日

〔51〕「外国と触れる」東急クリエイティヴ・ライフ・セミナー BE（於 東急プラザ（渋谷）7 階）、1983 年 11 月 25 日、12 月 2 日、9 日、16 日

〔52〕「エジプトの古代文明」ワールド航空・トラベル・アカデミー講座（於 国立教育会館虎の門ホール 6 階）、1984 年 5 月 11 日

〔53〕「使徒パウロの考古学」静岡雙葉学園父母の会講演会（於 静岡雙葉学園講堂）、1984 年 6 月 21 日

〔54〕「印章と古鏡―古代オリエント文明のもう一つの起源」（於 岡山市立オリエント美術館講堂）、1984 年 10 月 20 日

〔55〕「アッシリヤ帝国における地母神崇拝」地人会例会（於 慶應義塾大学新研 B、C 会議室）、1985 年

〔56〕「王妃セミラミスと地母神キュベレ」日本宗教学会第 44 回大会（於 立正大学）、1985 年 9 月 15 日

〔57〕「テル・ゼロールとクムラン」日本オリエント学会第 27 回大会（於 国際商科大学、川越市）、1985 年 11 月 3 日

〔58〕「大砂漠の岩窟都市ペトラ遺跡の謎を探る」『知られざる世界』日本テレビ、1985 年 12 月 29 日、22:00-22:30（黒木優美氏と共演）

〔59〕「イスラエル発掘調査の回顧」第 13 回栃木県オリエント協会セミナー第 2 講（於 宇都宮市栃木県立美術館）、1986 年 5 月 17 日

〔60〕「ヘロドトス I 104-106 の史的背景」第 54 回京都大学読史大会 （於 京大会館）、1986 年 11 月 3 日

〔61〕「ミトラス教における悪」第三回宗教史研究所大会（於 ルーテル神学大学）、1986 年 12 月 22 日

〔62〕「テル・ゼロールにおける青銅産業遺跡の再検討」日本オリエント学会第 29 回大会（於 宇都宮市栃木会館）、1987 年 10 月 11 日

〔63〕「昭和 63 年部放送利用セミナー「海のシルクロード」」全 12 回、品川区区教育委員会（於 品川区立五反田文化センター）、1988 年 5 月〜1989 年 3 月

〔64〕「古代オリエントと地中海世界」第 15 回栃木県オリエント・セミナー第 1 講（於 栃木県美術館）、1983 年 5 月 21 日

〔65〕「布教者パウロの背景」『地母神崇拝の問題』富坂キリスト教センター第三回プログラム委員会（於 伊豆天城山荘）、1988 年 9 月 3 日

〔66〕「ミトラス教における軍事的要素の起源」日本宗教学会第 47 回大会（於 仏教大学、京都）、1988 年 9 月 16 日

〔67〕「テル・アヴィヴ大学ゲシュール計画 1988 年のシーズンについて」日本イスラム文化研究会公開講演会 （於 青山学院大学）、1989 年 2 月 18 日

〔68〕「アジール法とギルガメッシュ叙事詩」宗教史研究所第 8 回研究会（於 学士会館本郷分室）、1989 年 7 月 1 日

〔69〕「ミトラス神密儀成立期の諸問題」日本オリエント学会第 31 回大会（於 中央大学駿河台記念館）、1989 年 11 月 19 日

〔70〕「ピートリィの発掘と古代中近東の土器の編年」（於 中近東文化センター）、1989 年 11 月 11 日

〔71〕「持続と変容―ミトラス教の場合」（於 早稲田大学大隈会館）、1990 年 3 月 7 日

〔72〕「ローマ帝国の古代オリエント宗教」第 17 回栃木県オリエント協会セミナー第 2 講（於 宇都宮市栃木県立美術館）、1990 年 5 月 19 日

〔73〕「地中海世界と宗教」（シンポジウム）パネリスト第十四回地中海学会大会（於 上智大学図書館 9F、921 号室）、1990 年 6 月 3 日

〔74〕"Militaristic Elements in Mithraic Mysteries," 17th International Congress of Historical Sciences, Complutense University, Madrid, 1990 年 8 月 28 日

〔75〕「シャドラファとミトラス」日本宗教学会第 49 回学術大会（於 大谷大学 1 号館、1305 教室）、1990 年 9 月 30 日

〔76〕「古代オリエントとは」イナックス・ギャラリー「オリエントのやきもの展」講演会（於 イナックス銀座ショールーム 8F 会議室）、1991 年 5 月 13 日

〔77〕「緑陰の発掘―アフェックの戦いの史蹟を求めて―」日本オリエント学会月例講

演会 277 回（於 東京天理教館 9F ホール）、1991 年 5 月 25 日

〔78〕「古代オリエントを探る」『市民大学講座「歴史を学ぶ」』千葉市社会センター主催（於 千葉市市民会館）、1991 年 7 月 11 日

〔79〕「オリエント遺跡の発掘」NHK 古代オリエント博物館オープン・スクール「古代オリエントの世界」、第 12 回講義（於 サンシャインシティ文化会館 7 階）、1991 年 10 月 19 日

〔80〕「日本人によるイスラエル発掘」日本・イスラエル親善協会講演会（於 家の光会館 1F 講義室）、1991 年 11 月 12 日

〔81〕「ミトラス教のエスカトロジー」宗教史研究所第 13 回研究会（於 日本ルーテル神学大学会議室）、1991 年 12 月 21 日

〔82〕「ヨルダン文明の遺跡と旅」朝日カルチャー・センター・横浜（於 横浜ルミネ 8F）1991 年 12 月 28 日

〔83〕「古代神秘のイスラエル・エンゲヴの遺跡」山梨県国際交流協会（於 甲府市）、1992 年 6 月 27 日

〔84〕「オリエントから見たヨーロッパ　新しいヨーロッパ学（II）」朝日カルチャー・センター（於 新宿住友ビル 48F）、1992 年 9 月 12 日

〔85〕「古代末のオリエントの宗教」NHK 学園・古代オリエント博物館オープン・スクール古代オリエントの世界第 10 回（於 サンシャインシティ文化会館 7F）、1992 年 9 月 19 日

〔86〕「キュベレ崇拝とミトラス崇拝の関係について」日本オリエント学会第 34 回大会第二部会（於 弘前文化センター）、1992 年 10 月 18 日

〔87〕「オリエント文明と砂漠」松戸オリエント協会第一回講演会（於 松戸市、大和証券ホール 6F）1992 年 12 月 12 日

〔88〕「イスラエル遺跡案内（1）‐（3）歴史上のイスラエル―聖書と遺跡を訪ねて―」歴史講座（於 渋谷区立千駄ヶ谷社会教育館）、1993 年 5 月 19 日、26 日、7 月 7 日、6 時 30 分 -8 時 30 分

〔89〕「旧約選書の世界を掘る」第 20 回栃木県オリエントセミナー（於 栃木県立博物館講堂）1993 年 5 月 22 日（土）

〔90〕「ミトラス教の神統記について」日本宗教学会第 52 回学術大会（於 北海道大学文学部）1993 年 9 月 11 日

〔91〕「フランツ・キュモンのローマ帝国宗教論」文化史学大会（於 同志社大学）、1993 年 12 月 4 日

〔92〕「キリスト教とミトラス教」NHK 学園・古代オリエント博物館オープン・スクール『古代オリエントの世界』第 12 回（於 サンシャインシティ文化会館 7F）、1994 年 3 月 19 日

〔93〕「イスラエルの遺跡と宗教」神奈川県教育公務員弘済会（財）友の会総会（於 横

浜東急ホテル 3F グランドホール A・B）、1994 年 5 月 12 日

〔94〕「旧約聖書と考古学」清泉女子大学キリスト教文化研究所、1994 年 7 月 19 日

〔95〕「地中海文明と遺跡」浦和市谷田公民館市民講座（於 浦和市谷田公民館）1994 年 9 月 5 日、12 日、10 月 3 日、17 日、24 日

〔96〕「ミトラス神殿の起源、性格、影響について」日本オリエント学会第 37 回大会、（於 立教大学）、1995 年 10 月 29 日

〔97〕「山の女神キュベレの歴史　トルコの古代文明と女神たち」女神文明研究会主催（於 トルコ大使館）、1995 年 11 月 8 日

〔98〕「山の女神キュベレの歴史　トルコの古代文明と女神たち」女神文明研究会主催（於 フォーラム・エイト、渋谷）、1995 年 12 月 18 日

〔99〕 "Special Lecture on Archaeology and Museum," Seminar on Tourism Development in Jordan, Intercontinental Hotel, Amman, JICA, January 14th, 1996

〔100〕「遊牧と定住―ナバテア人の場合」日本オリエント学会第 261 回月例講演会（於 東京天理教館 9F）、1996 年 5 月 18 日

〔101〕「テル・ゼロールの発掘」ユダヤ・センター主催（於 東京広尾ユダヤ・センター）、1996 年 5 月 21 日

〔102〕「古代イスラエル歴史―オリエント考古学の成果から―」朝日カルチャー・センター（於 新宿住友ビル）、1997 年 5 月 8 日、22 日、6 月 12 日、26 日

〔103〕「エン・ゲヴの列柱付き建造物―その構造と用途」日本オリエント学会第 39 回大会、（於 中近東文化センター）、1997 年 10 月 26 日

〔104〕「ミトラス教の起源について」日本オリエント学会第 42 回大会（於 北星学園大学、北海道）、2000 年 10 月 8 日

〔105〕「聖書考古学と私」慶應義塾大学民族学考古学専攻設立 25 周年記念講演会（於 慶應義塾大学三田キャンパス）、2004 年 5 月 8 日

〔106〕「ローマの宗教―オリエント宗教の流入」平成 16 年度春の区民大学教養講座『古代へのいざない―古代ローマと地中海世界―』第六回（於 品川歴史館）、2004 年 6 月 24 日

〔107〕「ピトリーの聖書考古学上の伝統」聖書考古学研究会第 4 回研究会（於 慶應義塾大学三田校舎大学院棟 325 号室）2006 年 2 月 25 日

三田の考古学・民族学

近 森 　 正

　慶應義塾大学の民族学・考古学の専攻課程は、清水潤三、江坂輝弥先生を中心に小川英雄、鈴木公雄、近森が史学科のそれぞれの所属専攻から移籍して、昭和54年に発足した。それは考古学や民族学を歴史研究の補助学としてではなく、学生が心置きなくこの方面の学問を専門に学び、研究の道に進むことができるようになったということで、久しくわれわれが念願していたことであった。義塾には考古学・民族学研究室が古くからあり、長い間にわたる研究活動の膨大な成果がありながら、それが教育制度のなかに正式に位置づけられていなかったのは、何としても不都合なことであった。

　振り返ってみれば、義塾におけるこの領域の学問教育は幕末に遣欧使節団の一員として巴里に渡った福沢諭吉が民族誌学会の正会員に推挙され、塾生にその学問を伝えたことにさかのぼる。それはさておくとしても、大学制度になってからの活動は大正時代にすでに開始されている。大正8年から史学科の人類学を担当していた移川子之蔵が、同じ史学科の橋本増吉とともに、当時学生だった宮本延人をともなって、横浜の子安貝塚を発掘し、三田史学会の機関誌『史学』にその成果を発表している。それは正式な考古学調査として日本で最も早い時期のものであった。翌大正9年、史学科が大学令に則って文学部の学科になってからは、柳田国男が民間伝承の研究に民俗学の名称を掲げて、日本の大学で初めて講義を始めた。

　そして文学部が15専攻制をとるようになった昭和3年以降になると、

デュルケム学派の民族学を学び、ソルボンヌの学位を受けてフランスから帰国した松本信広が民族学を担当し、人類学を大山柏、考古学を原田淑人、柴田常恵、高橋健自らが担当するようになった。こうして体制が整った時に、大学予科のキャンパスの建設にともなう日吉地区の考古学調査が始まったのである。いくつもの古墳が発見され、日吉が古代東国の文化的、政治的中心であることが明らかになった。矢上古墳の粘土槨から出土した銅鏡や勾玉、鉄剣などが一括して重要文化財に指定され、加瀬山古墳の近くから秋草文壺が発見されて国宝に指定されるなど、義塾の考古学研究室の充実に重要な機会を与えたのである。西岡秀雄らによる弥生時代集落址の大規模な発掘は、その後も久しく例をみることがなかったような画期的な成果をもたらした。

　日吉を中心とする活動と並んで、考古学調査は中国大陸に、民族学の研究は南太平洋に及んだ。昭和12年には大山柏を班長とする中国北部、柴田常恵と松本信広らの中国中部の調査がおこなわれ、翌13年にも間崎万里、松本芳夫、松本信広、柴田常恵らの調査班が派遣されて、「江南踏査」の報告書が三田史学会から出版された。さらに松本信広は「南の会」を組織して、ミクロネシア、メラネシアへ土俗品の調査に出発するなど、海外遠征も精力的におこなわれた。これら国内外の調査によって研究室が収集した文化財のコレクションは膨大なものになったが、その多くが戦災によって失われた。それでも奇跡的に難を逃れた標本の一部が研究室に残り、われわれの研究を助けているが、それらを守るために先人がどんなに苦心したか。それに思いを致すことが大切である。

　戦後は戦地から無事生還した西岡秀雄、清水潤三、江坂輝弥らが松本信広、藤田亮策のもとに集まり、焦土と化した三田の山に研究室を再建した。縄文時代の丸木船をはじめて考古学的な発掘によって明らかにした千葉県の加茂遺跡の調査、青森県の有名な亀が岡遺跡の記念碑的な発掘調査、三内遺跡、津軽、下北半島の調査、江坂による縄文文化の起源を解明

する全国にまたがる調査など、まだ、物資も研究費も乏しく、交通も不便ななかで、活発な研究活動が開始された。戦後もっとも早い調査は占領下の状況の中で、困難な問題をかかえた九十九里の農漁村を対象としておこなわれた。これは社会学、経済学、工学、医学の全学部にわたる研究者を結集しておこなわれた綜合的な研究組織であって、それまでの日本の学問にはない斬新な調査法であった。それを指揮した松本信広は歴史のなかで、変わることがなかった日本の基層文化を探求し、清水潤三は考古学的な手法によって、九十九里平野の地形発達の過程を解明するとともに、先史時代の丸木舟の発掘を数多く手がけて三田を古代船研究の中心にした。中井信彦の漁村史や、この調査で打ち出された西岡秀雄の気候七百年周期説など先駆的な研究が打ち出された。その後、九十九里の調査は考古学研究室の独自のプロジェクトに発展して続けられた。これに参加した鈴木公雄、赤澤威、渡辺誠、高山純、近森らは、それぞれ思考を深め、各自新たな研究テーマを掲げて、国内や海外各地の調査に飛び出して行った。そして鈴木の近世考古学、赤澤（東大）のネアンデルタール発掘、渡辺（名古屋大）の縄文研究など誇りうる数々の成果があげられた。

　日本における戦後はじめての海外調査となったインドシナ半島メコン河流域の稲作民族文化調査は、昭和 32 年に松本信広を団長にしておこなわれ、清水潤三、江坂輝弥が他大学の専門家とともに参加して、民族学、考古学、歴史学、農学、言語学にわたる画期的な成果をあげた。これに続くように昭和 39 年に伊藤清司と近森によって実施されたメラネシアの北西ソロモン諸島の民族学考古学調査は、昭和 48 年から 50 年にかけて、同諸島のレンネル島でおこなわれた調査に発展し、さらに、昭和 60 年から二十年以上にわたって続けられた近森らによるポリネシアのサンゴ礁の調査研究につながった。

　戦前戦後を通して研究室の活動を牽引し、指導にあたったのは松本信広教授と小川さんが西洋史の指導を受けた間崎万里教授であった。私たちの

よく知る間崎先生は土佐の名主の出とかで、高台に屋敷を構える長老のように、われわれ若いものをよく見渡して、時には雷を落とし、叱咤激励してくれた。専門の英国史だけではなく、地理学にも精通し、自ら手がけたハンチントンの『気候と文明』の翻訳を通してわれわれに大きな刺激を与えた。小川さんは『ガリア戦記』を翻訳したローマ史の近山金次教授に師事して、ロンドン大学考古学研究所とオランダに留学し、オリエント考古学の研究を究めたが、ちょうど同じ時期に、近森は松本教授がおこなったメコン流域の調査を深める目的で、国際機関の専門家として二年間、カンボジアに滞在して研究にあたった。小川さんはその後、オリエント学会が組織するイスラエルのテル・ゼロールやエン・ゲブ遺跡などの発掘調査に加わって、大きな成果をあげた。

　西洋古代史の研究者であった小川さんが、本格的に考古学の手法をとるようになったことは、民族学考古学専攻の設置を働きかけてきたわれわれを大いに勇気づけた。文科省や学内の部署に交渉して準備を整え、小川さんと鈴木、近森がそれぞれ西洋史、日本史、東洋史専攻から移って、専門とする世界の各地をカヴァーし、清水、江坂両先生がそれらを綜合する科目を担当することで開設の認可を得ることが出来た。学部教育は考古学、人類学、民族学を主要な三本の柱とし、歴史哲学を含む史学方法論を基礎として、研究法と特殊テーマの講義と演習、それに実習などを必修としてカリキュラムを組み立てた。学生が自身のもつ興味をひろく人文、社会科学や自然科学のなかに位置づけることができるようにすること。人類史の「学問地図」を身につけて、それによって人間理解に資することができるようにすることを目標とした。そうした構想のなかで、小川さんの古代史から宗教史にわたる広い視野と知識が、多くの学生たちを古代オリエントの魅惑の世界に誘った。

　専攻の開設から三十数年を経て、実に多くの研究者、実務家、教育者、文化財専門家、博物館学芸員などが巣立っていった。三田の専任者もすっ

かり若返って、新たな活動が始まっている。今後に期するのは、戦火の中を先輩たちが守り抜いた戦前のコレクションと戦後に蓄積された膨大な成果をあわせて、大学博物館を建設することである。

（小川さん。ご健康の一刻も早い快復をお祈りします。語り合い、議論できる日を楽しみにしています。）

小川英雄先生の傘寿を言祝ぐ

金 関 　 恕

　小川英雄先生に初めてお会いしたのは、1965 年の晩春、先生が若々し
い青年のころでした。二人とも日本オリエント学会がその年の夏におこな
う、イスラエルのテル・ゼロール遺跡発掘調査隊のメンバーとして選抜さ
れ、隊員の初顔合わせの機会に紹介された折りのことです。隊長は東京大
学の大畠清教授であり、隊員のほとんどはそのお弟子さんにあたる若手の
宗教学者でした。例外は歴史学者の小川先生と考古学専攻の私だけで、私
にとって初めての海外遺跡発掘がうまく進行するかと気が張りつめていま
した。しかし、小川先生は、当時私が勤務していた天理大学図書館所蔵の
オリエント学関係の資料を調べるため度々来訪した、と語られたことから
親近感を覚え、いささかほっとした記憶があります。それ以来、テル・ゼ
ロール遺跡の調査が続行される度に同行し、また、1990 年から開始され
たガリラヤ湖畔のエン・ゲヴ遺跡の発掘調査にもご参加いただけました。
海外の知識に乏しく語学に弱い私は、どれほど多くの教えを小川先生から
賜ったかわかりません。
　エン・ゲヴ遺跡の調査のきっかけは、テル・アヴィヴ大学のモシェ・コ
ハヴィ教授からの呼びかけによるものです。コハヴィ先生は以前テル・ゼ
ロール発掘の調査主任であり、私たちにイスラエル考古学についての知識
を与えられた恩師に当たる方でした。私たちテル・ゼロール調査の旧メン
バーは、1980 年代中ごろコハヴィ先生から、「テル・ゼロールの発掘以後
途絶えていた日本とイスラエルの共同の考古学調査を再開してはどうか。」

という趣旨の提案をいただきました。私たちは、できるならばテル・ゼロール遺跡の調査を再開したいと申し入れましたが、当時の先生の興味は、第3次中東戦争の結果イスラエルが占領し続けているゴラン高原南部の諸遺跡にあり、聖書がこのあたりに居住したと伝える小民族の名を冠して、ゲシュル・プロジェクトと呼ぶ大規模な発掘調査を進められていました。その計画に加わるように要請されたわけです。しかしゴラン高原南部はイスラエルの占領下にあるとはいえ、国際的に承認されたイスラエルの領土ではないので、小川先生とご相談したうえで、この呼びかけはお断りしましたが、コハヴィ先生からはあらためて、高原の麓でガリラヤ湖の東岸にあるエン・ゲヴ遺跡を候補地として推薦いただきました。それ以後、小川先生やテル・ゼロールの旧メンバーと一緒に長い年月の発掘調査を続けた経緯があります。

　考古学の発掘調査は、粗末な宿舎でメンバーと日々の生活をともにし、夏季のイスラエルでは炎天下の肉体労働をともなう作業にも従事しなければなりません。文雅の士である小川先生には耐え難いことも多かったのではないかと思います。私にとっての喜びの一つは、週末の古跡見学小旅行でした。ヘレニズム、ローマ時代の遺構を巡るたびに、小川先生から解説を聞かせていただく楽しみがありました。

　遺跡は変わったけれども、日本隊によるイスラエルの考古学調査は今も続けられています。小川先生も私も年をとって発掘調査の現場からは引退しましたが、傘寿をお迎えになっても健康を保たれ、また彼の地訪問に同行する機会をえたいと念願しています。終わりになりますが、これまでのさまざまな学恩にお礼を申し上げます。

Greetings to Professor Hideo Ogawa
from Amihai Mazar

It is a great pleasure to send my greetings to Professor Hideo Ogawa sensei, an old friend of mine.

We met in 1964 in the excavations of Tel Zeror, Israel under the direction of the late Prof. Ohata. The Japanese team hired a few Israeli archaeologists to help, headed by the late Prof. Moshe Kochavi. I was at that time 22 year old, a second year student of archaeology, and Kochavi asked me to help in the supervision of one excavation area, in cooperation with a member of the Japanese team. This member was Hideo Ogawa, who was a few years older than me. We cooperated in this excavation during three seasons, until 1966, became good friends and continued to correspond for several years later. For me, the excavation at Tel Zeror was a unique opportunity to meet Japanese people in daily life, to cooperate with them and to learn much about their culture and way of life. During the evenings all members of the Japanese team used to sit around a table and sing Japanese songs. I still can sing "Sakura". The cooperation between the Japanese team and the Israelis was successful. We worked together as one team and conducted a high quality archaeological excavation in a time when archaeology in Israel was in a transitional period between old and new methodologies. The exact and scrutinized work of the Japanese members was a lesson for all of us.

For Prof. Ogawa the field work at Tel Zeror was just a stage in his career. I recall that his main interest in those days were history of religions, and in particular Mythraism, which he continued to study in the years to come.

I still keep a few letters from Prof. Ogawa. In November 1966, following the third season, he wrote: "I know very well now that I like your country very much, though I am not a Christian nor a Judaist". In this letter he writes that he plans to come to Jerusalem that winter to study the pottery from Tel Zeror in conjunction with the stratigraphy. In his words: "I made up my mind to master Tel Zeror archaeology and if I shall get some results they are of course yours and ours". And he ends his letter in the words: "you seem to be overworking. Please take care of your health!". I also keep a note written by Ogawa in Hebrew. The English translation: "I am now in Tokyo the large city and study and write Hebrew. Thanks god I will be in Israel again in this duty. It is good there in Jerusalem the beautiful city. Attached is a Japanese stamp." And he signs in Hebrew: "גבעות הנחל" = Rivers Hills (translation to Hebrew of his name).

Many years have passed since. Few years ago I had a chance to visit Japan, to learn its culture and art and to meet some of the Japanese colleagues. During this visit it was pleasure to meet Prof. Ogawa after many years.

I am happy to greet Ogawa sensei on the occasion of his 80th birthday and wish him many years of continued work and joy.

Amihai Mazar

Professor Emeritus, The Hebrew University of Jerusalem

January 29, 2016

Hideo Ogawa

小川先生のヘブル語のメモ

ご挨拶

アミハイ・マザール

(ヘブル大学名誉教授)

　旧友である小川英雄教授のために、ご挨拶をお送りすることができることをたいへんうれしく思います。

　私たちは、1964 年に大畠清教授の指揮で行われたイスラエル国テル・ゼロール遺跡の発掘調査で出会いました。日本隊は、故モシェ・コハヴィ教授を始めとする数名のイスラエル人考古学者を支援のために採用しました。私は当時考古学専攻 2 年生の 22 歳でしたが、日本人の隊員とともにひとつの調査区の現場監督をするよう、コハヴィ教授から依頼されたのです。その隊員が小川英雄氏で、私より数年年長でした。私たちは、1966 年まで 3 年間協力して発掘調査に関わり、よい友となり、その後何年も手紙のやり取りをしました。私にとってテル・ゼロールの発掘調査は、日常生活において日本人と触れる貴重な機会であり、ともに協力し、その文化や生活のあり方をよく知る時となりました。夕刻になると、日本人の隊員はみなテーブルの周りに座り、日本の歌を歌ったものでした。私は、今でも『さくら』を歌うことができます。日本隊とイスラエル人の協力はうまくいきました。ひとつのチームとして機能し、考古学が古い方法論から新しい方法論へと移りつつあったイスラエルにおいて、質の高い考古学的発掘調査を行うことができました。正確で徹底した日本人隊員の仕事ぶりから、私たちはみな多くを学びました。

　小川教授にとって、テル・ゼロールの調査は研究生涯の一段階に過ぎ

なかったと思います。私の記憶では、小川教授の主たる関心は宗教史にあり、特にミトラス教の研究をその後も続けられたものと思います。

　私は、小川教授からいただいた手紙を今でもいくつか持っています。3シーズン目が終わった後の1966年11月にはこのように書いてこられました。「私はキリスト教徒でもユダヤ教徒でもありませんが、あなたの国がとても好きであることはたしかです。」手紙には、その冬にエルサレムに来て、テル・ゼロールの土器を層位学との関係で研究する予定であることが書かれていました。小川教授の言葉では、「私はテル・ゼロールの考古学を学ぶことに決心しました。もしなんらかの結果が出たら、それはもちろん私たちとあなたたちのものです」となっていました。手紙は、「あなたは仕事をし過ぎに思えます。どうぞ健康にご留意ください。」と締めくくられていました。また、小川教授がヘブル語で書いたメモも持っています。訳すと「私は、今大きな町東京にいて、ヘブル語を学び、書いています。感謝なことに、またこの仕事でイスラエルに行くことができます。美しいエルサレムの町に行けることは幸せです。貼ってあるのは、日本の切手です。」そして、ヘブル語で "גבעות הנחל"（「川の丘」（小川）の意味）とサインがしてありました。

　それ以来、何年も立ちました。数年前、私は日本を訪問する機会を得、日本人の研究者たちと合い、その文化と芸術を学ぶことができました。その際、久しぶりに小川教授にお会いすることができたことは喜びでした。

　小川先生80歳の誕生日を期にご挨拶ができることをうれしく思います。また、これから何年もよい仕事と喜びの日々が続きますようお祈りいたします。

2016年1月29日

エマルの寡婦
——前 13 世紀シリア社会の一断面——

月 本 昭 男

I. はじめに

　筆者がはじめて小川英雄先生と親しく接する機会を得たのは、1974 年夏のテル・ゼロール遺跡発掘調査においてであった。当時、研究者を志す大学院生であった筆者は先生から発掘調査に関わる多くを教えていただいた。その後、エン・ゲヴ遺跡の第一期発掘調査（1990 ～ 1992 年）にもご一緒した。国内では、学会や研究会でしばしば先生の謦咳に接し、わけても日本オリエント学会では、先生が会長職にあった 1996 年度から 1999 年度まで、筆者は後藤明氏（東京大学教授、当時）と共に常務理事を務め、ご指導をいただいた。傘寿をお迎えの先生に献呈する論集に「弟子」とはいえない筆者が小論を寄せ、ささやかな感謝のしるしとさせていただく由縁である。

　以下の小論は、II. と III. において、前 13 世紀、シリアの都市エマルで作成されたとみられる未公刊の楔形文字粘土書板の 2 点を翻字と翻訳で紹介し、簡単な本文注と内容解説を付す。書板はいずれも個人の間で交わされた契約文書である。IV. では、そこに用いられる定型句の一つに多少の考察を加え、この時代の「寡婦」に関する問題提起とさせていただく。

　なお、紹介する書板は 2 点とも愛知県常滑市にある「INAX ライブミュージアム」内の「世界のタイル博物館」が所蔵する。このような貴重

表面

裏面

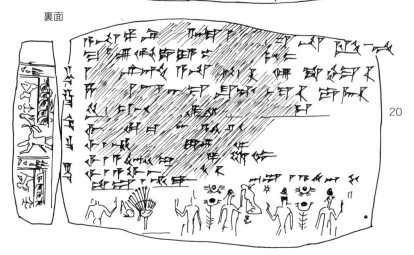

図版 1

エマルの寡婦　51

　な未公刊資料を解読し、研究する機会を与えてくださり、公刊を許可され
た同博物館に対して、筆者は深甚なる謝意をここに表する。

II．養父子契約文書（図版1）

　本粘土書板（博物館所蔵管理番号 KA007-056、寸法は 85 × 55 × 22mm、茶褐色）は、字体や人名などから、いわゆる「エマル文書」とみられる。内容は養子縁組証文である。

　＜翻字＞

表面	1	ᴵIb-<ni>-ᵈKUR DUMU Ú-ri-ú a-⌈kán⌉-na iq-bi
	2	ma-a <a>-⌈nu⌉-ma ᴵʳZu⌉-ḫal-ma DUMU I-la-ni
	3	a-na ⌈DUMU⌉-[u]t-ti-ia e-te-púš-mi
	4	DAM-tú ú-ša-⌈ḫa-az-ma⌉ u₄-mi^ḫá
	5	ša ᴵIb-ni-ᵈKUR ⌈ù?!⌉ DAM-šú bal-ṭu
	6	li-ip-luḫ-šu-nu-⌈ti⌉ [i-na] EGIR-⌈ki⌉
	7	ŠU-ti DAM-šú <ù> DUMU^meš-⌈šú⌉ ⌈li⌉-iṣ-bat-ma
	8	a-šar ŠÀ-šú lil-lik
	9	KÙ.BABBAR-šú ù ⌈ša⌉ DAM-šú <lu>-⌈uḫ⌉-ta-li^sic.-liq

	10	ù šum-ma i-na EGIR-⌈ki⌉ U₄ ᴵZu- ḫal-ma
	11	a-na pa-ni ᴵIb-ni-ᵈKUR a-bi-šu
	12	a-kán-na iq-bi ma-a ú-ul a-bu-ia
下縁	13	at-ta-a-mi KÙ.BABBAR mi-it-ḫar
	14	li-din-ma a-šar ŠÀ-šú lil-lik
	15	ù šum-ma ᴵIb-ni-ᵈKUR DUMU Ú-ri-ú
裏面	16	a-na pa-ni [ᴵZ]u-ḫal-ma ⌈a⌉-[ká]n-na iq-bi
	17	⌈ma-a⌉ ú-ul DUMU-ia a[t-ta]-⌈a⌉-mi

18	ᴵ[Ib]-ni-ᵈKUR a-na ⌜KÙ.BABBAR⌝-šú ù ša DAM-šú
19	za-[ku-ú] ⌜Zu⌝-ḫal-ma ŠU-t[i DA]M-šú <ù> DUMUᵐᵉˢ-šú
20	I[i-i]ṣ-bat-[ma a-ša]r Š[À-šú lil-l]ik

21	IGI [ᴵA⁇]-di-x[-x] ⌜DUMU⌝ A-⌜ḫi⁇⌝-⌜ᵈKUR⌝
22	IGI ᴵEN-[GAL] ⌜DUMU Hu⌝-[x]-⌜ki⁇⌝
23	IGI ᴵA-ḫi-⌜ᵈKUR⌝DUMU ⌜x⌝-[k]i⁇-li-mi
24	IGI ᴵA-wi-rù [ŠE]Š-šú
Seal 1	ᴺᴬ⁴KIŠIB ᴵEN-GAL
Seal 2	ᴺᴬ⁴KIŠIB ᴵA-ḫi-ᵈKUR
Seal 3	ᴺᴬ⁴KIŠIB De-e-da

＜翻訳＞

⁰¹⁻⁰⁴ᵃ Ūriu の息子 Ibni-Dagān は次のように言った、「私は Ilānû の息子 Zū-Ḫalma をわが息子とした。（彼に）妻を娶らせる」と。

⁰⁴ᵇ⁻⁰⁹ Ibni-Dagān と彼の妻が生きている間、彼（＝ Zū-Ḫalma）は彼ら（Ibni-Dagān ＝とその妻）を畏れ敬わなければならない。その後、彼は彼の妻と子供たちの手を取り、望むところに行ってよい。彼と彼の妻に関わる銀は支払われなくてよい。

---

¹⁰⁻¹⁴ もし、将来、Zū-Ḫalma が Ibni-Dagān の面前で「あなたはもはやわが父ではない」と言うならば、彼はそれ相応に銀を支払わなければならない。そのうえで、望むところに行ってよい。

¹⁵⁻²⁰ もし、Ibni-Dagān が Zū-Ḫalma の面前で「あなたはもはやわが息子ではない」と言うならば、Ibni-Dagān は彼と彼の妻に関わる銀について責任を負わない。Zū-Ḫalma は彼の妻と子供たちの手を取って、望むところに行ってよい。

²¹⁻²⁴ 証人：Aḫī-Dagān の息子 [A[?]]di…、証人：Ḫu…ki[?] の息子 Ba'lu-[kabar]、証人：…limi の息子 Aḫī-Dagān、証人：その兄弟 Awiru。
捺印 1：Ba'lu-kabar、捺印 2：Aḫī-Dagān、捺印 3：Dēda

<注>

1 行目。Ūriu の息子 Ibni-Dagān は TS 29, 14 に捺印する人物 Itūr-Dagān の父と同一人物か。

3 行目。X Y ana mārūti epēšu「X が Y を息子の身分にする」は養子契約文書の定型表現[1]。エマルでは mārūtu でなく、アッシリア語形 māruttu が多く用いられる。

7-8 行目。「妻と子供たちの手を取って、望むところに行ってよい」とは、自由の身になることを表す定型句。

9 行目。lu-uḫ-ta-li-liq は lu-uḫ-ta-al-liq の誤記。字義通りには「失われてよい」。動詞 ḫalāqu Dt 幹のこうした用法はエマル文書の特色（*Emar* VI 16, 4; TS 39, 4 他）。

18–19 行目。「彼と彼の妻の銀」の「彼」は、9 行目と同じく、Zū-Ḫalma。za-[ku-ú] という補いが正しければ、zakû は「負債がない／責任を負わない」という意味であるから（TS 56, 19 他）、Ibni-Dagān が自分から養父子関係の解消を言い出した場合、Zū-Ḫalma とその妻に関わる負債の責任は負わなくてよい、という意味。但し、18 行目冒頭の Ibni-Dagān は Zū-Ḫalma と書くべきところを、書記が間違えた可能性もありうる。その場合、Zū-Ḫalma は Ibni-Dagān が彼のために支払った銀を負債として負うことはない、との意。

21 行目。証人名 [^ıA[?]]-di-x[-x] には捺印 3 の人名から [^ıØ]-De-「e」-「da」の可能性もありうるか。

54

<解説>

1–9行が契約の本体。Ibni-Dagān は Zū-Ḫalma を養子とし、彼に妻を娶らせることを約束する一方、Zū-Ḫalma は養父と養母を生涯にわたって「畏れ敬う」義務を負う。このような場合、「畏れ敬う（palāḫu）」とは、ある人ないしその夫妻を親として、これに「仕える」こと。この「畏れ敬う」義務が果たされるならば、養父母の死後には、養子 Zū-Ḫalma は妻と子供たちを連れて自由の身になることができる（7–8行）。「望むところに行ってよい」という定型句は、負債が解消され、誰からも束縛を受けないことを意味する。そのことが9行目「彼と彼の妻に関わる銀は支払われなくてよい」によって確認される。「彼と彼の妻に関わる銀」とは、Zū-Ḫalma を養子に迎える際、また Zū-Ḫalma に妻を娶らせる際に、Ibni-Dagān が支払った銀を指す。それはもはや Zū-Ḫalma の負債とはならないという。

10–20行は養父子関係を解消する場合の取り決め。養子 Zū-Ḫalma が解消を言い出した場合、彼は銀を養父 Ibni-Dagān に「それ相応に」返済しなければならない。「相応に」とは、養父がそれまで養子のために支払った銀の総額を意味する。これを返却すれば、Zū-Ḫalma は自分の家族ともども自由の身になれる（10–14行）。逆に、養父 Ibni-Dagān が養父子関係解消を言い出した場合、彼は Zū-Ḫalma とその妻に関わる銀に関して「負債を負わない」代わりに、Zū-Ḫalma は家族ともども無条件に自由の身になれる（15–20行）。もっとも、18行目の Ibni-Dagān が Zū-Ḫalma の誤記であれば、養子はそれまで養父が彼のために支払った銀に「責任を負わない」ことになる。

証人には4名が名を連ね、3名が捺印する。2名の名が重複することから、証人のうちの2名が捺印したことになる[2]。

養子縁組契約には、養父が養子の保護者に支払う銀の量が明記されるのがふつうである。しかし、本文書にはそれがない。さらに、Zū-Ḫalma は

māruttu「息子の資格」を与えられているにもかかわらず、養父の遺産相続権は与えられていない。こうした点を勘案すれば、Zū-Ḫalma もしくは彼の父 Ilānû が Ibni-Dagān に一定の債務を負っていたこと、Ibni-Dagān は本契約によってその負債を相殺しようとしたこと、などが想定されようか。

III．婚姻契約文書（図版2）

　本書板（博物館所蔵番号 KA007-059、粘土書板の寸法は 80 × 60 × 18mm、茶褐色）もまた、字体や人名などから、いわゆる「エマル文書」とみられる。内容は特殊な婚姻契約である。

　＜翻字＞

表面	1	[ᴹ]ⁱAl-a-ḫa-ti DUMU.SAL Ip-qí-ᵈKUR
	2	i-na MU KALA.GA ᴹⁱ·ᵈKUR-na-aʾ-mi
	3	DUMU.SAL-ši a-na É.GI₄.A ša ⁱA-bi-ᵈXXX
	4	DUMU ⁱPaⁱ-i ta-at-ta-din-ši
	5	ù XXX GÌN KÙ.BABARᵐᵉˢ NÍG.MÍ.ÚS-ši tal-ta-qì
	6	ù šum-ma DUMU ⁱA-bi-ᵈXXX e-ri-ib-ši
	7	ᴹⁱ·ᵈKU[R-na-aʾ-m]i al-ma-tu₄ it-ti al-ma-na-ti
	8	a-zi-[ib-tu₄ it-t]i az-ba-ti

	9	ù šu[m-ma aʔ-ḫaʔ]-⌈a-tiʔ⌉-ši ša ᴹⁱ·ᵈKUR-na-<aʾ> mi
	10	il-la-a [a-na NÍG.M]Í.Ú[S-ši] e-ri-iš
	11	ṭup-pu a[n-nu-ú i-]la-aʾ-e-šú

下縁	12	ù šum-ma ⌈DUMU⌉ⁱA-bi-ᵈXXX ú-lu
	13	il-ta-qì-ši a-[n]a É e-mi

	14	li-id^{sic.}-ši KÙ.BABAR^{meš} NÍG.MÍ.ÚS-ši

裏面　15　lil-qì

16　IGI ᴵBa-aṣ-ṣu DUMU Pa-⌈az⌉-ri

17　IGI ᴵʳTu-ri-ia⌝ DUMU ᵈXXX-GAL

18　IGI ᴵZi-ik-ri-ᵈKUR

19　DUMU Ši-še-ni

Seal 1　ᴺᴬ⁴KIŠIB I-li DUMU Zu-ba-la

Seal 2　ᴺᴬ⁴KIŠIB ᴵZu-ba-la DUMU Mu-⌈uq-qí⌉-na-ni

Seal 3　ᴺᴬ⁴KIŠIB ᴵʳEN⌝-UR.SAG DUMU La-ad-ᵈKUR

<翻訳>

¹⁻⁵ Ipqi-Dagān の娘 Al-aḫātī は、飢饉／困難の年に、自分の娘 Dagān-naʿmī を Pai の息子 Abī-Šaggar の家に嫁がせた。花嫁料として銀 30 シクルを彼女は受け取った。

⁶⁻⁸ もし、Abī-Šaggar の息子が彼女の替わりを娶るならば、Dagān-naʿmī は「寡婦たちのなかの寡婦、離縁された女性たちのなかの離縁された女性」となる。

⁹⁻¹¹ もし、Dagān-naʿmī の［姉］妹が立ち上がって、［花嫁］料（の返却）を請求しても、［こ］の証文がそれにまさる。

¹²⁻¹⁵ もし、Abī-Šaggar の息子が彼女を娶らないならば、彼女を嫁がせなければならず、彼女の花嫁料は彼が受け取ってよい。

証人：Pazru の息子 Baṣṣu、証人：Šaggar-kabar の息子 Tūria、証人：Šišenni の息子 Zikri-Dagān。

捺印 1：Zū-baʿla の息子 Ili、捺印 2：Muqqinani の息子 Zū-baʿla、捺印 3：Lād-Dagān の息子 Baʿlu-qarrād。

エマルの寡婦 | 57

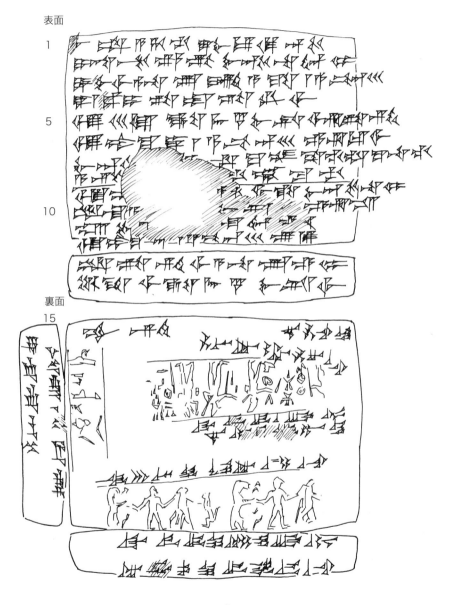

図版2

＜注＞

1行目。エマル文書にはしばしば ina MU KALA.GA（＝ ina šanat dannati）「飢饉／困難の年に」という定型句が（ときに nukurtu「敵対」を伴って）用いられる[3]。

3-4行目。「…の家に嫁がせる」は「…の嫁（É.GI$_4$.A ＝ kallatu）に与える」が原意（「嫁」は「妻」ではない）。父名 Pai の＜ PA ＞は書き損じを消去した上に記される。ヒッタイト語の人名か（Laroche, NH, p. 133）。そうでなければ、フリ語の人名（PTE, p. 229）。

5行目。「花嫁料（NÍG.MÍ.ÚS ＝ terḫatu）」は花婿側が花嫁側に支払う銀[4]。

6行目。e-ri-ib を riābu「替わりを立てる」の過去形（3. m. sg. prt）と解する。但し、この動詞が結婚契約書に用いられた事例を筆者は他に知らない。エマル文書において接頭辞 i- がしばしば e- になることについては J. Ikeda, A Linguistic Analysis of the Akkadian Texts from Emar: Administrative Texts, Ph.D. Dissertation, Tel Aviv, 1995, p. 30. を参照。

7-8行目。定型句 almattu itti almanāti azibtu itti azbāti とその訳「寡婦たちのなかの寡婦、離縁された女性たちのなかの離縁された女性」については次節参照。

9行目。「彼女の［姉］妹」は暫定的。

10行目。「立ち上がる（elû）」とは、公的な裁判に訴え出ることをいう。

14行目。li-id-ši は li-din-ši（もしくは li-id-din-ši、RE 39, 15 他）の誤記。

16-18行目。証人名は捺印後に残った書板の空白部に、本文とは上下逆に記される。なお、2人目の証人 Tūria は TS 88, 12’ および RE 51, 25 に同一父名で言及される。同一人物か。

捺印 2。父名はスペースの関係で上に綴られる。

＜解説＞

1–5 行。ここが契約本体。Ipqi-Dagān の娘 Al-aḫātī が「飢饉／困難の年」に娘 Dagān-naʿmī を Abī-Šaggar のもとに嫁がせ、花嫁料は銀 30 シクルを受け取った。花嫁料は支払う側と受け取る側の間の様々な条件が重なるため、銀 30 シクルが高いか安いか、一概には言えない。しかし、古バビロニア時代は 5 ないし 10 シクルが多いこと、「飢饉／困難の年」であったことなどを勘案すると、通常より多額であったろう。続く付随要件が支払う側に有利に取り決められた理由の一端もそこにあったとみられる。続く 6–15 行目には、契約本体の付随条件として、将来、起こりうる 3 つのケースが条件節「もし」によって想定され、それぞれについて取り決められる。

6–8 行。付随条件の第 1。Abī-Šaggar の息子が Dagān-naʿmī を娶った後、彼女に替えて別の女性を妻に娶った場合、Dagān-naʿmī は「寡婦のなかの寡婦、離縁された女性のなかの離縁された女性」となる。ここには、Dagān-naʿmī の夫となるべき Abī-Šaggar の息子の名前が明示されない。母 Al-aḫātī は「困難／飢饉の年」に、新郎を特定せぬまま、娘を Abī-Šaggar の家に嫁がせ、花嫁料を手にすることを選ばざるを得なかったのであろう。「寡婦たちの……」という定型句については次節で考察。

9–11 行。付随条件の第 2。Dagān-naʿmī の関係者が「花嫁料」（の返却）を請求した場合、請求は却下される（「この文書が……にまさる」とは、別の請求は却下される、との定型表現）。この合意は、Dagān-naʿmī が「寡婦」となる上記の場合を前提にする。請求者を明示した部分の欠損補足が正しければ、Dagān-naʿmī には姉がいた。だが、父の名は記されない。母 Al-aḫātī はおそらく寡婦であったろう。

12–15 行。付随条件の第 3。Abī-Šaggar の息子が Dagān-naʿmī を娶らなかった場合、息子は Dagān-naʿmī を他家に嫁がせ、花嫁料を受け取ってもよい、と合意された。このような場合、結婚は解消され、花嫁料は返

却されるのがふつうである（RE 6 など）。この契約は、しかし、この結婚を拒絶した Abī-Šaggar の息子に Dagān-naʿmī を別のところに嫁がせ、花嫁料を手にする権限を与えている。Abī-Šaggar はそもそも新郎となるべき息子の同意も取っていなかった。

　このように、本結婚契約は新郎の側に一方的に有利な条件で結ばれている。新婦側が手にした唯一のものが花嫁料であった。花嫁料とは花嫁を支配する権利を得るために支払う代価である、との見解はここにもあてはまる[5]。それと同時に、誰が夫となり、どのような意向を示されるかもわからないまま、女性家族を支えるために、不本意な「嫁入り」を決意した健気な1人の女性の姿が本文書から浮かび上がる。

IV.

　上に紹介した文書2の7–8行に用いられたアッカド語の定型句 almattu itti almanāti azibtu itti azbāti は、現在、その異形をも含めると、エマル文書に6例が確認されている。ここに公刊する文書2は7例目となる。この定型句に関しては、ごく最近、山田雅道氏が詳しい論考を発表された[6]。氏が「規定」と呼ぶこの定型句は、氏によれば、「社会・経済的に劣位な立場にある女性であるとはいえ、彼女たちは自由人であるのだから、しかるべく扱われるべきであり、身分を変更して女奴隷として扱ってはならないこと」の表明であった。この結論に特段の異論を差し挟むつもりは筆者にない。ただ、氏が論考で触れなかった点を少しく補い、3200年余前の「エマルの寡婦」に思いを寄せてみる。

　問題の定型句は、いまのところ、エマル文書にのみ現れる。almattu / almanāti は「寡婦」を意味するふつうのアッカド語（単／複）。他方、azibtu / azbāti「離縁された女性」は離縁の際にも使われる動詞 ezēbu「棄てる（＝離縁させる）」からの派生名詞（単／複）。但し、後者の用例は

他にみられず、語形が i/ezibtu でなく、azibtu となる点に西セム語の影響を窺わせる[7]。itti「…と共に／のもとに」も一般的な前置詞。但し、almattu itti almanāti のように、同一名詞の単数形と複数形を前置詞 itti が繋ぐ用例は珍しい。おそらく、bēlet bēlēti u ilat ilāti「女君のなかの女君、女神のなかの女神」のように、同一名詞の単数形と複数形を連語にして、最上級を表すセム語的用法に準ずる。ヘブライ語聖書に親しむ者であれば、創世記 2 章 23 節「わが骨の骨、わが肉の肉（'eṣem mē'ᵃṣāmay bāśar mibbᵉśārī）」を想起しよう（itti はときにヘブライ語前置詞 min (mē- / mib-) に対応）。したがって、この定型句は、当該の女性が「寡婦であり、離縁された者である」ことの強調表現とみなされよう。

「寡婦（almattu）」と「離縁された女性（azibtu）」が並ぶ理由は 2 つ考えられる。第 1 に、寡婦には夫の死別と夫との離縁の 2 つの場合があるので、azibtu によって後者であることを明示する。それならば、後者だけでもよさそうだが、以下に見るように、almattu として社会的に承認されることが重要であった[8]。それが第 2 の理由である。ヘブライ語聖書ではこれを 'almānāh ûgᵉrûšāh と表現した（レビ記 23：22、民数記 30：10）。

古代西アジアには、シュメル時代から、支配者が孤児と寡婦を保護する義務を負った。少なくともそうした観念が一般化していた。古くは、ラガシュ第 1 王朝最後の王ウルカギナ (ウルイニムギナ) の『改革碑文』(前 2340 年頃) に「彼（＝ウルカギナ）はラガシュの市民、負債に生きる者、小作料未納者、…、…、…を獄から解放し、彼らに自由をもたらした。力ある者は孤児と寡婦を捕らえてはならない」とある[9]。それはグデア碑文に、『ウルナンマ法』に、と引き継がれてゆく[10]。その後、ハンムラビが『法典』後文に「孤児と寡婦（almattum）を正しく導くために」と記したことはよく知られていよう[11]。

支配者が寡婦を保護する伝統は、前二千年紀中葉には、西セム語圏に伝わっていただろう。ウガリト出土の『アクハト物語』は「寡婦のための裁

き（dn almnt）」と「孤児のための審き（tpt ytm）」を実施したラファの
王ダニエルを称賛し、『ケレト（キルタ）物語』は、逆に、「あなたは寡婦
のための裁きを裁かなかった（l tdn dn almnt）」と王子ヤツィブを非難す
る[12]。古代イスラエルでは、寡婦と孤児の保護を民の義務として律法に定
め、預言者たちは寡婦と孤児を抑圧する民を糾弾してやまなかった[13]。

　定型句「寡婦たちのなかの寡婦、離縁された女性たちのなかの離縁され
た女性」の背後には、古代西アジアのこうした伝統的観念が横たわる。な
らば、「寡婦」とみなされた女性には、具体的に、どのような権利が認め
られたのか。その点で、中期アッシリア法（A）に言及される「寡婦の書
板」が重要な示唆を与えてくれるだろう。

　中期アッシリア法（A）の 36 条によれば、夫が職務のために不在とな
り、自立しうる年齢の子供もいない場合、妻は、5 年間、夫の帰りを待た
なければならなかったが、6 年目には再婚が許された。その後に夫が帰還
しても、不在が不当な拘禁もしくは王による派遣でない限り、彼はもとの
妻に「近づく」ことは許されなかった。さらに 46 条によれば、兵士であ
る夫が敵に連行された場合、支えてくれる義父や子供がいない妻は、2 年
間、夫の帰りを待たねばならなかったが、3 年目には再婚が許された。そ
の際、彼女には裁判官から「寡婦の書板（ṭuppu-ša kî almatte）」が書き与
えられた[14]。もっとも、その後、夫が帰還した場合、職務で不在となった
夫の場合（36 条）とは異なり、夫は再婚した妻を取り戻す権利を行使し
えたが、再婚者との間に生まれた子供は別であった[15]。

　「寡婦の書板」とは、長期間にわたって夫の生死や所在が不明の場合、
妻に再婚の権利を認める公的証文である[16]。つまり、「寡婦」は孤児と並
ぶ社会的保護の対象であっただけでなく、再婚の権利を有する女性であっ
た。ここから、エマル文書の問題の定型句も、「寡婦の書板」と同じく、
当該の女性が再婚の権利を有することの公的宣言であった、と筆者は想定
する。そこには、いうまでもなく、当該の女性が債務者でないことも含意

されていたはずである。文書 2 に即して言えば、「Abī-Šaggar の息子が彼
女の替わりを娶るならば、Dagān-naʿmī は『寡婦たちのなかの寡婦、離
縁された女性たちのなかの離縁された女性』となる」との一文は、Abī-
Šaggar の息子の行為により、Dagān-naʿmī は花嫁料という潜在的負債を
解かれ、再婚の権利が認められる、と解されることになるだろう。こうし
た観点から、山田雅道氏が検討した 6 点の資料をも簡単になぞってみよ
う。

　第 1 資料（QVO 5-T 1）には、Kuna'e なる人物が彼の僕のために妻と
して娶った Anna-kīmī に、almattu と azibtu の順序を逆にした定型句が用
いられる。それは、Anna-kīmī が「離縁された女性」ではあるが、再婚す
る権利を有する「寡婦」であったことを明示する[17]。第 2 資料（Semitica
46-T 1）でも同様に、Na'i-Dagān のもとに妻として嫁いだ姉妹 Šada が、
負債を抱えず、再婚の権利を有する女性であったことを示す。第 3 資料
（SMEA 30-T 13）は、本文に欠損箇所が多いために[18]、留保しつつでは
あるが、Kitta なる人物が彼の女僕でありながら、再婚の権利を有する女
性 Naʿmat-ilī を［何某］（人名部分欠損）の妻と宣言した、と読めよう
か。第 4 資料（*Emar* VI 16）では、夫 Bazila および保護者 Šaggar-abu
夫婦を亡くした女性 Abī-qīrī に再婚の権利があること、逆に言えば、支
払うべき負債から解放されることが、この定型句によって認証される[19]。

　第 5 資料（*Emar* VI 216）は、妻に子供が授からない場合、妻が養女に
迎えた娘を夫に「妻として」与え、その娘によって嫡子を得ようとする、
すでに古バビロニア時代にみられる慣習をのぞかせる、じつに興味深い文
書である[20]。「妻」とされる娘が子供を産むかどうかに触れないのは、い
ずれの場合でも、この娘は「離婚した寡婦」として家から送り出される、
と合意されているからだろう。もっとも、別の文書（*Emar* VI 217）によ
れば、この養女縁組は後に破棄されたのであったが。

　第 6 資料（RAI 47-T 2）における用法は第 1 ～第 3 資料のそれに準じ

る。父 Dagān-ṣimerti は嫁がせた自分の娘 Baʿla-kīmī を離婚させたうえ
で、「寡婦たちのなかの寡婦、離縁された女性たちのなかの離縁された女
性」として Arwu の家に嫁がせ、「花嫁料」銀 20 シクルを手にしている。
ところが、Baʿla-kīmī に債権を有する人物が名乗りを上げ、裁判の上、
Arwu はその人物にも応分の銀を支払わねばならなかった、という。

　もし、以上に述べたことが的を外していなければ、問題の定型句は、当
該の女性が非債務者として再婚の権利を有することを公に認証させる機能
を果たしていたことになるだろう。こうした考察によって、この定型句か
ら「自由人」としての寡婦の立場を読み取った山田雅道氏の結論に、多少
とも、具体的輪郭を添え得るように思われる。

　離縁により寡婦となった女性たちは、夫の死別による寡婦とは異なり、
夫の家に留まることができなかった[21]。彼女たちの将来は、離婚の理由に
絡む花嫁料返却、「離婚料」(uzubbû/izibtu) の有無、あるいは子供の有
無といった様々な条件によって、一様ではなかったろう。なかには、自立
し、自分で再婚相手を探しえた女性もいたにちがいない[22]。だが、問題の
定型句が用いられた文書を見るかぎり、たいていは、実家に戻るか（山田
氏による資料 1，2，6）、多少とも余裕のある家に「女僕」として引き取
られている（資料 3，4）。いずれの場合にも、再婚先は本人の意思とは別
の理由で決められていたようにみえる。その意味で、「寡婦」は必ずしも
十全な「自由人」ではなかった。

注

1) E.-M. Dossin, *L'adoption à Nuzi*, Paris: Adrien-Maisonneuve, 1938, p. 36 参照。

2) なお、捺印された印章の図像は古代オリエント博物館石田恵子さんが調べてくださ
ることになっている。

3) この表現の用例や背景については C. Zaccagnini, War and Famine at Emar, OrNS
64 (1995), pp. 92ff.; I. Eph'al, *The City Besieged: Siege and Its Manifestations in
the Ancient Near East*, Leiden: Brill, 2009, pp. 139–143 など参照。

4) terḫatu の機能については、R. Westbrook, *Old Babylonian Marriage Law*, AfO Bh.
23 (1988), pp. 59f., 99f. 参照。結婚を「売買婚（Kaufehe）」とする P. Koschakar
などの見解を批判。

5) Westbrook, *op. cit.*, p. 69.

6) 山田雅道「エマルにおける自由人としての寡婦と離縁者 — almattu-azibtu 規定論
—」『オリエント』56-2（2013）、1-15 頁。

7) E. J. Pentuic, *West Semitic Vocaburary in the Akkadian Texts from Emar*, HSS 49
(2001), p. 29.

8) この定型句が almattu itti almanāti だけになることがあっても、azibtu itti azbāti の
みの形がない理由もここにある。

9) Urk.4 xii 23-25 = Urk.5 xi 30–xii 1. F. Thureau-Dangin, *Die sumerischen und ak-
kadischen Königsinschriften*, Leipzig, 1907, S. 52; H. Steible, *Die altsumerischen
Bau- und Weihinschriften*, Teil I, FAOS 5, Wiesbaden, 1983, S. 310.

10) 『グデア像 B』vii 36–43,『円筒碑文 B』xviii 6–7.『ウルナンマ法』序文、ニップル
版 iv 162–168 // シッパル版 ii 30–39。

11) 『ハンムラビ法典』後文 xxiv 59ff. 中田一郎『ハンムラビ「法典」』リトン、1999
年、72 頁。

12) KTU^2 1.17 v 8 および KTU^2 1.16 vi 33-34（// vi 45–47）.

13) 出エジプト記 22：20–22、申命記 10：18、イザヤ書 1：17、エレミヤ書 7：6 他。

14) 『ハンムラビ法典』も寡婦の再婚を原則として認めている。『同』172、177 条など
参照。中田一郎前掲書 48、49 頁。

15) 中期アッシリア法は G. R. Driver & J. C. Miles, *The Assyrian Law*, Oxford, 1935;
G. Gardascia, *Les lois assyriennes*, Paris, 1969; M. Roth, *Law Collections from
Mesopotamia and Asia Minor*, Atlanta, 1995 など。

16) D. Bodi, The 'Widow's Tablet' for the Wife of an Assyrian War Prisoner and
Rabbinic 'Divorce Letter' of the Hebrew Warriors, H. Neumann et al., eds., *Krieg*

und Frieden im Alten Vorderasien, AOAT 401 (2014), 123-129.

17) 筆者は第1、第2．第3、第6資料における定型句を「（彼女は）たしかに離縁された女性、確かな寡婦であった」と過去時制で訳す。

18) 5行目の山田氏による補い in[!]-na-ap-[š]a「摘み取られた」はいただけない。アルノーの読みを支持しないのであれば、文脈上、i-na-an-[n]a「いまや」以外に考えられないだろう。

19) この文書が夫を亡くした Abī-qīrī に「離縁された女性たちのなかの離縁された女性」との定型句を用いる理由は、保護者 Šaggar-abu が離婚した彼女を養女ないし女僕として引き取り（それゆえ、彼女の父母の名は記されない）、彼の債務者であった Bazila に妻としてあてがったことに求められる。この定型句の直後に、Šaggar-abu の息子たちは彼女に対する権利を有さないと明言されるのは、保護者夫婦に「仕える」ことで、彼女のために支払った銀の分量が相殺されるからである。なお、本文25行目「彼女は彼らの運命の後へ彼らを運ぶ」（山田氏）は「運命が彼らを運び去った後」と訳すべき文。したがって、氏の論文の注（12）は意味をなさない。J. N. Lawson, *The Concept of Fate in Ancient Mesopotamia of the First Millennium: Toward an Understanding of Šīmtu*, Wiesbaden, 1994, pp. 51f.

20) 古バビロニア時代の結婚契約文書は BIN 7 173（Westbrook, *op. cit.*, p. 116）。創世記16章3節、30章3節などとも関わるテーマであり、かつて E. A. Speiser がそれらとの関連を指摘したヌジ文書の検討も含めて、機会をみて、詳しく論ずる予定である。

21) 夫との死別による寡婦が夫の家に留まることは『ハンムラビ法典』172条など参照。

22) エマル文書の売買契約のなかには、寡婦が「飢饉／困難の年に」息子たちに見棄てられ、自分の家を義理の息子に売り渡さざるを得なかった事例（*Emar* VI 20）、同じく「飢饉／困難の年に」4人の息子たちとともに亡夫の家を手放さざるを得なかった事例（TS 65）などが散見する。

略語表

BIN 7: J. B. Alexander, *Babylonian Inscriptions in the Collection of J. B. Nies*, vol. 7, New Haven: Yale University Press, 1943.

Emar VI: D. Arnaud, *Recherches au pays d'Ashtata Emar* VI/3, Paris: Editions Recherche sur les Civilisations, 1986.

KTU^2: M. Dietrich / O. Loretz / J. Sanmartín, *The Cuneiform Alphabetic Texts from Ugarit*, Münster: Ugarit-Verlag, 1995.

NH: E. Laroche, *Les noms des Hittites*, Paris: Klincksieck, 1966

PTE: R. Pruzsinszky, *Die Personennamen der Texte aus Emar*, SCCNH 13, Bethesda: CDL Press, 2003.

QVO 5: F. di Filippo, Two Tablets from the Vicinity of Emar, M. G. Biga / M. Leverani, eds., *Ana turri gimilli: Studi dedicati al Padre Werner R. Mayer, S. J. da amici e allievim*, Roma: Università di Roma Sapienza, 2010, pp. 105–115.

RAI 47: W. W. Hallo, Love and Marriage in Ashtata, S. Parpola / R. M. Whiting, eds., *Sex and Gender in the Ancient Near East*, CRRA 47/2, Helsinki, 2012, pp. 203–216.

RE: G. Beckman, *Texts from the Vicinity of Emar in the Collection of Jonathan Rosen*, Padova: Sargon, 1996.

Semitica 46: D. Arnaud, Mariage et remarriage des femmes chez les Syriens du moyen-Euphrate, à l'âge du Bronze récent d'après deux nouveaux documents, *Semitica* 46 (1996), pp. 7–16

SMEA 30: D. Arnaud, Tablettes de genres divers du moyen-Euphrate, *Studi Micenei ed Egeo-Anatolici* 30 (1992), pp. 195–245.

TS: D. Arnaud, *Textes syriens de l'âge du Bronze récent*, Aula Orientalis Supplementa 1, Barcelona: Sabadell, 1991.

後期青銅器時代南レヴァントから
エジプトへの物品提供
――「イヌウ」の解釈を通して――

間 舎 裕 生

Ⅰ．はじめに

　本稿は、後期青銅器時代Ⅰ期（紀元前 1550 〜前 1400 年頃）の南レヴァントと新王国エジプトとの関係を考えるための資料として、トトメス3世（治世紀元前 1479 〜前 1425 年頃）の「年代記」（Annals）と呼ばれる碑文に登場する「イヌウ」（*inw*）という語の性格把握を試みることを目的とする。

　南レヴァントの後期青銅器時代は、エジプトの新王国時代と並行している。新王国時代エジプトは、第 18 王朝初代の王イアフメスがエジプト全土を統一し、さらに勢力を西アジア地方へと拡大した。一般的には、後期青銅器時代の南レヴァントは、エジプトに支配されていたと考えられている（マザール 2003: 148-149）。

　遺物や遺構と並んで、後期青銅器時代の南レヴァントの歴史復元に使用される資料に、文字資料がある。とくに、エジプトからの輸入品やそれを模した物質文化が遺跡から多く出土する後期青銅器時代ⅡB 期（紀元前 1300 〜前 1200 年頃）に比べて、同Ⅰ期や ⅡA 期は考古学的資料が乏しい。このため、これらの時期に関しては、エジプトの碑文などの文字資料を基にした歴史復元が行われてきた。もちろんエジプトの碑文の内容には偏りがあり、全てを史実と考えることには問題があるが、それでもこの時

代の理解のために碑文の解釈が重要であることに変わりはない。したがって、碑文の解釈に新たな可能性を提示することは、当時の両者の関係についても、新たな視座を提供することになりうる。

Ⅱ．トトメス 3 世の「年代記」

　第 18 王朝のエジプトの碑文に関しては、まとまった資料が残り、「年代記」と呼ばれるトトメス 3 世時代のものについて、多くの研究がなされてきた。「年代記」はカルナクにあるアメン神殿の至聖所内壁、北壁から西壁の北半分に刻まれた碑文で、現在までに 223 行の文章が残存している。これらの記述には、第 4 次、第 11 次、第 12 次を欠くものの、トトメス 3 世の合計 17 回のアジアへの軍事遠征記録が残され、エジプト歴代の王の中で最も完全な軍事遠征記録が残っているとされる（*ARE 2*: §391）。ただし、遠征の記録といっても、必ずしも旅程や戦いの様子が記されているわけではなく、多くは王のとある治世年に遠征を行ったという事実と、どこの町を征服したかという結果のみが記録されているにすぎない[1]。したがって、碑文に登場する地名の同定に関する研究が早い段階からなされ、そこに記録された多くの南レヴァントの都市がエジプトに征服されたと考えられた（たとえば Noth 1937; Yeivin 1950; Ahituv 1984）。

　「年代記」については、以上のような被征服地の同定に関する研究が中心となり、後期青銅器時代南レヴァントの考古学的研究を行う際の前提となっている。一方で「年代記」には、記録の残っているほぼすべての治世年において、アジアやアフリカなどから物品がもたらされた記録が含まれる。もちろん、そこにはエジプト王やその兵士たちが遠征先から略奪したものもあるが、現地人の手によってエジプトにもたらされたものも多い。

　この周辺諸国からの物品提供の記録には、いくつかの問題がある。まず、提供しているのが、エジプトによって征服された記録が必ずしもある

地域だけではないことである。またその多くは、提供品を羅列した一覧が挿入されているにすぎず、前後の文脈との関連も乏しい[2]。さらに、物品提供を示す語には「ビアウ」（*biȝw*）、「バアク」（*bȝkw*）、「イヌウ」（*inw*）の３種類の語が用いられており、それぞれに異なった意味を持っていたと考えられている。中でも「イヌウ」はその示す意味が曖昧であり、以下のような議論がなされてきた。

Ⅲ.「イヌウ」に関する研究

「イヌウ」という語は、「もたらす」という意味の動詞「イニ」（*ini*）から派生した語である。M. リヴェラニ（Liverani）やA. スパリンガー（Spalinger）は、イヌウには下位の者から上位の者へ「もたらされたもの」という方向性が含まれており、税とは概念の異なる「貢物」（tribute）であるとした[3]（Liverani 1973: 193; Spalinger 2005: 112）。一方で、エジプトに占領された国や地域が必ずしもイヌウを提供しておらず、アッシリアやヒッタイトからもイヌウが提供されているので、「貢物」ではなかったと主張する研究者もある（Bleiberg 1981: 107; Spalinger 1996: 364）。

L. ブライベルク（Bleiberg）は、バアクが国や地域から提供されている一方、イヌウは「〜の領主」から提供されていることに注目し、エジプトは周辺の領主との間に、イヌウを媒介とした関係を築いていたと考えた。その上で、提供国の王や領主から提供されるイヌウは、エジプト王個人の所有物となると主張した（Bleiberg 1981: 107-108; 1984: 156-158; 1988: 157）。

さらにブライベルクによれば、遠隔地からイヌウが提供されているということは、エジプト王の影響力を示している（Bleiberg 1984: 167; 1996: 114）。同様にリヴェラニは、エジプトを中心とした、バアクを提供する近隣地帯、イヌウを提供する中間地帯、ビアトを提供する遠隔地帯に分か

れていると考えた（Liverani 2001: 176-177）。

　リヴェラニは、諸地域からエジプトへもたらされる物品の内容にも注目した。バアクには金、奴隷、象牙、黒檀などのヌビアの特産物が含まれている。これに対し、イヌウには奴隷や農産物、畜産物など、より広範なものが含まれる。このほかにも金、銀、貴石、インゴットや金属製品、木材などが含まれるのが特徴的である。また、「ジャヒで加工された銀杯」など、価値や特殊性には特に注意が払われていたとした（Liverani 2001: 177）。

　以上のように、イヌウはバアクと比較した上で「貢物」であったのかどうか、またイヌウを提供していることの有無がエジプトとの関係の違いを意味しているのかどうかという点について、いまだに結論が出ていない。議論が分かれている原因の一つには、イヌウがエジプトの支配下にあったと考えられている南レヴァント諸都市からだけでなく、エジプトの影響下になかったはずのアッシリアやヒッタイトなどからも提供されていることにより、その性格を決定づけることが難しい点にある。

　一方で、イヌウの内容に関して言及したのはリヴェラニだけであり、その検討は十分とは言えない。したがって本稿では、イヌウとして提供されている物品の内容を精査することで、その性格について議論を行う。

IV.「ビアウ」と「バアク」

　「イヌウ」を検討する前に、同様に諸地域から提供された物品である「ビアウ」や「バアク」の内容からその傾向を導き出し、それを「イヌウ」に当てはめて考察を行う。とくに「バアク」と「イヌウ」の一覧は連続して掲載されることが多く、両者が異なる基準で記述されているとは考えにくいからである。

後期青銅器時代南レヴァントからエジプトへの物品提供 ｜ 73

　以下はK. ゼーテ（Sethe）によって集成（*Urk IV*）された「年代記」
の該当箇所を、筆者が翻訳したものである。なお、「・・・」は碑文の欠
損部分、〔　　〕内はゼーテによって復元された箇所を示す。

1.「ビアウ」

　「ビアウ」は「不思議なもの」（marvels）と訳される（*ARE 2*: §486,
513; Faulkner 1962: 80）。「年代記」中では2箇所しか登場しないもの
の、いずれもエチオピア地方にあったと考えられるプントと呼ばれる国
（Kitchen 2001: 85-86）からのもので、大量の乾燥没薬をエジプト王へ
送ったと記されている。プントとは、先代のハトシェプスト女王の治世か
ら交易を行っていた（Kitchen 2001: 85）ことから、戦利品や税としての
意味合いはないと考えられる。

　　「プントの国から今年王にもたらされたビアウ。乾燥没薬1685ヘカ
　　アト。〔アムウの国の〕金〔a デベン・・・〕」［治世第33年（*Urk
　　IV*: 702）］
　　「プントから王の魂へ〔もたらされたビアウ〕。乾燥没薬240」［治世
　　第38年（*Urk IV*: 720）］

2.「バアク」

　「バアク」は「年代記」中で15箇所に登場するが、いずれもエジプト
以南のヌビア地方に位置する、クシュとワワトという地域から提供された
ものである。両地域はエジプトの直接支配下にあったため、「税」として
定期的に納めるものという意味合いがあったと考えられている（Bleiberg
1981: 107; Liverani 2001: 178-179; Spalinger 1996: 365）。

　　「〔卑しきクシュの今年のバアク。金・・・デベン、・・・ヌビア人

の男奴隷と女奴隷〕6〔+a〕人。付き添いの男のヌビア人10人。牛113頭。雄牛230頭。合計343頭。さらに象牙と黒檀、ヒョウの皮。〔この国の良質なすべての〕産物と〔この国の収穫〕を積んだ船」〔治世第31年（*Urk IV*: 695-696)〕

「〔ワワトのバアク。金・・・デベン〕。ワワトの〔黒人の男奴隷と女奴隷〕5人。牛31頭、雄牛61頭、合計92頭。さらにこの国のすべてのものを積んだ船。ワワトの収穫はこのようであった」〔治世第31年（*Urk IV*: 696)〕

「〔卑しきクシュの今年のバアク〕。金155デベン2ケデト。男奴隷と女奴隷134人。去勢牛114頭、仔牛305頭。牛合計419頭。さらに象牙、黒檀、ヒョウの皮、この国の美しい全てのものを積んだ船。〔この国の収穫はこのようであった〕」〔治世第33年（*Urk IV*: 702-703)〕

「〔今年のワワトからのバアク。金aデベン。男奴隷と女奴隷8人、〕黒人の男12人、合計20人。去勢牛44頭、雄牛60頭、合計104頭。さらにこの国の美しいすべてのものを積んだ船。この場所の収穫はこのようであった」〔治世第33年（*Urk IV*: 703)〕

「卑しきクシュからのバアク。金300〔+a〕デベン。〔・・・黒人の男奴隷と女奴隷〕60人。イレムの領主の息子〔4人〕。合計64人。〔去勢牛105頭〕、仔牛170頭。合計牛275頭。さらに象牙、黒檀、この国のすべての産物の積まれた船。クシュの収穫はこのようであった」〔治世第34年（*Urk IV*: 708-709)〕

「ワワト〔のバアク〕。金2554デベン。黒人の男奴隷と女奴隷10人。〔去勢牛a頭、仔牛b頭。合計c頭。さらに〕この国の良いすべてのもの〔を積んだ船〕。ワワト〔の収穫〕はこのようであった」〔治世第34年（*Urk IV*: 709)〕

「卑しきクシュからのバアク。金70デベン1ケデト。〔黒人の〕男奴

隷〔と女奴隷 10+a 人〕。去勢牛〔2+b 頭、仔牛 c 頭。合計 d 頭。さらに〕黒檀、象牙、この国の良いすべての産物。〔この国の〕収穫物〔を積んだ船〕。」（治世第 37 年（*Urk IV*: 715-716））

「〔ワワトからのバアク。金 x デベン〕。黒人の〔男奴隷と〕女奴隷 34 人。去勢牛 94 頭。さらに、良いすべてのものを積んだ船。ワワトの収穫〔はこのようであった〕」〔治世第 37 年（*Urk IV*: 716）〕

「卑しいクシュからのバアク。金 100〔+a〕デベン 6 ケデト。黒人の男奴隷と女奴隷 36 人。去勢牛 111 頭、雄牛 185 頭。合計 306 頭。さらに象牙、黒檀、この国の美しいすべての産物とこの国の収穫物を積んだ船」〔治世第 38 年（*Urk IV*: 720）〕

「ワワトからのバアク。〔金〕2844 デベン。黒人の男奴隷と女奴隷 16 人。去勢牛 77 頭。さらにこの国の美しいすべての産物を積んだ〔船〕」〔治世第 38 年（*Urk IV*: 721）〕

「〔ワワトからの今年のバアク。金 a デベン、黒人の男奴隷と女奴隷 y 人。去勢〕牛 35 頭、仔牛 54 頭。合計牛 89 頭。さらに〔この国の美しいすべてのもの〕を積んだ船。〔この国の収穫はこのようであった〕」〔治世第 39 年（*Urk IV*: 725）〕

「〔今年の卑しきクシュからのバアク。金〕195 デベン 2 ケデト。黒人の男奴隷と女奴隷 8 人。付き添いの黒人男子 13 人。合計 21 人。去勢〔牛 a 頭、仔牛 b 頭。合計 c 頭。さらに象牙と黒檀とこの国の美しいすべてのものを積んだ船。この国の収穫はこのようであった〕」〔治世第 41 年（*Urk IV*: 727-728）〕

「〔ワワトからのバアク〕。金 3144 デベン 3 ケデト。去勢牛 35 頭、雄牛 79 頭。合計 114 頭。さらに象牙、〔黒檀、この国の美しいすべてのもの〕を積んだ船。〔ワワトの収穫はこのようであった〕」〔治世第 41 年（*Urk IV*: 728）〕

「〔卑しいクシュからの今年のバアク。金 a デベン。黒人の男奴隷と女

奴隷 b 人。去勢牛 c 頭、雄牛 d 頭。合計 e 頭。さらに、〕この国の美しいすべてのものを〔積んだ船〕。卑しきクシュの収穫はこのようであった」［治世第 42 年（*Urk IV*: 733）〕

「今年のワワトからのバアク。金 2374 デベン 1 ケデト。〔黒人の男奴隷と女奴隷 a 人。去勢牛 b 頭、雄牛 c 頭。合計 d 頭。さらに象牙、黒檀、この国の美しいすべての産物。ワワトの収穫物を積んだ船〕」［治世第 42 年（*Urk IV*: 734）〕

3.「ビアト」と「バアク」の傾向

　いずれも不完全なものが多いが、品目数は決して多くはなく、ビアトの場合「乾燥没薬」のみの場合もある。バアクに関しては定型表現があり、品目はいずれも似通っているが、量には毎回変化が見られる。また、記載される順番も金、奴隷、家畜、場合によって象牙と黒檀を挟み、「この国の美しいすべてのもの」が最後に記されるということで一貫している。この中で、象牙と黒檀の総量が記載されることはなく、同様に極めて抽象的な表現である「この国の美しいすべてのもの」とともに、最後に付加されたものと考えられる。したがって、クシュやワワトからのバアクの主たる内容は、重量や人数、頭数が細かく記載された金、奴隷、家畜であり、一覧の冒頭部分に集中している。とくに特産物である金を得るためにエジプトが支配下に置いていたとも考えられており（Welsby 2001: 553）、もっとも重要な物品であることを示すために、必ず先頭に記されていると考えられる。

Ｖ.「イヌウ」

　「イヌウ」の一覧も同様の規則に基づいて、最も重要な物品が先頭に記され、それに続いてほかの物品が記載されると考えられる。「イヌウ」に

後期青銅器時代南レヴァントからエジプトへの物品提供 | 77

は、性格の異なる複数の地域から提供されているという特徴がある。そこで、本章では地域ごとにどのような「イヌウ」が提供されているのかを概観する[4]。

1．アッシリアからのイヌウ

A：「アッシリアの領主のイヌウ。20 デベン 9 ケデト（の重さ）に加工されるラピスラズリの塊一つ。ラピスラズリの石 2 点。30 デベンに加工される砕かれたもの（ラピスラズリ）。合計 50 デベン 9 ケデト。バビロンの良質のラピスラズリ 3 点。アッシリアの器〔・・・〕大量」〔治世第 24 年もしくは第 40 年[5]（*Urk IV*: 668）〕

B：「治世 24 年。（中略）アッシリアの領主からのイヌウ。〔大きな石のラピスラズリ・・・デベンに加工された・・・〕」〔治世第 24 年（*Urk IV*: 671）〕

C：「〔今年のアッシリアの領主からのイヌウ〕。ラピスラズリ製のヒツジの頭。ラピスラズリ 15 ケデト。〔様々な〕壺と一緒に。」〔治世第 33 年（*Urk IV*: 701）〕

2．センゲルからのイヌウ

センゲルとはバビロンのことであると考えられている（Redford 2003: 76）。ただし、文 A に出てくるバビロン（*Bbr*）とは異なる語が用いられている。

D：「センゲルの領主からのイヌウ。ラピスラズリ 4〔+a〕デベン。細工されたラピスラズリ 24 デベン、バビロンのラピスラズリ〔・・・〕」〔治世第 33 年（*Urk IV*: 700-701）〕

3．ヒッタイトからのイヌウ

E：「今年の偉大なるヒッタイトからのイヌウ。銀の円盤 8 枚、401 デベ

ン相当。白い宝石、大きな石2個。チャアグウの木〔・・・〕」[治
世第33年（*Urk IV*: 701）]

F：「偉大なるヒッタイトからの今年のイヌウ。銀〔・・・〕」[治世第41
年（*Urk IV*: 726-727）]

4．アララフからのイヌウ

アララフ（Alalakh）は、現在のトルコ南部にあるテル・アチャナ
（Tell Atchana）と同定される。後期青銅器時代のアララフは、宮殿や神
殿を伴う大きな都市であり、ミタンニの影響下にあったと考えられている
（Stein 1997: 55, 57）。

G：「アララフの領主からの今年のイヌウ。男奴隷と女奴隷5人。彼の国
の銅のインゴット2点。 セセネジェムの木65本と彼の国の良質なす
べての植物」[治世第38年（*Urk IV*: 719-720）]

5．プントからのイヌウ

H：「王のエジプトへの帰還。プントからの使者がイヌウと共に来訪。そ
れらは没薬と〔・・・〕」[治世第31年（*Urk IV*: 695）]

6．イシからのイヌウ

イシは長らくキプロスのことであると考えられてきたが、シリア西部に
あるチュニプ周辺の地名である可能性も指摘されている（Redford 2003:
82-83）。

I：「今年のイシの領主からのイヌウ。〔銅の〕インゴット108と1/2. 銅
の板2040デベン。鉛のインゴット5。鉛の板1200枚。ラピスラズ
リ110デベン。象牙1本。〔木の〕棒2本」[治世第34年（*Urk IV*:
775-708）]

J：「イシの領主からのイヌウ。彼の国の銅のインゴット〔・・・〕軍馬2

頭」〔治世 38 年（*Urk IV*: 719)〕

K：「イシの〔領主からのイヌウ〕。象牙 2 本。青銅のインゴット 40 点。
　　鉛のインゴット 1 点」〔治世第 39 年（*Urk IV*: 724)〕

7．ティナイからのイヌウ

　ティナイがどこにあったのかは明らかでないが、エーゲ海の島の一つで
ある可能性が指摘されている（Redford 2003: 97-98)。

L：「ティナイ〔の領主からのイヌウ〕。ケフティウで作られた銀の壺と青
　　銅の壺、銀の手 4 点、56 デベン 3 ケデト相当」〔治世第 42 年（*Urk
　　IV*: 733)〕

8．南レヴァントからの「イヌウ」

　南レヴァント（レテヌ）からのイヌウは、その内容から、形式的なも
の、服従を示すためのもの、より政治的な意味合いを持つもの、遠征先で
獲得・消費するものに分けられる。

a．形式的なイヌウ

　これらは、一覧が始まる前の導入部にいくつかのばらつきがあるもの
の、構成としてはバアクや他の地域からのイヌウの一覧と似通っており、
単に品目が羅列してあるだけである。

M：「王の魂に服従するために今年やってきたレテヌの領主たちのイヌウ。
　　男奴隷と女奴隷〔・・・〕、〔金 a デベン・・・〕この国で〔加工さ
　　れ様々に装飾された銀〕72 点。銀 761 デベン 2 ケデト。銀の装飾さ
　　れた戦車 19 台。戦争のための武器の装備。雄牛 104 頭。角の短い牛
　　172 頭。合計 276 頭。ヤギ 4622 頭。この国の銅 40 ブロック。鉛〔b
　　ブロック・・・〕金や金属の象嵌された箱 41 個。全ての彼らの捧げ
　　ものと共に。この国の美しい全てのものと共に」〔治世第 31 年（*Urk*

IV: 691-692)〕

N：「〔レテヌの領主たちからの今年のイヌウの〕一覧。〔男奴隷〕、女奴隷 197 人。馬 229 頭。金の皿 2 枚と円盤 12 デベン〔a〕ケデト。〔ラピスラズリの〕インゴット 30 点。雄牛の頭のついた銀の壺。様々な壺 325 本。銀の円盤 1495 デベン 1 ケデト相当。〔金と銀のはめ込まれた〕戦車〔・・・〕白い宝石、白い石、ナトロン、メヌウの石、この国の様々なすべての石で加工された〔・・・〕。香油、甘い油、緑色の油、セフェト油、ハチミツの壺 364 本。ワインの壺 1405 本。雄牛 84 頭。良質のヤギ 1183 頭。青銅の〔・・・〕。この国の方向のある甘いすべての〔植物〕と、この国の良質なすべての製品」〔治世第 39 年（*Urk IV*: 721-723)〕

O：「今年の〔レテヌの領主たちからのイヌウの一覧〕。男奴隷と女奴隷 295 人。馬 68 頭。金の皿 3 点。銀の皿、壺、鋳型と銀〔の円盤・・・〕。鉛のインゴット 47 点。鉛 1100 デベン。絵画（塗料？）金剛砂、この国の美しいすべての宝石。青銅の鎧、戦争の武器、〔・・・〕この国の新鮮な〔すべての植物〕」〔治世第 42 年（*Urk IV*: 731-732)〕

P：「この国（レテヌ？）の領主たちから王の下へもたらされたイヌウ〔の一覧〕。男奴隷と女奴隷 513 人。馬 260 頭。金 45 デベン 1/9 ケデト。ジャヒで加工された金の壺〔・・・銀のはめ込まれた戦車・・・〕戦争のすべての武器〔の装備〕。雄牛 28 頭。牛 564 頭。ヤギ 5323 頭。香油の壺 828 本。甘い油と〔緑色の油・・・〕この国の素晴らしい全ての植物と全ての果物を大量に」〔治世第 33 年（*Urk IV*: 699-700)〕

Q：「今年のレテヌの領主たちからのイヌウ。馬 30〔+a〕頭。銀と金のはめ込まれた戦車、塗装のされた戦車 90 台。男奴隷と女奴隷 702 人。金 75 デベン 6 ケデト。外国で加工された銀の壺〔b デベン〕5 ケデ

ト。金、銀、〔ラピスラズリ〕、メヌウ石、全ての宝石、〔様々な〕壺。外国の銀のインゴット 80。鉛のインゴット 11。絵画（塗料？）100 デベン。乾燥没薬。緑色の宝石、孔雀石〔・・・〕雄牛 13 頭。牛 530 頭。ロバ 84 頭。青銅大量。銅の壺大量。香油の壺 693 本。甘い油と緑色の油の壺 2080 本。ワインの壺 68 本。戦車のためのチャアグウの木、セセメンの木、ケンケトゥの木、この国のすべての木材」〔治世第 34 年（*Urk IV*: 705-707）〕

R：「今年王の魂にもたらされたイヌウの一覧。馬 328 頭。男奴隷と女奴隷 522 人。銀と金のはめ込まれた戦車 9 台と装飾された戦車 61 台、合計 70 台。ラピスラズリのネックレス 1 つ。〔・・・〕ヤギの頭とライオンの頭の（形をした）〔銀の〕壺。ジャヒの地で加工された壺〔・・・〕2821〔デベン〕3 と 1/2 ケデト。この国の銅のインゴット 276。鉛のインゴット 26。香油 656 ヘベネト。甘い油と緑色の油、セフェト油の壺 1752 本。ワイン 155 本。雄牛 12 頭。〔・・・〕ヤギ 1200 頭。ロバ 46 頭。シカ 1 頭。象牙 5 本。象牙とセセネジェムの木の祭壇。白い石の壺 68。〔青銅の鎧 41 点〕青銅の槍、盾、弓。戦争のためのすべての武器。この国のネジェムの木。この国の良質な全ての奉納品」〔治世第 38 年（*Urk IV*: 717-719）〕

S：「〔今年のレテヌの領主たちからのイヌウ。馬〕226 頭。金のはめ込まれた戦車 1 台。銀と金のはめ込まれた戦車 10〔+a〕台。〔金の壺〕。金〔の円盤・・・香油〕の壺 84 本。緑色の油の壺 989 本。ワインの壺 3099 本。〔・・・〕」〔治世第 35 年（*Urk IV*: 712）〕

T：「〔治世 41 年の〕レテヌの領主たちから王の魂へのイヌウの一覧。〔・・・鉛の〕インゴット 40 点。〔青銅の鎧〕、斧、青銅の槍、この国の〔・・・〕。象牙 18 本。セセネジェムの木 241 本。雄牛 184 頭。ヤギ〔・・・〕」〔治世第 41 年（*Urk IV*: 726-727）〕

U：「〔レテヌの領主たちからのイヌウ・・・〕木製の頭部の戦車を保護

するためのマアハアウ（動物？）の革の輪。〔・・・〕（木の種類？）192〔＋a〕本。〔・・・〕へネブの木343本。セセネジェムの木50本。メルウの木190本。ニブの木、カアンクトゥの木206本。ヘヌウ（油？）〔・・・〕さまざまな木材265〔＋b〕点、様々な木材の束5000〔＋c点。・・・〕」〔治世第24年（*Urk IV*: 671-672)〕

b.　服従を示すイヌウ

　文Vは、治世第22～23年に行われたメギド（Megiddo）への遠征の後にもたらされたイヌウであり、レテヌの領主たちがエジプト王にひれ伏している様子が描かれている。

V：「見よ、この外国（レテヌ）の領主たちはひれ伏しながら（？）やってきた。陛下の魂の匂いを嗅ぐために。彼らの鼻で呼吸することを願うために。彼の強き腕が偉大であるため。全ての外国においてアメン神の魂が偉大であるため。見よ、全ての領主たちは王の魂に銀、金、ラピスラズリ、トルコ石から成る彼らのイヌウを、トウモロコシ、ワイン、雄牛、山羊を兵士たちに届けるのと共に持ってきた。彼らの中のそれぞれのケド（？）はイヌウを運びながら南へ向かった。見よ、陛下は全ての領主たちを〔全ての国（の領主として？）〕改めて指名した」〔治世第23年（*Urk IV*: 662-663)〕

c.　政治的なイヌウ

　文Wと文Xには、冒頭に領主の子供たちが記されている点が注目に値する。ただし、文Wの「領主の息子たち」が、現領主の死後に新たな領主としてするための「人質」であるのに対し、文Xの「領主の娘」は宝石や付き人を伴っていることから、エジプトで結婚するために送られたとも考えられる[6]。

W：「今年レテヌの領主たちから王の魂へもたらされたイヌウの一覧。見

よ、エジプトで人質となるために、領主たちの子供たちと彼らの兄弟たちがもたらされた。もしこの領主たちの誰かが死ねば、陛下は彼（子供）を彼（領主）の座に据えるであろう。今年もたらされた領主の子供たちの一覧。男子 36 人。男奴隷と女奴隷 181 人。金と銀のはめ込まれた戦車と、装飾された戦車 40 台」[治世第 30 年（*Urk IV*: 689-690）]

X：「レテヌの領主たちのイヌウ。領主の娘。金と彼の国のラピスラズリでできた彼女の宝石。彼女の男奴隷と女奴隷 30 人。彼（領主）のイヌウである男奴隷と女奴隷 65 人。馬 24 頭。金の柱を持つ金の嵌め込まれた戦車 5 台。樹脂の塗られた柱を持つ金の嵌め込まれた戦車 5 台。合計 10 台。雄牛と羊 45 頭。雄牛 749 頭。大きなヤギ 5703 頭。金の円盤〔・・・〕数えられない量。銀の円盤とその破片 103 デベン 5 ケデト。金。ラピスラズリの嵌め込まれた斧。青銅。金の馬具〔・・・〕で装飾されたもの〔・・・〕香油の壺 823 本。ハチミツ入りのワイン 1718 本。樹脂の塗られたものとしては、樹脂の塗られた木材。彩色の施されたもの大量。象牙。セセネジェムの木。メルウの木。燃料の材木の束大量。この国の全ての貴重なもの」[治世第 24 年もしくは第 40 年（*Urk IV*: 668-671）]

d. 遠征先で提供・消費されるイヌウ

文 Y は、エジプト軍が現在のトリポリ近郊まで遠征した記述に続く文である。また、最後に「まるでエジプトの祭のように」とあることから、エジプトでなく、遠征先で振る舞われたイヌウである。

Y：「今回の遠征で王にもたらされたイヌウの一覧。男奴隷と女奴隷 51 人。馬 32 頭。銀の円盤 10 点。香油、油、ハチミツの壺 470 本。ワインの壺 6428 本。銅、鉛、ラピスラズリ、孔雀石。雄牛 618 頭。ヤギ 3436 頭。良質のパン、様々なパン、トウモロコシ、小麦、小麦粉

〔・・・〕この国の良質なすべての小麦。見よ、王の兵士たちは、まるでエジプトの祭のように、毎日酒を飲み、油を塗った」［治世第29年（*Urk IV:* 688）〕

9. まとめ

　南レヴァント以外の6地域には、現在の地名との同定が不十分なものも含まれているが、アッシリアやヒッタイトなど、明らかにエジプトの影響圏外に位置し、エジプトと対等な立場であったと考えられる「大国」が含まれている点は注目に値する。これらの地域から提供されたイヌウは、前章で見たバアクのように、いずれも非常に簡潔で短いという特徴が挙げられる。また、南レヴァントからのイヌウのように、毎年のように提供されているわけではない上、個々の品目の量は必ずしも多くない。内容の地域性という視点で見ると、アッシリアやバビロンからはラピスラズリが、ヒッタイトからは銀がそれぞれ筆頭に挙がっている。

　一方で、レテヌからのイヌウは一様ではなく、いくつかの性格をもっていることがわかる。また、イヌウの内容としても、一回のイヌウとして貢納される種類は、バアクやレテヌ以外の地域からのイヌウに比して非常に多岐にわたるだけでなく、その掲載順にも一見規則性が見られない。それでも、文Mから文P、文Yの5文は、一覧が「男奴隷と女奴隷」から始まっているという共通点がある。文Wと文Xも、領主の子供たちに関する部分を除くと、奴隷の記述から始まっている。文N、文O、文P、文X、文Yは、それに「馬」が続いている。その後は銀やラピスラズリの原石、金属製品、油・ハチミツ・ワインの壺、家畜という順番が守られている。パンや穀物などの食糧が明確に含まれているイヌウは、文Yのみである。次に、文Q、文R、文Sは「馬」から始まり、文Qと文Rはそれに「男奴隷と女奴隷」が続き、以下は先に示した掲載順が踏襲されている。文Sに奴隷の記述はなく、戦車や金製品、油やワインの壺が記載さ

れている。文Tの冒頭部は欠損しているものの、鉛のインゴットや武器、象牙、木材、家畜という順である。文Uは冒頭が戦車の道具で、残りは木材である。

また、ヌビア地方からのバアクと異なり、抽象的な表現があまり見られず、またそれぞれの品目の点数が明確に記されているという点も特徴である。

VI. 考察

このように、「イヌウ」という語には様々な側面を持ち、とくにレテヌからのイヌウは、複数の性格を持っていた。単一の意味しか持っていないと考えられるビアトやバアク対して、イヌウは包摂する概念に幅があるように思われる。

また、レテヌからのイヌウの一覧で冒頭に挙げられることが最も多いのは「奴隷」である。これは、イヌウとして貢納するものの中で奴隷が最も主だったものであったということを示していると考えられる。このことを裏付ける資料として、後のアメンヘテプ3世とアクエンアテンの時代における、エジプトと西アジア諸都市との間で交わされた書簡である「アマルナ文書」がある[7]。この中には、南レヴァントの諸都市からエジプトへ、奴隷を提供するといった内容が記されているものがある。次に多く冒頭に登場するのは「馬」であるが、西アジア産の馬はエジプト在来種の馬よりもたくましく、利用価値が高かったと考えられている（Spalinger 2005: 8-9）。したがって、これらが南レヴァントからのもっとも重要な提供品であると考えることはおかしいことではない。一方で、特産品とも言えるワインや油、材木などは後方に位置しており、少なくともイヌウの中では、奴隷や馬に比べて重要性が低かったと考えられる。

さらに、「アマルナ文書」を見ると、アッシリアやバビロニア、ヒッタ

イトだけでなく、南レヴァントの都市にも、数は少ないがエジプトから物品が提供されている事例がみられる[8]。イヌウを提供している諸地域間で、今のところ唯一の共通点はこれである。同様の関係がトトメス3世の時代から存在していたと仮定するなら、イヌウはエジプト―諸外国間の双方向の流通を示す言葉であったとも考えられる（Aldred 1970: 111）。

Ⅶ. まとめ

　後期青銅器時代Ⅰ期の南レヴァントからエジプトへは、主に奴隷や馬が提供されていた。また、物品の流通は一方向ではなく、エジプトからも提供品があった可能性もある。これが対等な「交易」のようなものであったのか、それとも一定程度の強制性があったのかということは、今回取り扱うことができなかったが、エジプトにとって南レヴァントが一方的な搾取の対象ではなかった可能性が出てきた。したがって、その点に関する議論が深まれば、当時の南レヴァントとエジプトとの関係を、再度検討する必要も出てくると思われる。

注

1) 「年代記」の中で旅程や戦いの様子が述べられているのは、治世第22～23年の第一次遠征（*Urk IV*: 647-667）だけである。

2) 治世第24年あるいは40年、第24年、第31年、第37年、第39年、第41年には遠征先での出来事は記録されておらず、諸外国からの提供品一覧のみから構成されている。

3) スパリンガーは、イヌウにほとんど穀物が含まれていないことから、穀物は税として別途納められていたと考えた（Spalinger 2005: 112）。

4) なお、ここでは差出人の不明な治世第39年（*Urk IV*: 724）および第42年（*Urk IV*: 732-733）のイヌウに関しては扱わない。

5) 碑文の治世年を記した箇所が部分的に損壊しているため、治世年に関しては議論がある（*Urk IV*: 672-675）。

6) リヴェラニは、エジプトは相手国の規模に関わらず、妃を迎え入れることがあるとしている（Liverani 2001: 191）。また、文Ⅴ末尾の一文や文Ｗの記述から、エジプトによる間接的支配の存在を指摘する者もある（Hoffeier 2004: 134; Spalinger 2005: 111）。

7) たとえばEA99、EA268、EA287、EA288、EA309。エジプトの神殿に刻まれた碑文とアマルナ文書の内容は、その性格も扱っている時代も異なるため、単純な比較には慎重であるべきだが、両者の対比はこれまでにも行われてきており（たとえばAhituv 1978; Bleiberg 1996: 99-100; Liverani 2001: 180）、ある程度の妥当性はあると考えられる。

8) EA265、EA369。このほかに、エジプトに対して物品や金銭（EA49、EA55、EA269）、派兵（EA64、EA137、EA151、EA173、EA216、EA263、EA269、EA283）を要請する書簡もある。

史料略号

ARE 2: Breasted, J. B. 1906: *Ancient Records of Egypt: Historical Documents* 2, Chicago: University of Chicago.

Urk IV: Sethe, K. 1909: *Urkunden der 18. Dynastie* 4, Leipzig: J. C. Hinrichs'sche Buchhandlung.

参照文献

Ahituv, Sh. 1978: "Economic Factors in the Egyptian Conquest of Canaan," *Israel Exploration Journal* 28, 93-105.

Ahituv, Sh. 1984: *Canaanite Toponyms in Ancient Egyptian Documents*, Jerusalem: Magnes Press.

Albright, W. F. 1956[4] (1949): *The Archaeology of Palestine*, Harmondsworth: Penguin Books.

Aldred, C. 1970: "The Foreign Gifts Offered to Pharaoh," *The Journal of Egyptian Archaeology* 56, 105-116.

Bleiberg, E. L. 1981: "Commodity Exchange in the Annals of Thutmose III," *Journal of the Society for the Study of Egyptian Antiquities* 11, 107-110.

Bleiberg, E. L. 1984: "The King's Privy Purse during the New Kingdom: An Examination of INW," *Journal of American Research Center of Egypt* 21, 155-167.

Bleiberg, E. L. 1988: "The Redistributive Economy in New Kingdom Egypt: An Examination of B3kw(t)," *Journal of American Research Center of Egypt* 25, 157-168.

Blerberg, E. L. 1996: *The Official Gift in Ancient Egypt*, Norman and London: University of Oklahoma Press.

Faulkner, R. O. 1962: *A Concise Dictionary of Middle Egyptian*, Oxford: Griffith Institute.

Kitchen, K. A. 2001: "Punt," in D. B. Redford (ed.), *The Oxford Encyclopedia of Ancient Egypt* 3, Oxford: Oxford University Press, 85-86.

Hoffmeier, J. K. 2004: "Aspects of Egyptian Foreign Policy in the 18th Dynasty in Western Asia and Nubia," in G. N. Knoppers and A. Hirsch (eds.), *Egypt, Israel, and Ancient Mediterranean World: Studies in Honor of Donald B. Redford*, Leiden: Brill, 121-141.

Kenyon, K. M. 1979[4] (1960): *Archaeology in the Holy Land*, New York: Doubleday.

Liverani, M. 1973: "Memorandum on the Approach to Historiographic Texts," *Orientaria Nova Series* 42, 178-194.

Liverani, M. 2001: *International Relations in the Ancient Near East, 1600-1100 BC*, Oxford: Palgrave.

Noth, M. 1937: "Die Wege der Pharaonenheere in Palästina und Syrien. Untersuchungen zu den hieroglyphischen Listen palästinischer und syrischer Städte," *Zeitschrift des Deutschen Palästina-Vereins* 60, 183-239.

Redford, D. B. 2003: *The Wars in Syria and Palestine of Thutmose III*, Liden: Brill.

Spalinger, A. J. 1996: "From Local to Global: The Extension of an Egyptian Bureaucratic Term to the Empire," *Studien zur altaegyptischen Kultur* 23, 353-376.

Spalinger, A. J. 2005: *War in Ancient Egypt: The New Kingdom*, Oxford: Blackwell Publishing.

Stein, D. L. 1997: "Alalakh," in E. M. Meyers (ed.), *The Oxford Encyclopedia of Archaeology in the Near East* 1, Oxford: Oxford University Press, 55-59.

Welsby, D. A. 2001: "Nubia," in D. B. Redford (ed.), *The Oxford Encyclopedia of Ancient Egypt* 2, Oxford: Oxford University Press, 551-557.

Yeivin, S. 1950: "The Third District in Tuthnisus III's List of Palestino-Syrian Towns," *The Journal of Egyptian Archaeology* 36, 51-62.

マザール、A. 2003:『聖書の世界の考古学』杉本智俊・牧野久実（訳）、リトン（A. Mazar, *Archaeology of the Land of Bible: 10.000-586 B. C. E.*, New York: Doubleday, 1990）。

北イスラエル王国時代末期の歴史的研究序説

長谷川　修一

I. はじめに

　「北イスラエル王国」とは、紀元前 10 世紀後半から紀元前 8 世紀後半にかけての 200 年あまりの間、南レヴァント地域北部を中心に勢力をふるった王国の呼称である。その首都は、『ヘブライ語聖書』中の「列王記上・下」の記述によれば、シケム（列王記上 12 章 25 節）、ペヌエル（列王記上 12 章 25 節）、ティルツァ[1]、サマリア（列王記上 16 章 14 節）と変遷した。初代王ヤロブアムから最後の王ホシェアまで、19 名の王[2] を数える。この間、これまた「列王記」によれば、クーデターによる王朝交代は 8 度にも及んだ[3]。「列王記上」12 章によれば、初代ヤロブアムも、エルサレムのダビデ王家に「背いて」（19 節）北イスラエル王国を建設したとされる。

　北イスラエル王国は、紀元前 8 世紀後半、当時レヴァント地域への軍事遠征を繰り返していたアッシリア帝国によって滅ばされた。滅亡までの最後の 20 年間、同王国は、当時西アジア随一の大国であったアッシリアからの政治的干渉を受けていたことが「列王記下」15–18 章やアッシリアの王碑文などからうかがえる。

　北イスラエル王国の歴史にかんして、日本国内では一般にあまり知られていない。しかし、高等学校の世界史教科書の中には、同王国について以

下のような情報を掲載するものもある。すなわち、同王国は、ダビデが紀元前1000年ごろ「パレスチナ」に打ち立てたイスラエル王国（「ヘブライ王国」とも）が、ダビデの子ソロモンの死後に二つに分裂したうちの北側の王国であり、片割れである南ユダ王国と並列して存在したが、アッシリアによって紀元前8世紀後半に征服された、というのである。

　ここでいう「征服」とは、北イスラエル王国の都であったサマリアの征服を意味する。これらの教科書が採用するサマリア征服の年代は、多くの場合、紀元前722年である。この絶対年代は「列王記」の記述のみに基づいているわけではない。こうした年代決定には、絶対年代算定が可能な年代データを有するアッシリアの史料が必要不可欠で、それらと「列王記下」に記された年代データとの有機的連関によって、サマリア征服という出来事の年代が決定される。

　ところがこの年代は、後述するように実のところそれほど確実とはいえず、このほかにも紀元前723年説や紀元前720年説が唱えられている。また、サマリアの征服者についても、研究者の意見は一致していない。

　「列王記下」の記述によれば、北イスラエル王国では、滅亡までの最後の30年弱の間に実に4度ものクーデターが勃発している。紀元前734年には、北イスラエル王国とアラム・ダマスコ王国が連合して南ユダ王国を攻撃するという出来事があった。これを「シロ・エフライム戦争」と呼ぶ。「列王記下」16章7–9節によれば、南ユダ王国はこの時、アッシリアに援軍を頼んだという。そしてその結果、紀元前733–732年にかけて、アッシリアがアラム・ダマスコを征服、また北イスラエル王国の大半をも征服したとされるのである。

　このように、北イスラエル王国時代末期は、レヴァント地域全体の国際関係の中で同王国が重要な役割を演じた時代でもあった。この時代の歴史の解明が、長い時間軸上で同王国の通史を考えるにあたって重要であることはいうまでもない。加えて、空間軸を拡大し、同時代の西アジア全体の

歴史像というパズルを解くうえでの一ピースにもなる。また、同王国を滅ぼしたアッシリアの外交・軍事政策を考えるうえでも、西アジアにおける最初期の帝国支配の構造を解明するうえでも、さらに、アッシリアに滅ぼされることのなかった隣国南ユダ王国との差異を考えるうえでも、北イスラエル王国時代末期の歴史の解明はきわめて有意味である。

　しかし、北イスラエル王国時代末期についての情報を提供する複数の史料の特性がそれぞれ異なっていること、そのため、そこから歴史的情報を抽出する際には異なる分析法を適用しなければならないことから、この時代の歴史を再構成する試みは必然的に複雑な過程を経ることになる。

　以下では、北イスラエル王国時代末期の歴史を再構成するにあたり、それに用いる各史料の特性と問題、それらの史料を用いて歴史を再構成する場合の方法について論じてみたい。本論の目的は、これからの本格的な研究のための道筋として、これらを整理し提示しておくことにある。

II. 史料の特性と問題

　北イスラエル王国時代末期の歴史を考えるうえでの文献史料は、書かれた言語や書いた主体などから三種に大別される。以下、それに「その他の史料」を加えた四つの史料それぞれの特性と問題を論じる。

II. 1.『ヘブライ語聖書』
II. 1. i.「列王記下」

　同王国について最も詳細な情報を提供するのが『ヘブライ語聖書』中の「列王記下」15–18 章である。ここには、同王国を支配した王の名、王が即位した年（南ユダ王国の王の治世の何年目かという情報によって記述される）と治世期間、主要な出来事、謀反の経過等、「王国史」を再構成するうえでの基本的な情報がヘブライ語で記されている。以下、この時代の

北イスラエル王国の王の治世について記した「列王記下」の箇所を示す。

　　　シャルム：15 章 10 節（謀反）、13–16 節（治世）
　　　メナヘム：15 章 14 節（謀反）、17–22 節（治世）
　　　ペカフヤ：15 章 23–26 節（治世）
　　　ペカ：15 章 25 節（謀反）、27–31 節（治世）
　　　ホシェア：15 章 30 節（謀反）、17 章 1–6 節（治世）

　上記はいずれも北イスラエル王国の王の治世を描く箇所で、大半が紋切り型の表現で描写されている。これらの箇所に加え、南北両王国の歴史を物語る「列王記下」には、当然ながら南ユダ王国の王の治世をも描く部分があるわけだが、こちらの部分においても以下の箇所で北イスラエル王国の情報が得られる。

　　　15 章 37 節（ヨタム治世中、ペカがユダに侵攻）
　　　16 章 5–9 節（アハズ治世中、ペカがエルサレムを包囲）
　　　18 章 9–10 節（ヒゼキヤ治世中、アッシリア王がサマリアを占領）

　さらに、「列王記下」17 章 24–33 節、18 章 11 節は北イスラエル王国滅亡後の時代における、かつての同王国が支配していた地域の政治的・宗教的状況の一端を描いており、同王国最末期を知るための史料となる。
　「列王記下」15–18 章には、これらの部分以外にも、北イスラエル王国時代末期の歴史を理解するうえで有意味な情報を含む箇所があるため、この部分の本文全体を注意深く検討する必要がある。
　「列王記」はその記述の一部、とりわけ上に挙げたような王の治世の描写にかんする箇所は、王国の何らかの公式記録文書などに遡れると想定される。他方、後述するように、そのすべての記述が歴史的に信憑性のある

情報を伝えているとはかぎらない。

II. 1. ii. 預言書

『ヘブライ語聖書』に収められた「列王記下」以外の書物にも北イスラエル王国時代末期についての重要な情報を含むものがある。一つは、シロ・エフライム戦争について、「列王記下」の記述にはない情報に言及する「イザヤ書」7–8章である。また、「ホセア書」の一部も、後述するように北イスラエル王国時代の最末期の状況について言及しているとされる。

「イザヤ書」や「ホセア書」のような預言書の核は、預言者の言葉の集成や彼らの活動の伝承とされる。そのため、そこに含まれる歴史的情報は「列王記」とは異なるアプローチによって抽出する必要がある。これらの預言書の核は口頭伝承に由来すると想定されるからである。

主として南ユダ王国について記した「歴代誌下」にも「列王記下」と一部重複する記述があるため、こちらも歴史再構成のうえで検討に含めねばならない。

II. 2. アッシリア碑文史料
II. 2. i. アッシリア王碑文

次に挙げられる重要な文献史料は、アッカド語で記されたアッシリアの王碑文である。北イスラエル王国を滅ぼしたこの国は、紀元前8世紀後半のティグラト・ピレセル三世の治世以降、レヴァント地域に何度も軍事遠征し、その記録を王の年代記などの碑文に残した。その中には北イスラエル王国の王の名や貢納物、同王国への遠征の様子などが記されている。これらの碑文は出来事の時代からそれほど年月を経ずして記された同時代史料として、極めて重要な史料価値を有している。

北イスラエル王国時代末期にアッシリアで王として統治したのは、ティ

グラト・ピレセル三世（在位：紀元前 745–727 年）、シャルマネセル五世
（在位：紀元前 727–722 年）、サルゴン二世（在位紀元前：722–705 年）
の三人である（Grayson 1992）。

　現存するティグラト・ピレセル三世の碑文は数十を数える。とりわけ彼
の業績を年代順に記した「年代記」（annals）や、王の業績を地理的な観
点からまとめた記述を含む「要約碑文」（summary inscriptions）は、こ
の王の広範な軍事遠征について、断片的でありながらも貴重な情報を提
供する（Borger & Tadmor 1984, 244–251; Tadmor & Yamada 2011, 106:
17–19; 132:10–11）。この王については、「列王記下」15–16 章、「イザヤ
書」7 章、8 章 1–10、23 節、10 章 9 節、17 章 1–3 節、「アモス書」6 章
2 節、「歴代誌上」5 章 6、26 節、「歴代誌下」28 章 16–21 節など、『ヘブ
ライ語聖書』中にも関連する記述が多いことから、一時衰退していたアッ
シリアを新たなステージへと引き上げたいわれる同王が、南レヴァント地
域においても大きな影響力を行使していたことがうかがわれる。

　続くシャルマネセル五世については、統治期間の短さゆえか、その業績
を記した王碑文は現存していない。主として後述する『エポニム歴代記』
や『バビロニア年代記』等の情報から、彼の治世における出来事が再構成
されている。

　シャルマネセル五世の後継者であり、やはり広範な軍事遠征によって、
それまでのアッシリア史上最大の版図を築いたサルゴン二世は、複数の
碑文の中で、自分がサマリアと「フムリの家の地」（＝北イスラエル王国）
を征服したことに言及している（Fuchs 1994, 451–452）。『ヘブライ語聖
書』もまた、いくつかの書物の中でこの王について言及していると思われ
る（「列王記下」17 章 1–24 節、18 章 1–12 節、「イザヤ書」10 章 27–32
節、14 章 4b–21 節、20 章 1 節）。

II. 2. ii.『エポニム表』と『エポニム歴代記』

アッシリアには『エポニム表』と『エポニム歴代記』と呼ばれるアッカド語の史料が存在する。「エポニム（eponym）」とは、アッカド語で「リンム（limmu/līmu）」という、任期 1 年のアッシリア官職名の英訳である。紀元前 2 千年紀後半以降、王・高官が序列順に毎年一人名誉職として同職に任官するようになり、その年の名称がリンム職の人物名で呼ばれる紀年法として定着した。年ごとにリンム職にあった人物名を列挙する『エポニム表』と、それに加えてその年の主だった出来事を記した『エポニム歴代記』がある。これらは、叙上のような王碑文の欠落を埋める情報をしばしば提供する（Millard 1994）。

II. 3.『バビロニア年代記』

『バビロニア年代記』はバビロニア史上の主要な事件をアッカド語で記録した一連の粘土板文書史料である。簡潔な記述が特徴で、その史料価値は高いと考えられている。記述の主体は、紀元前 626 年にアッシリアからの独立を果たしたバビロニア王ナボポラッサルの治世以降であるが、それ以前のアッシリアの王の治世について記述したものも残っている。そこにはサマリア征服についても言及がある（Grayson 1975, 69–87; Glassner 1993, 179–187）。

II. 4. その他の文献史料

これらの碑文史料に加え、サマリアに言及する王碑文以外のアッシリアの碑文史料や、アラム語碑文史料、数は少ないもののヘブライ語碑文史料なども同時代碑文史料として検討する価値がある。また、ローマ時代のユダヤ史家であるヨセフスの『ユダヤ古代誌』にも、サマリア征服についての記述がみえる。

これら文献史料のうち、アッシリアの王碑文が提供する情報は、記された
たのが同時代であることから、概して信頼性が高いと目される。しかし当
該時代にかんする碑文のほとんどが断片的であり、北イスラエル王国滅亡
をめぐる政治情勢の推移を追うためには不十分といわざるをえない。加え
て、王碑文には王権プロパガンダの要素もみられ、史実よりも王権イデオ
ロギーを優先しているケースもある（cf. Hasegawa 2008, 89–98; 2010a,
1–9）。

　歴史的信憑性がさらに高いと想定される『エポニム表』や『エポニム歴
代記』、『バビロニア年代記』からの情報は他の碑文情報の欠落を埋めるう
えで重要である。しかし同時に、情報の絶対量が少ないという難点があ
る。例えば『エポニム歴代記』には、アッシリアにとって重要な出来事が
毎年ごくわずかに記されているにすぎない。そのため必ずしも北イスラエ
ル王国に直接かかわる情報が得られるわけではないのである。サマリアの
征服者にかんして、アッシリア王碑文と『バビロニア年代記』の間に食い
違いがあることは、両史料の記述全てを自動的に史実とみなすことはでき
ないことをはっきりと示している。

　北イスラエル王国自体が残した同時代文献史料はきわめて乏しい。そこ
で、同王国時代末期の歴史研究では、これまで主として一番情報量の豊富
な「列王記下」の情報を歴史再構成の枠組に用いてきた。アッシリアの王
碑文や『バビロニア年代記』などの「聖書外史料」は、「列王記下」の記
述の信憑性を判断する材料として参照されるほか、「列王記下」にない情
報は枠組みの補強として用いられてきたのである。

　これに加え、近年では考古学的な情報も歴史再構成に利用されるように
なっている。この時代の北イスラエル王国の諸都市遺跡からは、大規模な
破壊層が検出される。こうした破壊層は、アッシリア王ティグラト・ピレ
セル三世が北イスラエル王国を対象に行ったとされる軍事遠征の結果であ
ると理解されてきた。

また、北イスラエル王国最後の都であるサマリアでは、20世紀初頭と半ばに発掘調査が行われている（Reisner et al. 1924; Crowfoot et al. 1942; Crowfoot & Crowfoot 1938; Crowfoot et al. 1957）。この調査の結果は、1990年代以降に行われた詳細な再検討によって、その考古学的情報が整理され、サマリア征服の実態について考えるうえでの新たな材料を提供している（Tappy 1992; 2001）。

III. 研究史

北イスラエル・南ユダ両王国の王国時代史は数多く公刊されているが、北イスラエル王国時代末期の歴史だけを網羅的に研究した書物は管見に触れない。この時代の総合的歴史研究は、これまで以下の二つの事件に焦点を合わせてきた。一つは、シロ・エフライム戦争、もう一つはサマリア征服である。

S・A・アーヴァイン（Irvine）は、『ヘブライ語聖書』とアッシリアの王碑文の分析に基づき、シロ・エフライム戦争を広く当時の国際関係史の中に位置づけつつ、南ユダ王国の歴史状況を論じた（Irvine 1990）。アーヴァインは、「列王記下」16章に描かれた、南ユダ王アハズによるアッシリアへの援軍要請は、申命記史家による脚色であり、史実とは考えられないとする。この見解の妥当性については措くとしても、「列王記」の記述が一見史実を反映しているように見えても、実はそうでない場合があることは、この見解が示す通りであろう（cf. Hasegawa 2010b, 35–39）。

アーヴァインの研究は、「イザヤ書」6–9章の預言の起源を、どのような歴史的状況に求めるべきか、そして『ヘブライ語聖書』中の預言者を王権との関係においてどのように理解すべきか、という関心に立ったものである。そのため、同時代の北イスラエル王国にも注意は払われているものの、主たる関心は南ユダ王国の歴史状況にある。したがって、同時代の北

イスラエル王国の状況やシロ・エフライム戦争の契機や経過、結果につい
ては、アーヴァインが分析対象としていない考古学的情報をも精査したう
えで、『ヘブライ語聖書』中の諸文献とアッシリア碑文史料の分析を個々
に進め、これらの成果を総合的に研究する必要がある。

　B・ベッキング（Becking）は、サマリア征服についての総合的な歴史
研究を公刊している（Becking 1992）。ベッキングはこの書物のなかで、
「列王記下」、アッシリア王碑文、『バビロニア年代記』という三つの史料
を複合的に用い、H・タドモル（Tadmor）がすでに唱えていたサマリア
二回征服説を支持して（Tadmor 1958, 33–40; Younger 1999, 461–482）、
そのうち一回目を紀元前723年（タドモルは紀元前722年）、二回目を紀
元前720年と算定した。

　どの史料もそれ自体二回の征服を語るものはない。二回征服説が生ま
れたのは、「列王記下」18章9–10節、『バビロニア年代記』、そしてアッ
シリアの王碑文の記述との間で、サマリアの征服者が異なるためであっ
た。前者二つはそれをシャルマネセル五世（在位：紀元前727–722年）
とするのに対し、アッシリア王碑文はそれをサルゴン二世（在位紀元前
722–705年）の治世初期の偉業として物語っている。互いに異なる視点
と言語で記されている前者二つの史料が、この点においては一致してい
るという点は決して無視できないことから、それぞれによる二回の征服が
あったと説明するのである。

　他方、征服を一度のみとする研究者もいる。N・ネエマン（Na'aman）
は、サマリアは（たとえそれ以前にシャルマネセル五世が攻囲していた
としても）紀元前720年にサルゴン二世によって一度だけ征服された
と唱えた（Na'aman 1990, 206–225; Reade 1976, 100–101; Tetley 2002,
59–77）[4]。またS・J・パク（Park）は、まだ王位に就く前のサルゴン二
世が、シャルマネセル五世の軍事司令官としてサマリアを征服したと考
え（紀元前722年）、上記の矛盾を解決しようとしている（Park 2012,

98–106)。結局のところ、史料間の矛盾を抱えるこの問題について、研究者の見解は未だ一致をみていないのである（cf. Hayes & Kuan 1991, 153–181; Galil 1995, 52–64)。

IV. 問題の所在と展望

以上論じた史料の特性と従前の研究を踏まえ、以下では、北イスラエル王国時代末期について未解明の問題を挙げ、それらの解明へ向けた展望について述べてみたい。

北イスラエル王国時代末期の最大の焦点のひとつである「シロ・エフライム戦争」については、その契機が未だはっきりとしていない。ネエマンは「列王記下」とアッシリア王碑文の記述に依拠し、戦争の発端を説明した。彼によれば、北イスラエル王国とアラム・ダマスコ王国が連合し、反アッシリア同盟に組みしない南ユダ王国を攻め、そこに別の王を立てて同盟に取り込もうとしたと唱える（Na'aman 1991, 91–94)。

しかし、この同盟にはレヴァント地域の他の国々も加わっていたと想定されるのにもかかわらず、南ユダ王国を攻めた国としてはこの二国しか記録に残っていない。アッシリア王碑文等から周辺の国々の動静なども丹念に洗い出し、上記の仮説の妥当性だけでなく、当時の西アジア全体の情勢におけるこの同盟の歴史的意味についても検討する余地がある。

北イスラエル王国時代末期のもうひとつの焦点であるサマリア征服の年代と同都市の征服者について先行研究が抱える方法論的問題は、「列王記」・『バビロニア年代記』の記述とアッシリアの王碑文とを同等に扱い、史料間で矛盾する点を「調和」させようとしている点にある。同様の手法は、古代イスラエル史の分野において、やはり同様の二種の史料、とりわけ『ヘブライ語聖書』と聖書外史料との間に矛盾がみえるときにしばしば採られてきた。例えば、北イスラエル王ヨラムと南ユダ王アハズヤは、

「列王記下」9章においてはヨラムの家臣であったイエフによって殺害されているのに対し、テル・ダン碑文中ではアラム・ダマスコの王ハザエルがこれら二王の殺害を主張している。こうした矛盾に対し、それを「解消」するために様々な「調和的」見解が発表されてきた（Yamada 1995, 611–625; Schniedewind 1996, 75–90）[5]。

　確かに、「列王記」の記述に何らかの歴史的情報が含まれると仮定すれば、このような史料間の矛盾を調和させる形で説明する必要が生じる。しかし、長い年月の間に幾多の編纂を受けている「列王記」には、歴史的に正確とはみなせない情報が含まれている[6]。したがって、「列王記」を史料として用いる前に、どの部分がより信憑性の高い情報を含み、どの部分がそうではないのかを見極める必要がある。

　これまでの「列王記」の研究では、その記事の歴史的信憑性が十分に精査されてきたとはいえない。先行研究が北イスラエル王国時代末期の歴史再構成に使用してきた「列王記」は、主としてマソラ本文のそれであった。しかし、近年の研究は、『七十人訳』や『ルキアノス系写本』等に、マソラ本文よりも古いヘブライ語本文の内容が保存されている場合があることを示している（Hasegawa 2014, 61–76）[7]。

　この『七十人訳』とは、紀元前3世紀前半ごろに成立した『ヘブライ語聖書』のギリシア語翻訳である（ヴュルトヴァイン 1997, 81–119）。『ルキアノス系写本』は、4世紀ごろ成立した『七十人訳』の校訂本であるが、「列王記」については『七十人訳』より古いギリシア語翻訳を底本として使用していることが明らかになっている。そのため、この写本はより古い「列王記」本文の再構成に際し、極めて重要な価値を有しているのである（ヴュルトヴァイン 1997, 93–94; Fernández Marcos 2004, 177–213; Fischer 2009, 138–142; Tov 2012, 146–147）。

　もちろん、より古いということ自体が、ただちにテクストの歴史的信憑性を裏打ちするわけではない。テクスト自体が創作であれば、古かろうが

新しかろうがテクストそのものに歴史的信憑性を期待することはできないからである。他方、その部分がより古い何らかの資料に基づいているとするならば、後代の改変によって正確な情報が損なわれてしまう可能性は十分にありえる。こうした理由から、北イスラエル王国時代末期の歴史の再構成に「列王記下」を史料として用いるにあたっては、まず「列王記下」のできるだけ古いテクストを再構成することから始めるべきなのである（長谷川 2015, 147–172）。

『ヘブライ語聖書』を史料とする時のもう一つの問題点は、預言書に記された情報を史料としてどのように扱うか、という点である。預言書の核には預言者の言葉があると想定されてきた。しかし、預言書は長い年月の間に多くの編集過程を経ていることから、預言者の言葉にまで遡ることの難しさが近年認識されるようになった。その結果、昨今は、これらを王国時代の預言者像を考えるための、また王国時代の歴史を再構成するための歴史史料として用いることが少なくなっている（Ben Zvi 2009, 73–95）。

他方、ネエマンはごく最近、十分な注意を払いさえすれば、「ホセア書」の初期の預言から北イスラエル王国時代末期の状況についての歴史的情報を抽出し得ると主張した（Na'aman 2015, 232–256）。この主張の妥当性については慎重に検討せねばならないが、「ホセア書」が歴史的情報を提供し得るという主張の背後には、同書が描く状況が、「当時の」歴史状況と合致するという判断が働いていることは間違いない。そうであれば、まずは他の史料によってそのような「当時の」歴史状況を再構成したうえでなければ、「ホセア書」の史料価値を論じることはできまい。そのためには、「列王記」をはじめとした如上の史料によって、その大きな枠組みをつくりあげ、そのうえでそこに「ホセア書」の記述内容を当てはめてみることが必要であろう。

南レヴァントにおける発掘調査の歴史はすでに 150 年にも及ぶ。近年の目覚ましい考古学の進展はしばしば、最新の方法によって古い発掘調査

結果を再検討する必要があることを示す。加えて、年々調査される遺跡は増加するうえ、過去の調査報告書も毎年のように出版されている。ティグラト・ピレセル三世による遠征が北イスラエル王国にどの程度の影響を与えたのかを解明するためには、同時代のものと年代づけられる破壊層が同王国内の主要遺跡に存在するか否かについて、こうした最新の調査成果に基づいて詳細に確認することが求められる。

V. おわりに

　本稿では、古代西アジア史上における北イスラエル王国時代末期の歴史の重要性と、それを再構成するために不可欠な現存する史料について、その特性を含めて紹介した。主要な文献史料は、『ヘブライ語聖書』中の「列王記下」、アッシリア王碑文、『エポニム表』・『エポニム歴代記』、そして『バビロニア年代記』である。さらに、アッシリアによる北イスラエル王国への遠征とその結果を考えるためには、南レヴァント北部遺跡の破壊層をも精査せねばならない。

　北イスラエル王国時代末期の実証的な歴史を再構成するためには、これらすべての史料を詳細に、そして個別に分析し、そのうえでその結果を総合することが重要である。そうすることによってはじめて、より実証的な歴史像を描くことができ、シロ・エフライム戦争の契機・経過・結果や、サマリアの征服者と征服の年代についての論争に決着をつけることができよう。高等学校の世界史教科書に記されるサマリア征服の年代については、このような実証的な研究に基づき再検討されねばならないのである。

〈謝辞〉

学部で「聖書考古学」に憧れを抱いていたころ、一冊の本に出会った。小川英雄先生の『聖書の歴史を掘る パレスチナ考古学入門』(東京新聞出版局、1980 年)である。まだ見ぬ地での発掘調査を想いに描きながら、寝床の中、夢中でページを繰った。その後だいぶ経ち、念願の発掘調査へも参加させていただけるようになったある日のことである。家に突然、一通の封書が届いた。小川先生が、小生の発表した拙い論考に対してお便りをくださったのである。面識もない小生は、ただただ恐れ多い気持ちで感謝のご返事を認めた。これを皮切りに、何か出版するたび、先生からの温かくも厳しいご批正のお手紙が届くようになった。小野塚さん(現在東京国立博物館勤務)とお宅にお邪魔して、ビールをいただきながら、長らく日本のオリエント史研究を牽引してこられた先生と学問の話をしたときは感無量であった(きちんとお会いしたのは後にも先にもこの時だけである)。本稿はこうした小川先生の多大な学恩に対するささやかな感謝のしるしである。

注

1) 北イスラエルの王がティルツァを築いたという記事は「列王記」中にないが、すでにその初期にティルツァが都であったらしいことはうかがえる（列王記上15章21節、33節、16章6節）。「列王記上」14章17節の記述によれば初代王ヤロブアムの妻が「ティルツァに戻った」とあるが、「列王記上」14章1–18節の物語全体の主題は北イスラエル王国の滅亡の予告であることから、後代の挿入である可能性が高いと考えられる。したがって、ヤロブアムの治世にすでにティルツァが都であったかどうかは、この節からだけでは判断できない。

2) ティブニを王に含めない。ティブニには他の王と異なり、「王位に就いた」という表現、ユダの王の治世との対称歴史記述、統治期間などにかんする記述がないためである（列王記上16章21–22節）。

3) 「列王記上」15章27節、16章10、16節、「列王記下」9章14節、15章10節、14節、25節、30節。

4) リードはシャルマネセル五世を、テトリーはサルゴン二世を征服者と考えている。

5) これらの「調和的」解釈に対する批判については長谷川の著作（長谷川2014a, 115–138; Hasegawa 2011, 5–17）を参照されたい。

6) 例えば、「列王記上」20章26–34節が描く「アフェクの戦い」が歴史的事件であるかどうか、とりわけ近年疑義が呈されている（Hasegawa 2012, 501–514; 長谷川2014b, 161–186頁）。

7) ここでは、マソラ本文からは削除されたもののルキアノス系ギリシア語写本に保存されているテクストが、古い段階ではヘブライ語写本にも存在していた可能性が高いことが論じられている。

参照文献

Becking, B. 1992: *The Fall of Samaria: An Historical and Archaeological Study*, Leiden/New York/Cologne: E. J. Brill.

Ben Zvi, E. 2009: "The Concept of Prophetic Books and Its Historical Setting," in D. V. Edelman & E. Ben Zvi (eds.), *The Production of Prophecy: Constructing Prophecy and Prophets in Yehud*, London: Routledge, 73–95.

北イスラエル王国時代末期の歴史的研究序説　　107

Borger, R. & Tadmor, H. 1984: "Zwei Beiträge zur alttestamentlichen Wissenschaft aufgrund der Inschriften Tiglathpilesers III.," *Zeitschrift für die alttestamentliche Wissenschaft* 94, 244–251.

Crowfoot, J. W. & G. M. 1938: *Samaria-Sebaste 2: Early Ivories from Samaria*, London: Palestine Exploration Fund.

Crowfoot, J. W. et al. 1942: *The Buildings at Samaria*, London: Palestine Exploration Fund.

Crowfoot, J. W. et al. 1957: *Samaria-Sebaste III: The Objects*, London: Palestine Exploration Fund.

Fischer, A. A. 2009: *Der Text des Alten Testaments, Neubearbeitung der Einführung in die Biblia Hebraica von Ernst Würthwein*, Tübingen: Deutsche Bibelgesellschaft.

Fernández Marcos, N. 2004: "Der antiochenische Text der griechischen Bibel in den Samuel- und Königsbüchern (1–4 Kön LXX)," in S. Kreuzer and J. P. Lesch (eds.), *Im Brennpunkt: Die Septuaginta, Studien zur Entstehung und Bedeutung der Griechischen Bibel, Band 2*, Stuttgart: Kohlhammer, 177–213.

Fuchs, A. 1994: *Die Inschriften Sargons II. aus Khorsabad*, Göttingen: Cuvillier.

Galil, G. 1995: "The Last Years of the Kingdom of Israel and the Fall of Samaria," *Catholic Biblical Quarterly* 57, 52–64.

Glassner, J.-J. 1993: *Chroniques mésopotamiennes*, Paris: Les belles lettres.

Grayson, A. K. 1975: *Assyrian and Babylonian Chronicles*, New York, NY: J. J. Augustin.

Grayson, A. K. 1992: "Assyria: Tiglath-pileser III to Sargon II (744–705 B.C.)," in J. Boardman et al. (eds.), *The Cambridge Ancient History*, Vol. III/2[2], Cambridge: Cambridge University Press, 71–102.

Hasegawa, S. 2008: "Adad-nērārī III's Fifth Year in the Saba'a Stela: Historiographical Background," *Revue d'Assyriologie et d'archéologie orientale* 102, 89–98.

Hasegawa, S. 2010a: "Historical and Historiographical Notes on the Pazarcık Stela," *Akkadica* 131, 1–9.

Hasegawa, S. 2010b: "The Numbers of the Israelite Army in the Time of Joahaz: Is Reg 13,7 Derived from an Archival Source?," *Orient* 45, 35–39.

Hasegawa, S. 2011: "The Historiographical Background for Jehu's Claim as the Murderer of Joram and Ahaziah," *Annual of the Japanese Biblical Institute* 37, 5–17.

Hasegawa, S. 2012: "Looking for Aphek in 1 Kgs 20," *Vetus Testamentum*, 62, 501–514.

Hasegawa, S. 2014: "The Conquests of Hazael in 2 Kgs 13:22 in the Antiochian Text," *Journal of Biblical Literature* 133, 61–76.

Hayes, J. H. & J. K. Kuan 1991: "The Final Years of Samaria (730-720 B.C.)," *Biblica* 72, 153–181.

Irvine, S. A. 1990: *Isaiah, Ahaz, and the Syro-Ephraimitic Crisis*, Atlanta, GA: Scholars Press.

Millard, A. 1994: *The Eponyms of the Assyrian Empire 910–612 BC*, Helsinki: The Neo-Assyrian Text Corpus Project.

Na'aman, N. 1990: "The Historical Background to the Conquest of Samaria," *Biblica* 71, 206–225.

Na'aman, N. 1991: "Forced Participation in Alliances in the Course of the Assyrian Campaigns to the West," in M. Cogan and I. Eph'al (eds.), *Ah Assyria... Studies in Assyrian History and Ancient Near Eastern Historiography Presented to Hayim Tadmor*, Jerusalem: Magnes, 80–98.

Na'aman, N. 2015: "The Book of Hosea as a Source for the Last Days of the Kingdom of Israel," *Biblische Zeitschrift* 59, 232–256.

Park, S. J. 2012: "A New Historical Reconstruction of the Fall of Samaria," *Biblica* 93, 98–106.

Reade, J. E. 1976: "Sargon's Campaigns of 720, 716, and 715 B.C.: Evidence from the Sculptures," *Journal of Near Eastern Studies* 35, 100–101.

Reisner, G. A. et al. 1924: *Harvard Excavations at Samaria, 1908–1910*, 2 vols., Cambridge, MA: Harvard University Press.

Schniedewind, W. M. 1996: "Tel Dan Stela: New Light on Aramaic and Jehu's Revolt," *Bulletin of the American Schools of Oriental Research* 302, 75–90.

Tadmor, H. 1958: "The Campaigns of Sargon II of Assur: A Chronological-Historical Study," *Journal of Cuneiform Studies* 12, 33–40.

Tadmor, H. & S. Yamada 2011: *The Royal Inscriptions of Tiglath-pileser III (747–727 BC), and Shalmaneser V (726–722 BC), Kings of Assyria*, Winona Lake, IN: Eisenbrauns.

Tappy, R. E. 1992: *The Archaeology of Israelite Samaria, Volume I: Early Iron Age through the Ninth Century B.C.E.*, Winona Lake, IN: Eisenbrauns.

Tappy, R. E. 2001: *The Archaeology of Israelite Samaria, Volume II: The Eighth Century B.C.E.*, Winona Lake, IN: Eisenbrauns.

Tetley, M. C. 2002: "The Date of Samaria's Fall as a Reason for Rejecting the Hypothesis of Two Conquests," *Catholic Biblical Quarterly* 64, 59–77.

北イスラエル王国時代末期の歴史的研究序説 | 109

Tov, E. 2012: *Textual Criticism of the Hebrew Bible*, Third Edition, Revised and Expanded, Minneapolis, MN: Fortress Press.

Yamada, S. 1995: "Aram-Israel Relations as Reflected in the Aramaic Inscription from Tel Dan," *Ugarit Forschungen* 27, 611–625.

Younger, K. L. 1999: "The Fall of Samaria in Light of Recent Research," Catholic *Biblical Quarterly* 61, 461–482.

ヴュルトヴァイン、E. 1997：『旧約聖書の本文研究―「ビブリア・ヘブライカ」入門』鍋谷堯爾・本間敏雄（訳）、日本基督教団出版局（E. Würthwein, *Der Text des Alten Testaments: Eine Einführung in die Biblia Hebraica*, Stuttgart, Deutsche Bibelgesellschaft, 1988⁵ [1952]）。

長谷川修一　2010：「列王記の歴史記述とその史料価値―編集史的観点から見た『イエフ物語』成立の歴史的背景―」『史境』61、57–70頁。

長谷川修一　2014a：「歴代誌のイエフ―イエフはアハズヤを殺害したか（歴代誌下22章7–9a節）―」『聖書学論集』46、115–138頁。

長谷川修一　2014b：『旧約聖書の謎―隠されたメッセージ』中央公論社。

長谷川修一　2015：「文献学と考古学―古代イスラエル史の方法―」上智大学キリスト教文化研究所編『聖書の世界を発掘する―聖書考古学の現在』リトン、147–172頁。

記録管理文書としてのアッシリア王室書簡

伊 藤 早 苗

Ⅰ．はじめに

　アッシリア王室書簡の大半は、カルフ（現ニムルド）およびニネヴェの宮殿域から発見された。少数ながらも、アッシリア中核地域の都市やアッシリア行政州の州都からも見つかっている。現時点でのコーパスは約3300点の書簡と断片から成り、そのうちおよそ2300点が新アッシリア語の書簡、残りの1000点が新バビロニア語の書簡である[1]。

　これらの書簡は、書簡の宛先をもとに、二つのカテゴリーに分類することができる。一つ目は、アッシリア王や受取人が居た首都に送られたもので、これはアッシリア王室書簡の大部分を占めている。このカテゴリーに属するものの多くは、おそらく手紙の筆者から送られたオリジナルの文書である。二つ目は、首都在住の王や筆者から首都外の受取人に送られた書簡から成る。このカテゴリーの書簡は送り先ではなく首都から発見されているので、文書庫用のコピーもしくは草稿と推定される。これらは全アッシリア王室書簡の約6パーセントに当たり、このうち王からの書簡、いわゆる「ロイヤルレター」が多数を占めている。

　当研究ノートは、ロイヤルレターを記録管理のために文書庫に収められた文書という観点から研究する。研究に際して、書簡に用いられた言語や書体、また書簡がオリジナル、コピー、草稿であるかという点に注目す

る。

II．アッシリア王からの書簡

　現存するアッシリア王が送った書簡、即ちロイヤルレターの多くは、上述の通り、おそらく記録管理のため首都に保管されたコピーもしくは草稿である。またいくつかの書簡は、結果的に送られなかった、もしくは一旦送られたにも関わらず何らかの理由で首都に送り返されたオリジナルかもしれない。これまでのところ、ティグラト・ピレセル3世の書簡が7通[2]、サルゴン2世のものが44通[3]、センナケリブの書簡の可能性があるものが2通[4]、エサルハドンのものが27通[5]、SAAシリーズから出版されている。アッシュルバニパルのロイヤルレターは推定約100通あり[6]、S.パルポラがSAAシリーズから出版予定である。いくつかのロイヤルレターは、コピーもしくは草稿である指標を含んでおり、また作成された過程も示している。

　エサルハドン治世までは、原則として、バビロニアに送られた書簡は新バビロニアの書体かつ新バビロニア語を用い、その他の地域に発送されたものは新アッシリアの書体で新アッシリア語を使っていた[7]。しかしこの傾向は、アッシュルバニパルのロイヤルレターには必ずしも当てはめることができない。例えば、3通の新バビロニア語の書簡[8]および2通の新アッシリア語の書簡[9]がニップル宛てになっている。加えて、言語と書体が一致しない書簡の数が増加しており、18通の新バビロニア語の書簡が新アッシリアの書体で記されている。それとは逆に、新アッシリア語の書簡で新バビロニアの書体を用いているものはこれまでのところ見つかっていない。

1. 草稿：ノートテイク、口述書取り、編集

　草稿作成には少なくとも二つの方法が存在していた。即ちノートテイクおよび口述書取りである[10]。前者は新アッシリア語の書簡、サルゴン２世のロイヤルレター SAA 1 1 に見られる。この手紙はクエ（Que）知事であるアッシュル・シャッル・ウツルに宛てられている。王はおそらく、主要なポイントを書き留めておくよう書記に命じたのだろう。書簡は標準よりも長く、表面の 38 行および裏面の 33 行から成る。書簡の殆どのトピックは、「貴方が書きおくった事柄／人物について」という句[11]、およびそれに続く、王が以前受け取ったメッセージの一部引用（$m\bar{a}$ ...）で始まる。この句と引用の後、王は具体的な指示を与えている[12]。SAA 1 1 は8 つのトピックを含んでおり、最後のトピックは上記定型句を含んでいないが、話題となる人物の名前で始まっている。このトピックは未完のままで、裏面最下部の最終行（r. 33）は行の始めに lu という文字があるだけで、残りは刻まれていない[13]。ゆえに P. ヴィラードは、SAA 1 1 は未完成の草稿であると提案している[14]。

　二つ目の方法は口述書取りである。アッシュルバニパルは書記教育を受け識字能力があったと考えられているが[15]、彼も含めアッシリア王達は自身の名前で書記に手紙を書かせていた[16]。アッシュルバニパルのロイヤルレターの中で、新アッシリア語の書簡 ABL 1244 は、彼の兄でバビロニア王であるシャマシュ・シュム・ウキーンの反乱の際にウルクへ送られた援軍について記述している。この文書は、おそらく最初の草稿として、王の口述を書き取ったものと考えられる。というのも、ABL 1244 はあらゆる種類の語の省略形を数多く含んでいるからである。当該文書を記した書記は、稀な表意文字を使用したり、複合表意文字の一部や限定符を省略したり、長母音を表記しないことによって、明らかに文字数を減らそうと試みている。彼はまた、画数の少ないよりシンプルな文字を好んで使って

いる[17]。彼の筆跡は、それぞれの一画が浅く短く見える文字によって特徴付けられる[18]。また注記すべきことに、この第一草稿は新アッシリア語で作成されている。この事は、書記に書き取らせる際、アッシュルバニパルが新バビロニア語ではなく新アッシリア語を用いていたことを示唆しえよう。

　しかしながら、メモや口述書取り、未完了の文書など、初期の草稿と考えられる書簡は、これまでのところ殆ど見つかっていない。この事から、草稿の中でも早い段階で作成されたものは、おそらく粘土の再利用のため、既に古代に廃棄されていたと思われる。

　メモや口述を書き取った文書をもとに、書記は編集を行った。口述書取りの文書を使用する場合、書記はこの段階で書簡の導入定型句を加えたのであろう。残念ながら ABL 1244 の冒頭部分は破損しているため、この手紙がどのように始まっていたかは不明である。ABL 1244 に基づき、ほぼ同一の新アッシリア語の書簡 ABL 273、ABL 543、ABL 1108 が、それぞれの筆跡の異なる書記によって作成されたと推定される[19]。各粘土板の楔形文字執筆の熟達度は、ABL 1108、ABL 543、ABL 273 という順に上がっているように見える。ABL 273 は他の 2 つの文書の縮約版であり、楔形文字のそれぞれの一画は鋭く長く、また深い。

　草稿とその改訂版と想定される例は、他にも存在する。K 995 は、アッシュルバニパルがおそらくバビロン市民へ宛てた書簡であり、粘土板の上部と下部が欠損しているものの、表面の 22 行と裏面の 22 行から成る。この裏面の 3′-17′ 行は、CT 53 248 の表面の 1′-13′ 行とほぼ同一である。パルポラのハンドコピーによれば、CT 53 248 はこの 1′-13′ 行以外全て欠損しているが、表面には全体で 24 行程のスペースがあったと想定できる[20]。現存する 13 行を引いた残り 11 行に、K 995 の表面の 22 行と裏面の 2 行の文章を入れるにはスペースが足りない。ゆえに、K 995 が先に作成され、それを短縮した版が CT 54 248 の可能性がある。両文書とも新

バビロニア語の書簡であるが、新アッシリアの書体を使用している。

　新バビロニア語の書簡 ABL 292 も、口述書取りらしき痕跡を保持しているため、編集中の草稿の可能性がある。この書簡は、アッシュルバニパルからおそらくニップルの知事エンリル・バーニ、そしてニップル市民に宛てられている。書簡の中で王は、ある人物を捉えるよう彼らに命じている[21]。彼らがこの人物を捉えた場合、王は報奨として金を与えると約束している。その後突然、新アッシリア語の成句、*minû aḫḫūr minû aḫḫūr*、「他に何か、他に何か？」（r. 12）が挿入されている。この成句は、王の発言を書き取ったか、もしくは書取りに集中しているアッシリア人の書記が心に浮かんだ言葉を書いてしまったかのようである。書記は編集段階でこの成句を削除し忘れているのかもしれない。

　書記は草稿を編集する際、テクストに小さな変更を加えることがあった。また手紙の送り主も、編集されたものを書記と共に再読し、テクストを変更するよう指示したであろう。多くの場合、このような変更は、粘土板上に文字や行を拭って削除した痕跡として現れる。文書庫用のコピー[22]や草稿と推定される文書の中で、21 通の書簡にこうした削除の跡が残っており、このうち 16 通がアッシュルバニパルのロイヤルレターである[23]。削除の痕跡の発生率は、新アッシリア語の書簡（20%）のほうが、新バビロニア語の書簡（14%）より高い。このことは、草稿が新アッシリア語で書かれる傾向にあったことを意味する可能性がある。

　ひとたび書記と王が草稿に満足すれば、書記は手紙の確定版を作成し、そのコピーを作り、首都の文書庫で保管した。もしくは新たにコピーを作らず、最終稿を保管することもあったかもしれない。書簡の確定版は粘土製の封筒に納められ、使者によって目的地まで運ばれた。

２．ロイヤルレターのオリジナル

ロイヤルレターのオリジナルが目的地から発見されることは殆どない。

しかしこれまでのところ、アッシュルバニパルからアッシュル・ムダンミク、アッシュル・シャル・ウツル、アッシュル・フッサンニに宛てられたSAA 13 1が、アッシュル市アッシュル神殿内の図書館を付随する文書庫から発掘されている[24]。これら三名の職名は書簡の中では明らかではないが、他の文書から、アッシュル・ムダンミクはアッシュル神殿のおそらく神官、アッシュル・シャル・ウツルは同神殿の管財人、アッシュル・フッサンニは同神殿の金細工職人として知られている[25]。彼らの活動拠点がアッシュル神殿であることから、SAA 13 1はおそらくロイヤルレターのオリジナルであろう。

3. ロイヤルレターの文書庫用コピー

　カルフとニネヴェで発見されたロイヤルレターには、記録保管のため文書庫用に作成されたコピーの特徴を含むものもある。新アッシリア語の書簡SAA 19 1は、ティグラト・ピレセル3世から神殿の聖職者や信徒、バビロン市民に送られたものであるが、手紙の終わりに、「護衛のナディ・イルがアヤル月26日［に］（書簡を）運んだ。」[26]という文言を含む。M.ルーッコが指摘したように、この文はオリジナルの書簡の一部だったとは考えにくいため、SAA 19 1がコピーとして作成された際に文書庫用の注記として加えられたのだろう[27]。

　類似した文言を、アッシュルバニパルがバビロン市民に宛てたABL 301に見つけることができる。この書簡は、年月日が記された文書の中でシャマシュ・シュム・ウキーンの反乱勃発に言及する最初のテクストである。書簡の本文が終わり2行分の空白のスペースの後、続く3行には「アヤル月23日、リンムはアッシュル・ドゥール・ウツル（前652年）。シャマシュ・バラッスー・イクビが（書簡を）運んだ。」[28]と記されている。この文言も文書庫用の注記として書かれたと推定されることから、ABL 301はバビロンへ送られたオリジナルの書簡の文書庫用コピーであ

ろう。ABL 301 は新バビロニア語の書簡であるが、新アッシリアの書体を用いており、また多数の新アッシリア語の特徴も含んでいる[29]。

更に、アッシュルバニパルがウルクの知事クドゥッルおよびウルク市民に書き送った新バビロニア語の書簡 ABL 518 には、文書がコピーであるという文言が、書簡の最後の注記に書かれている。書簡の本文は裏面の5行目で終わっており、1行分の空白のスペースの後、文書庫用の注記 (r. 6-11)、「(カルデア人の) 諸首長およびアッカドの地に運ばれた諸書簡の *gabrû*（以下の議論を見よ）。アヤル月24日、リンムはナブー・シャル・アッヘーシュ（前646*年）。」[30] が書かれている。*gabrû* という語は、辞典によれば「返信、返答、コピー、複製、匹敵する者」と定義されている[31]。一方新アッシリア時代のアッシリア王碑文では、*gabrû* は主にアッシリア王に「匹敵する者」がいないというコンテクストで使われている[32]。他方王室書簡では、送った書簡に対する「返信、返答」を貰っていない、もしくは送った書簡に対する「返信、返答」を送りなさいという用例が多く見られるが[33]、書簡やその他文書の「コピー、複製」という意味でも使われている[34]。ABL 518 はウルクに送られたロイヤルレターであるため、注記内の *gabrû* は「返信」ではなく「コピー」と理解するのが適切である。この *gabrû* の結合形に続き、書簡を意味する *egirtu* の複数形属格（*egirāti*）があり、これは関係代名詞節によって修飾されている。この節中の文は、コピーが作成され文書庫に保管された際、地理的領域を基に体系的に分類されていたことを示唆しているかもしれない。また関係詞節内の動詞 *ú-bi-lu-ni* は、新バビロニア語よりも、むしろ新アッシリア語である可能性が高い[35]。この注記の最後にも、書簡の作成年月日が記されている。

これら3通の文書庫用のコピー、SAA19 1、ABL 301、ABL 518 は全て年代付けられており、このうち ABL 301 と ABL 518 は年月日の前に空白スペースという可視的表示を含んでいる[36]。一般的に書簡は日付が示

されておらず[37]、いつ書かれたか等の情報は、使者が書簡の受取人に口頭で伝えたのだろう。しかし文書庫用のコピーはそういった情報を維持し伝えることはできない。したがって、書簡の日付は時として文書庫用の注記として加えられたと考えられる。現存するロイヤルレターのうち、ティグラト・ピレセル3世の書簡2通、アッシュルバニパルの書簡13通が年代付けられている。SAA19 1を除き、これら年代付けられた書簡は全て、年月日の前に1行もしくは数行分の空白のスペース[38]、水平に引かれた境界線[39]、年代を記した行の字下がり[40] など何らかの可視的表示を含んでいる。これらの中で、上述のABL 301、加えてアッシュルバニパルからおそらくクタ出身のザーキルとカブティーアに送られたABL 944、同王から「海の国」の民に送られたABL 289は、新バビロニア語の書簡であるが、新アッシリアの書体で執筆されている。更に、アッシュルバニパルがウルクの知事ナブー・ウシャブシに宛てたABL 517と同王がディルムン王フンダールに送ったAAA 20 106は、新バビロニア語の書簡で新バビロニアの書体で書かれているが、年月日だけは新アッシリアの書体で記入されている。これら5点の書簡は、書記がコピーを作成した際、書簡の全文もしくは一部の書体を新バビロニアのものから新アッシリアのものへ切り替えたことを示唆している。このような可視的表示や書体の切り替えは、王室文書庫の中で、文書庫用の注記を書簡本文から容易に区別するのに役立ったであろう。

III. 要約と結論

アッシリア王の現存するロイヤルレターの多くは、記録管理の為アッシリアの首都で保管されていた草稿もしくは文書庫用のコピーである。ロイヤルレターのオリジナルが送り先で発見された事例は今のところ一例のみである。ロイヤルレターはまず草稿が書かれ、書簡が完成するとコピーを

記録管理文書としてのアッシリア王室書簡 | 119

作成し、オリジナルは送られコピーは首都の王室文書庫に保管された。このプロセスの中で、新アッシリア語と新アッシリアの書体、新バビロニア語と新バビロニアの書体という、二つの言語と書体が用いられていた[41]。

アッシリア王は、南部から送られてきた書簡や南部に送る書簡では、新バビロニア語でやり取りすることを認めていた。そのため、書簡の受信者の、特にメソポタミア南部出身の場合、母語は書簡の言語の選択に大きく影響を与えたにも関わらず、カルフとニネヴェ出土のロイヤルレターに見られる特定の言語は、文書が草稿かコピーかに拠るところが大きい。最初の草稿は口述書取りかノートテイクを通して作られ、新アッシリア語で書かれていたのだろう（II 章 1 節の SAA 1 1 や ABL 1244 を見よ）。草稿を編集する初期の段階では、書記はそのまま新アッシリア語を用い新アッシリアの書体で取り組んでいたと思われる（II 章 1 節の ABL 273、ABL 543、ABL 1108）。南部へ送る書簡の場合は、次の段階で草稿が新バビロニア語に翻訳されたが、それでもなお初めは新アッシリアの書体で（II 章 1 節の K 995 および CT 53 248）、後に新バビロニアの書体（II 章 1 節の ABL 292）で書かれた可能性が考えられる。

最終の草稿に基づき、書簡のオリジナルが書かれ、その後そのコピーが作成され、将来の参考のために文書庫に収められた。この段階で、書記は時に、何らかの可視的表示とともに文書庫用の注記として書簡の作成年月日を加え、再び全文の書体（II 章 3 節の ABL 301、ABL 944、ABL 289）、もしくは年月日のみ（II 章 3 節の ABL 517、AAA 20 106）の書体を新バビロニアから新アッシリアへ切り替えた。

新アッシリア語は支配者が母語とする言語であり、新バビロニア語はメソポタミア南部に限定されていた。ゆえに、主に新アッシリア語および新アッシリアの書体が、政治的、文化的、実用的理由から王宮では使われていたのであろう。

注

1) 2014 年 9 月にヘルシンキで行われた国際学会 "Writing Neo-Assyrian History. Sources, problems and approaches." における M. ルーッコの口頭発表による。Cf. Radner 2014, 81; Parpola 1987, XI; Parpola 1981, 118.

2) SAA 19 1-7.

3) SAA 1 1-27, SAA 5 277-280, SAA 15 274-279, SAA 17 1-3, SAA 17 5, SAA 19 154-156.

4) SAA 17 4, SAA 17 6.

5) SAA 1 27 + SAA 10 216, SAA 10 295, SAA 13 1-7, SAA 16 1-13, SAA 18 1-5.

6) パルポラとの私信による。

7) 当時バビロニア人が新バビロニア語で手紙を送ることは容認されており、アッシリア王も習慣的にバビロニアにいる相手には新バビロニア語で手紙を送っていた (Radner 2014, 84)。例外として、エサルハドンが「非バビロニア人」(la LÚ.TIN. TIR.KI.MEŠ) に宛てた SAA 18 1 は、新バビロニア語の書簡であるが、新アッシリアの書体で記されている。

8) ABL 287, ABL 292, CT 54 464.

9) ABL 561, ABL 1186.

10) シャルパンは、古バビロニア時代の書簡がどのように作成されたのかを再構築している (Charpin 2010, 120-125)。

11) (ina muḫḫi …) ša tašpuranni.

12) 類似したフォーマットは、SAA 1 8 や SAA 17 2 にも見られる。

13) Saggs 2001, Plate 38（ND 2759）も参照せよ。

14) Villard 2006, 25-26.

15) Zamazalová 2011; Livingstone 2007; Villard 1997. リビングストーンは、アッシュルバニパルの手による楔形文字は、サイズが大きく字自体もあまり上手くないと指摘している。

16) Parpola 1997 も参照せよ。サルゴン 2 世の治世の間、ザグロス山脈で任務を負っていたシーン・ナディ（Sîn-na'di）は、SAA 15 17 を自身で執筆したが書記を必要としており、手紙の中で書記を一人送ってくれるよう王に依頼している。SAA 15 17 は簡潔な新アッシリア語の書簡であり、稀なスペルや語形、フレーズを多く含んでいる。

17) Ito 2015, 62-66.

18) ファン・ブエラーレ（Greta Van Buylaere）との私信により、ABL 1244 の写真提

供を受ける。この写真は彼女が研究のため大英博物館で許可を得て撮影したものである。

19) これら 4 通の書簡の翻字のスコアについては Ito 2015, 236-238 を見よ。少なくとも ABL 273 と ABL 543 の導入定型句は残っている。Parpola 2004, 228-229 も見よ。Cf. Frame 1986, 267-269.

20) Parpola 1979, 8 によれば、CT 53 に収められているハンドコピーは、読みやすくするため僅かに拡大されている。この拡大を重要視せずに Plate 74 の CT 53 248 を見ると、パルポラは、粘土板の横幅を欠損部分も含め 5.5 cm と想定している。書簡の一般的フォーマット、縦と横の比率が 2:1、を考慮に入れると、破損前は縦の長さが約 11 cm だと思われる。現存する CT 53 248 は縦 6 cm の幅に 13 行刻まれているので、縦の長さが約 11 cm だとすると、表面が全て利用されていた場合 24 行ほど存在していたと推定できる。

21) Ito 2015, 178-180; Ito 2013.

22) ABL 301 および ABL 517。これらの書簡は、年代付けされていることから、コピーだと思われる。本論中 II 章 3 節の議論を参照せよ。

23) ティグラト・ピレセル 3 世のロイヤルレター SAA 19 4、エサルハドンのロイヤルレター SAA 13 4、SAA 13 5、SAA 18 2、アッシュルバニパルのロイヤルレター ABL 926、ABL 301、ABL 1146、ABL 543、ABL 1108、ABL 945、ABL 517、ABL 1121、ABL 402、ABL 293 + CT 54 484、ABL 1260、ABL 1262、ABL 1380、CT 54 448、ABL 972、ABL 1411。ABL 269 はウルクの知事ナブー・ウシャブシからアッシュルバニパルに宛てられた書簡の文書庫用コピーだと推定されるが、これにも削除の痕が見られる。

24) Pedersén 1986, 10-28.

25) Cole and Machinist 1998, 4, SAA 13 1 に対する注を見よ。

26) SAA 19 1 r. 14-15, ᵐI˹–DINGIR LÚ*.˹qur˺-bu-tú / [ina] I[T]I.˹GUD˺ UD-26-KAM it-t[u]-b[il].

27) Luukko 2012, 4, 裏面 14 行目以降に関する注を参照せよ。

28) ABL 301 r. 19-21, ITI.GUD UD-23-KÁM lim-me ᵐaš-šur–BÀD–PAB / ᵐᵈšá-maš–TIN-su–iq-bi / it-tu-bil. Parpola 2004, 227-228 も見よ。

29) Ito 2015, 76-78.

30) ABL 518 r. 6-11, gab-re-e e-gír-a-ti / šá a-na lú.ra-šá-a-ni / ša a-na KUR–URI.KI / ú-bi-lu-ni / ITI.GUD UD-24-KÁM / lim-me ᵐᵈPA–MAN–PAB.MEŠ-šú.

31) CAD G, 2a-3b (s.v. gabarû), "1. duplicate, answer, copy, 2. opponent, corresponding entry, 3. epact"; AHw 271b-272a, "Kopie; Gegner"; Parpola 2007, 29a, "reply, response, answer; copy."

32) サルゴン 2 世の王碑文 Ann = w:4（Fuchs 1994, 86）、Zyl:8（Fuchs 1994, 32）、Bro, Si, Go, Ant: 18（Fuchs 1994, 46）、Prunk:13（Fuchs 1994, 193）、カルフの宮殿の王座の間出土のレンガに刻まれた碑文 d:5（Fuchs 1994, 287）、Najafehabad Col. i 30（Levine 1972, 25ff.）、Prism Fragment:8（Al-Rawi 1994, 37-38）。エサルハドンの王碑文 RINAP 4 33 Tablet 2 Obv. Col. i 28、RINAP 4 48:46。例外として RINAP 4 126 exemplar 8 の奥付 1A では、*gabrû* はコピーという意味で用いられている。RINAP 4 126 はバビロン出土のレンガに刻まれたシュメール語の碑文で、7 点発見されている。この碑文が後に粘土板に写され Šamaš-nāṣir という人物の所有になったものが exemplar 8 である。

33) ティグラト・ピレセル 3 世の王室書簡 SAA 19 135 r. 9、SAA 19 136:11 および r. 3、SAA 19 139:9、サルゴン 2 世の王室書簡 SAA 1 154 r. 7、SAA 15 252:4、SAA 15 288:9 および r. 5、エサルハドンの王室書簡 SAA 10 328:13、SAA 16 97 r. 16、SAA 18 7 r. 5′、SAA 18 60 e. 16、SAA 18 87 r. 24、SAA 18 89 r. 20、SAA 18 97:7、アッシュルバニパルのロイヤルレター ABL 301 r. 15、K 11875 r. 4′、83-1-18,511 r. 10′、アッシュルバニパルの治世中もしくは治世後に年代付けられる Aššūr-mātu-taqqin の私設文書庫から出土した書簡（Ahmad 1996, 261-262）Text no. 28 r. 7。

34) ティグラト・ピレセル 3 世の王室書簡である SAA 19 126:13、SAA 19 133 r. 7 および 11、サルゴン 2 世の王室書簡 SAA 15 35:5、SAA 15 36 r. 15、SAA 15 259 e. 21′、アッシュルバニパルの王室書簡 ABL 1142 r. 4′、アッシュルバニパルのロイヤルレター ABL 518 r. 6、アッシュルバニパル治世後に年代付けられるアッシュルの Nabû-zēru-iddina および金細工職人の私設文書庫から出土した Ass 13846o (= VAT 8646) r. 8。この文書庫については Pedersén 1986, 131-135 を見よ。

35) 受身を表現するため、N 語幹の代わりに G 語幹 3 人称複数を使用することは、新バビロニア語にも見られるものの、新アッシリア語でより一般的である。また語尾の *-ni* は来辞であるかもしれないが（-ni[m]）、新アッシリア語における従属符とも分析できる。Hämeen-Anttila 2000, 88 および 92 を見よ。

36) CDLI 掲載のそれぞれの写真を見よ。

37) Fales 2013, 92. ファレスによれば、新アッシリア語の全書簡の内、年代付けられているのは 5% である。

38) SAA 19 7, ABL 301, ABL 944, ABL 296, ABL 517, ABL 518, ABL 1151, ABL 1170, ABL 1210.

39) ABL 1022, BM 132980.

40) ABL 289, ABL 1262, AAA 20 106.

41) 新アッシリア語が言語であるか方言であるかについては見解が分かれている。

Radner 2014, 66; Parpola 2007, xi-xii; Worthington 2006, 59; Luukko 2004, 2-3 を見よ。アラム語書簡については、Radner 2014, 83-86 および Fales 1986 を参照せよ。

略語表

略語表は Baker 2011, B-31-B-36 を使用。左記に含まれていないものは以下を見よ。

CDLI	Cuneiform Digital Library Initiative
LAS	Parpola 1970-1983
RINAP 4	Leichty 2011
SAA 1	Parpola 1987
SAA 5	Lanfranchi and Parpola 1990
SAA 10	Parpola 1993
SAA 13	Cole and Machinist 1999
SAA 15	Fuchs and Parpola 2001
SAA 16	Luukko and Van Buylaere 2002
SAA 17	Dietrich 2003
SAA 18	Reynolds 2003
SAA 19	Luukko 2012

参照文献

Ahmad, A. Y. 1996: "The Archive of Aššur-mātu-taqqin Found in the New Town of Assur and Dated Mainly by Post-Canonical Eponyms," *Al-Rafidan* 17, 207-288.

Al-Rawi, F. 1994: "Texts from Tell Haddad and elsewhere," *Iraq* 56, 35-43.

Baker, H. D. (ed.) 2011: *The Prosopography of the Neo-Assyrian Empire 3, Part II: Š-Z*, Helsinki.

Charpin, D. 2010: *Reading and Writing in Babylon*, J. M. Todd (trans.) Cambridge, Massachusetts: Harvard University Press (*Lire et Écrire à Babylone*, Presses Universitaires de France, 2008).

Cole, S. W. and Machinist, P. 1999: *Letters from Priests to the Kings Esarhaddon and*

Assurbanipal, SAA 13, Helsinki: Helsinki University Press.

Dietrich, M. 2003: *The Babylonian Correspondence of Sargon and Sennacherib*, SAA 17, Helsinki: Helsinki University Press.

Fales, F. M. 1986: *Aramaic Epigraphs on Clay Tablets of the Neo-Assyrian Period*, Studi Semitich Nouva Serie 2, Rome.

Frame, G. 1986: "The Correspondence of Nabû-ušabši, Governor of Uruk," in K. R. Veenhof (ed.) *Cuneiform Archives and Libraries: Papers read at the 30e Rencontre Assyriologique Internationale Leiden, 4-8 July 1983*, Uitgaven van het Nederlands historisch-archaeologisch instituut te Istanbul 57, Istanbul: Nederlands Historisch-Archaeologisch Instituut te Istanbul, 260-272.

Fuchs, A. 1994: *Die Inschriften Sargons II. aus Khorsabad*, Göttingen: Cuvillier Verlag.

Fuchs, A. and Parpola, S. 2001: *The Correspondence of Sargon II, Part III: Letters form Babylonia and the Eastern Provinces*, SAA 15, Helsinki: Helsinki University Press.

Hämeen-Anttila, J. 2000: *A Sketch of Neo-Assyrian Grammar*, SAAS 13, Helsinki.

Ito, S. 2013: "A Letter from Assurbanipal to Enlil-bani and the Citizens of Nippur," *Inter Faculty* 4, 19-34.

Ito, S. 2015: *Royal Image and Political Thinking in the Letters of Assurbanipal*, Ph.D. dissertation, University of Helsinki.

Lanfranchi, G. and Parpola, S. 1990: *The Correspondence of Sargon II, Part II: Letters from the Northern and Northeastern Provinces*, SAA 5, Helsinki: Helsinki University Press.

Leichty, E. 2011: *The Royal Inscriptions of Esarhaddon, King of Assyria (680-669 BC)*, RINAP 4, Winona Lake, Indiana: Eisenbrauns.

Levine, L. D. 1972: *Two Neo-Assyrian Stelae from Iran*, Royal Ontario Museum Art and Archaeology Occasional Paper 23, Tronto: Royal Ontario Museum.

Livingstone, A. 2007: "Ashurbanipal: literate or not?," *Zeitschrift für Assyrologie und vorderasiatische Archäologie* 97/1, 98-118.

Luukko, M. 2004: *Grammatical Variation in Neo-Assyrian*, SAAS 16, Helsinki.

Luukko, M. 2012: *The Correspondence of Tiglath-pileser III and Sargon II from Calah/ Nimrud*, SAA 19, Helsinki.

Luukko, M. and Van Buylaere, G. 2002: *The Political Correspondence of Esarhaddon*, SAA 16, Helsinki: Helsinki University Press.

Parpola, S. 1970-1983: *Letters from Assyrian Scholars to the Kings Esarhaddon and Assurbanipal*, AOAT 5/I-II, Kevelaer and Neukirchen-Vluyn: Butzon & Bercker and Neukirchener Verlag.

Parpola, S. 1979: *Cuneiform Texts from Babylonian Tablets in the British Museum, Part 53: Neo-Assyrian Letters from the Kuyunjik Collection*, London.

Parpola, S. 1981: "Assyrian Royal Inscriptions and Neo-Assyrian Letters," in Fales, F. M. (ed.) *Assyrian Royal Inscriptions: New Horizons in Literary, Ideological, and Historical Analysis. Papers of a Symposium Held in Cetona (Siena) June 26-28, 1980*, Orientis Antiqvi Collectio 17, Rome: Centro per le Antichità e la Storia Dell' Arte del Vicino Oriente, 117-142 and Charts I-IV.

Parpola, S. 1987: *The Correspondence of Sargon II, Part I. Letters from Assyria and the West*, SAA 1, Helsinki: Helsinki University Press.

Parpola, S. 1993: *Letters from Assyrian and Babylonian Scholars*, SAA 10, Helsinki: Helsinki University Press.

Parpola, S. 1997: "The Man without a Scribe and the Question of Literacy in the Assyrian Empire," in Pongratz-Leisten, H., Kühne, H. and Xella, P. (eds.) *Ana šadî Labnāni lū allik: Beiträge zu altorientalischen und mittelmeerischen Kulturen Festschrift für Wolfgang Röllig*, AOAT 247, Kevelaer and Neukirchen-Vluyn: Butzon & Bercker and Neukirchener Verlag, 315-324.

Parpola, S. 2004: "Desperately Trying to Talk Sense: A Letter of Assurbanipal Concerning his Brother Šamaš-šumu-ukīn," in Frame, G. (ed.) *From the Upper Sea to the Lower Sea. Studies on the History of Assyria and Babylonia in Honour of A. K. Grayson*, Publications de l'Institut historique et archéologique néerlandais de Stamboul 101, Leiden: Nederlands Instituut voor het Nabije Oosten, 227-234.

Parpola, S. (ed.) 2007: *Assyrian-English-Assyrian Dictionary*, Helsinki and Winona Lake: Eisenbrauns.

Pedersén, O. 1986: *Archives and Libraries in the City of Assur: A Survey of the Material from the German Excavations Part II*, Acta Universitatis Upsaliensis. Studia Semitica Upsaliensia 8, Uppsala: Almqvist and Wilksell.

Radner, K. 2014: "An Imperial Communication Network: The State Correspondence of the Neo-Assyrian Empire," in Radner, K. (ed.) *State Correspondence in the Ancient World: From New Kingdom Egypt to the Roman Empire*, Oxford and New York: Oxford University Press, 64-93.

Reynolds, F. 2003: *The Babylonian Correspondence of Esarhaddon and Letters to Assurbanipal and Sin-šarru-iškun from Northern and Central Babylonia*, SAA 18, Helsinki: Helsinki University Press.

Saggs, H. W. F. 2001: *The Nimrud Letters, 1952*, Cuneiform Texts from Nimrud 5, Trowbridge: The Cromwell Press.

von Soden, W. 1958-1981: *Akkadisches Handwörterbuch*, Wiesbaden: Otto Harras-sowitz.

Villard, P. 1997: "L'éducation d'Assurbanipal: Enfance et éducation dans le Proche-Orient ancien," *Ktema* 22, 135-149.

Villard, P. 2006: "Acheminement et réception de la correspondance royale dans l'empire néo-assyrien," in Capdetrey, L. and Nelis-Clément, J. (eds.) *La circulation de l'information dans les états antiques : Actes de la table ronde, La circulation de l'information dans les structures de pouvoir antiques. Institut Ausonius, Pessac, 19-20 janvier 2002*, Bordeaux: Ausonius, 17-33.

Worthington, M. 2006: "Dialect Admixture of Babylonian and Assyrian in *SAA* VIII, X, XII, XVII and XVIII," *Iraq* 68, 59-84.

Zamazalová, S. (2011) "The Education of Neo-Assyrian Princes," in Radner, K. and Robsson, E. (eds.) *The Oxford Handbook of Cuneiform Culture*, Oxford Handbooks in Classics and Ancient History 67, Oxford and New York: Oxford University Press, 313-330.

エジプト語における文連鎖
──エジプト語を支える「らしさ」の継承──

永 井 正 勝

I.　はじめに

　本稿の筆者は、小川英雄先生のゼミに参加していた頃より、コプト・エジプト語で書かれた「トマスによる福音書」語録7の文法解釈について疑問を抱いていた。本稿執筆時においても、その疑問を解決するだけの明確な論拠を持ち得ているとは言い難いのであるが、テキスト解釈の議論が進むことを願って、本小稿で疑問となる箇所を指摘し、私見を提示しようと思う。

II.　「コプト語」という言語が存在していないということ
──エジプト語としてのコプト・エジプト語──

　しばしば、エジプト語（Egyptian）とコプト語（Coptic）という用語を見聞きするし、言語学辞典などでもエジプト語とコプト語が別項で解説されることがある。たとえば、亀井ほか（1984）では「古代エジプト語」（1701–1705）と「コプト語」（1738–1741）が別項になっている[1]。我が国でこのような扱いがなされている背景には、欧米の研究者の多くがEgyptian（エジプト語）という用語の中にCoptic（コプト語）を含めていないことが要因となっているものと推察される[2]。しかしながら、「コ

プト語」がエジプト語の一段階であることはすでに認められているのであるから、これを独立した言語のように扱うのは言語史を考えると正しい態度だとは言い難い。このような反省から、最近ではコプト・エジプト語（Coptic Egyptian）と呼称する研究者もいる（Reintges 2004; 永井 2008）。この立場の場合、エジプト語という用語にコプト・エジプト語が含まれることとなる。本稿でも、エジプト語の一段階としてコプト・エジプト語を捉えている（表1）。

表1：エジプト語の発展段階（Kammerzell 2000: 97）

段階			時代
前古エジプト語			前32–27世紀
前期エジプト語	古エジプト語	古拙	前27–22世紀
		標準	前25–21世紀
		新	前7世紀
	中エジプト語	初期	前23–20世紀
		古典	前21–14世紀
		後期	前20–13世紀
		移行期	前15–12世紀
		新	前11–後4世紀
後期エジプト語	新エジプト語	I	前14–12世紀
		II	前13–7世紀
	民衆エジプト語	初期	前8–4世紀
		中期	前4–1世紀
		後期	前1–後5世紀
	コプト・エジプト語	標準	後3–12世紀
		後期	後11–16世紀
		新	後19–20世紀

　エジプト語史を理解するうえで重要となる点を2つ指摘しておきたい。1つは、エジプト語史が前古エジプト語、前期エジプト語、後期エジプト語に大きく区分される点である。もう1つは、前期エジプト語と後期エジプト語のそれぞれの内部において、互いに文法が類似しているという点である。前期エジプト語に属する古エジプト語と中エジプト語は共に聖刻文字と神官文字で書かれており、両者の文法は類似している。同様に、後

期エジプト語では新エジプト語、民衆エジプト語、コプト・エジプト語の文法が互いに類似している。

ここで留意すべきは文字の種類と文法の違いを混同してはならないという点である。後期エジプト語では、新エジプト語が神官文字で、民衆エジプト語が民衆文字で、コプト・エジプト語がコプト文字（主にギリシャ文字）で、それぞれ書かれている。それゆえ、文字種の違いに着目すると、新エジプト語、民衆エジプト語、コプト・エジプト語には類似性が感じられないこととなる。だが、文字の背後に隠れている言語の共通性は文字に影響されるものではなく、後期エジプト語の各段階の文法は歴史的な連続性を持っている。

本稿の筆者が感じている「トマスによる福音書」語録7への疑問点とは、エジプト語史を一貫する伝統的な特徴に関するものであり、それを考察するためには文字種を超えてエジプト語史を遡航する必要がある。

III. 文連鎖の事例

III.1 文連鎖とは

本稿の筆者が感じている「トマスによる福音書」語録7への疑問点とは、エジプト語に連綿と存在する文連鎖のタクティクス（tactics）である。文連鎖とは2つ以上の文が連続してユニットを形成しているものを言う。たとえば、日本語において（1a）を1つのユニットとして捉えると、このユニットには終止形「た」で終わる文が3つ連続していることとなる。

(1) a 買った。食べた。楽しんだ。

b 買い、食べ、楽しんだ。

それに対して、(1b) を 1 つのユニットと見なすと、このユニットを構成する形式には 2 種類のものが観察される。つまり、(1b) では最後の述語部分のみを終止形にして、最初の 2 つは連用形となっている。(1b) のように、日本語の文連鎖では、異なる形式が 1 つのユニットを形成することがある。

エジプト語の文連鎖にも (1a) のようなものがあるが、(1b) のように文連鎖の内部で形式（構文）を変えることの方が多く、筆者が感じているエジプト語らしい文連鎖は (1b) のような形式である。以下、エジプト語に見られる文連鎖のタクティクスを具体的に確認する。

III.2　前期エジプト語における文連鎖

前期エジプト語における文連鎖の特徴は文頭小辞 *iw* の使い方に見て取ることができる。

(2)　MMA 12.184, 6-7

iw	*ir.n*	=*i*	*m*	*imy-r*	*k3.w*	［省略］
文頭小辞	行動する.過去	私	として	長官	雄牛	

ḫrp.n	=*i*	*ḥbs.w*	*r*	*pr-ḥḏ*
供給する.過去	私	衣類	に	宝物庫

「私は雄牛の長官として行動して、宝物庫に衣類を供給した。」

(2)では、動詞の過去時制を示す文が 2 つ続いている。最初の文は「文頭小辞 *iw*－動詞－過去時制形態素 *.n*－主語」の語順となっているのに対して、2 番目の文には文頭小辞 *iw* が付加されていない。エジプト語研究では、文連鎖の冒頭に現れる文を始動文（initial sentence）、2 番目以降に現

れる文を非始動文（non-initial sentence）と呼ぶが、初期エジプト語の文連鎖の特徴の1つは、始動文のみに文頭小辞を置くというタクティクスにある。この点を踏まえると、文頭小辞は始動文を形成する形態素、つまり始動性（initiality）を持つ形態素だと言える[3]。

III.3　後期エジプト語における文連鎖：
新エジプト語と民衆エジプト語

　後期エジプト語になると新たな構文を利用した文連鎖が見られるようになる。

　(3)は新エジプト語の文学語の例である。

(3)　BM EA10183, 3, 2-3

wn.in	*p3*	*ˤdd*	*ḥr-ˤḳ*	*r*	*p3y=f*	*ih3y{t}*
文頭小辞.過去	定冠詞	少年	前置詞 – 入る	へ	彼の	小屋

iw	*=f*	*(ḥr)-in*	*wˤ*	*n*	*ḥnw*	*ˤ3*
文頭小辞	彼	（前置詞）– 取る	1つ	の	壺	大きい

　　「少年は彼の小屋に入りました。彼は大きい壺を1つ取りました。」

　(3)は会話文の直後に書かれた地の文であるので、これを文連鎖の冒頭部分と見なすことができる。この文連鎖の始動文には中エジプト語から続く過去時制構文の一種である *wn.in=f ḥr sḏm* 形が使用されている。これに対して、非始動文には非始動主文（Non-Initial Main Sentence: NIMS）[4]に属する継続の過去形の *iw=f ḥr sḏm* 形が用いられている（Loprieno 1980; Černý & Groll 1993: §§38-39; Junge 1999: §5.2; Neveu 2010: §25.3）。過去形構文の *wn.in=f ḥr sḏm* 形は始動性を持つ構文であるため

に始動文で使用されているが、継続の過去形の *iw=f ḥr sḏm* 形は始動性を持たないため、非始動文の位置でのみ使用される。前期エジプト語で見られるような文頭小辞 *iw* の利用とは異なるものの、始動文と非始動文とで構文を使い分けるタクティクスが新エジプト語でも用いられている。

新エジプト語では継続の過去形以外にも非始動文として使用される構文が存在する。それが接続法（Conjunctive）の *mtw=f sḏm* 形である（Černý & Groll 1993: §§42-43; Junge 1999: §5.4.3; Neveu 2010: §25.2）。継続の過去形が文字通り過去の継続に使用されるのに対して、接続法は非過去の出来事を継続する際に使用され、直前の文の文法範疇を継承する[5]。

(4)は新エジプト語の文学語の接続法の例である。

(4)　BM EA10183, 3, 2

i.wn	*p3*	*mḫr{t}*		
命令法.開ける	定冠詞	倉庫		

mtw	*=k*	*in*	*n*	*=k*
接続法	あなた	取る	に	あなた

p3	*nty*	*m*	*ib*	*=k*
定冠詞	関係節転換詞	に	心	あなた

　「倉庫をお開けなさい。あなたの心にかなうものを、あなたのためにお取りなさい。」

(4)の始動文は命令法の *i.wn*「開けろ」、非始動文は接続法の *mtw=k in*「あなたが取る」である。接続法は直前の文の文法範疇を継承する構文で

あるため、この例の場合は命令法の意味を帯びることとなる。命令法を 2
つ並べることもできるが、非始動文を接続法にすることにより、文連鎖が
明確になっている。

⑸は民衆エジプト語の接続法の例である[6]。

⑸　BM EA10508, 7, 8

m.ir	ḫpe
禁止法	隠す

mtw	=k	di	gm	=w	ṯ=k
接続法	あなた	させる	見つける	彼ら	あなたを

　「隠すな、彼らがお前を発見するようにさせるな」

⑸の例で、始動文は禁止法の *m.ir ḫpe*「隠すな」である。非始動文には
接続法が用いられており、この接続法は禁止法と同様な力を持つ。接続
法の文には否定辞が含まれていないが、これを禁止法と同様な働きを持
つ構文として理解しなければならない（Jonson 1976: 286; Depuydt 1993:
10）。

III.4　コプト・エジプト語における文連鎖

　エジプト語の最終段階に位置づけられるコプト・エジプト語にも当然の
こととして文連鎖が存在する。ここでは、関係節の文連鎖と接続法につい
て確認する。

　⑹は完了相の関係節である。

(6) 「ルカによる福音書」2:15

ΠΕΙ	ϢⲀϪⲈ	ⲈⲚⲦ	Ⲁ	ϥ	ϢⲰΠⲈ
この	言葉	関係節転換詞	完了	それ	生じる

ⲀⲨⲰ	ⲈⲚⲦ	Ⲁ	Π	ⲬⲞⲈⲒⲤ	ⲞⲨⲞⲚⳓ
そして	関係節転換詞	完了	定冠詞	主	明らかにする

ϥ	ⲈⲢⲞ	Ⲛ
それを	に	我々

　　　「主が我々に明らかにしたこの生じた言葉」

　(6)では、先行詞ϢⲀϪⲈ「言葉」を2つの関係節が修飾している。1つ目の関係節はⲈⲚⲦ Ⲁ ϥ ϢⲰΠⲈ「それが生じた（ところの）」で、2つ目の関係節はⲈⲚⲦ Ⲁ Π ⲬⲞⲈⲒⲤ ⲞⲨⲞⲚⳓ ϥ ⲈⲢⲞ Ⲛ「主が我々に明らかにした（ところの）」である。関係節の節頭には関係節転換詞ⲈⲚⲦが置かれており、しかも両者の間に接続詞ⲀⲨⲰ「そして」が表記されているので、関係節の連鎖を容易に理解することができる。(6)のように、コプト・エジプト語の関係節では、節の冒頭に関係節転換詞が置かれるのが基本である（Shisha-Halevy 1988: §31; Layton 2004: §399）。

　ところが、コプト・エジプト語における関係節の文連鎖は(6)のような明示的なものばかりではなく、(7)のようなものもある。

(7) 「マルコによる福音書」9:48

Π	ⲘⲀ	ⲈⲦⲈ	Ⲙ̄	ΠⲈⲨ	ϥ̄ⲚⲦ
定冠詞	場所	関係節転換詞	否定辞	彼らの	虫

エジプト語における文連鎖 | 135

ⲚⲀ	ⲘⲞⲨ	ⲀⲚ	ⲀⲨⲱ
未来	死ぬ	否定辞	そして

ⲦⲈⲨ	ⲤⲀⲦⲈ	Ⲛ	Ⲥ̄	ⲚⲀ	ⳋⲈⲚⲀ	ⲀⲚ
彼らの	火	否定辞	それ	未来	消える	否定辞

「彼らの虫が死ぬことも無く、彼らの火が消えることもない場所」

(7)の ⲈⲦⲈ Ⲙ̄ ⲠⲈⲨ ⳋⲚ̄Ⲧ ⲚⲀ ⲘⲞⲨ ⲀⲚ「彼らの虫が死ぬことはないであろう（ところの）」は、未来時制の否定文の前に関係節転換詞 ⲈⲦⲈ が付加されたものであるため、これが関係節として ⲘⲀ「場所」に係ることがわかる。ところが、2つ目の文は ⲦⲈⲨ ⲤⲀⲦⲈ Ⲛ Ⲥ̄ ⲚⲀ ⳋⲈⲚⲀ ⲀⲚ「彼らの火、それが消えることはない」という未来時制の主文の形式になっており、関係節転換詞が付加されていない。それゆえ、これを主文として扱うことも形式上は可能である。しかしながら、コプト・エジプト語の関係節の文連鎖では、2つ目以降の関係節で転換詞が省略されることもある。Layton (2004: §412.(a)-(c)) の見解を踏まえると、関係節の文連鎖のタクティクスは(8)のようにまとめられる[7]。

(8) 関係節の文連鎖のタクティクス（Layton 2004: §412(a)–(c)）
    パターン1：先行詞＋関係節転換＋（ⲀⲨⲱ）＋関係節転換
    パターン2：先行詞＋関係節転換＋（ⲀⲨⲱ）＋状況節転換
    パターン3：先行詞＋関係節転換＋（ⲀⲨⲱ）＋非転換節
    パターン4：先行詞＋関係節転換＋（ⲀⲨⲱ）＋接続法

つまり、関係節が文連鎖を形成する際に、最初の関係節には関係節転換詞が用いられるが、後半の節は、関係節転換詞が用いられるもの（パ

136

ターン 1）、状況節転換詞が用いられるもの（パターン 2）、転換詞が用い
られずに主文と同形となるもの（パターン 3）、接続法が用いられるもの
（パターン 4）のいずれかとなる。本稿で扱った(6)はパターン 1、(7)はパ
ターン 3 の事例である。関係節の文連鎖を始動文・非始動文という用語
で述べるのは適切ではないが、最初の文／節と 2 番目以降の文／節で構
文（形式）を変えるというタクティクスは、前期エジプト語より見られる
文連鎖の特徴である。

　次に、パターン 4 で見られる接続法について確認する。新エジプト語
で出現する接続法は、民衆エジプト語を経て、コプト・エジプト語でも使
用された。コプト・エジプト語の接続法の形式は N̄ Ч CⲱTM̄（名詞主語
の場合には N̄ が N̄TЄ となる）となる。

　新エジプト語や民衆エジプト語の場合も同様であるが、接続法の用
法の基本は、時制・相・態などの文法範疇が中立であるという点にある
（Layton 2004: §351）。それゆえ、接続法は時制・相・態などの文法範疇
を決定する別の構文に寄りかかって使用される。

　(9)はコプト・エジプト語の接続法の例である。

(9)　Oeuvres de Schenoudi, I, 8, 5-6

N	ЄT	COOYN̄	Є	NЄY	2BHYЄ
定冠詞	関係節転換詞	知る	を	彼らの	業

N	CЄ	2ⲱⲦ	ЄXⲱ	OY
接続法	彼ら	隠す	を	それら

　「自らの業を心得ていて、それらを隠している者達」

　(9)では、先頭の文である N ЄT COOYN̄ Є NЄY 2BHYЄ「彼らの業を知っ

ている者達」が未完了の関係節の名詞化であるため、接続法を用いた N
CE 2ωπ EXω OY「それらを隠している者達」も未完了の関係節の名詞
化として了解される。先行する文も接続法も共に名詞化されているが、こ
れをパターン4の継続構文として捉えておきたい[8]。

　以上、本節ではエジプト語における文連鎖の特徴について確認した。重
要な点は、「始動文ないしは最初の文／節」と「非始動文ないしは2番目
以降の文／節」とで構文（形式）を変えるというタクティクスが見られる
ことである。これを踏まえ、次節では「トマスによる福音書」における文
連鎖の事例を検討する。

IV. 「トマスによる福音書」における関係節の文連鎖

　筆者が以前より疑問を持っている箇所は、「トマスによる福音書」語録
7に見られる関係節の文連鎖である。その箇所を検討する前に、まずは序
ならびに語録8に見られる文連鎖の事例を確認しておきたい。

IV.1　序の検討

⑽「トマスによる福音書」序

NAEI	NE	N̄	ШAXE
これらは	繋辞	定冠詞	言葉.複数形

EΘHπ
関係節転換詞（ET）- 隠された（2HTπ）

ENT	A	IC	ET	ON2
関係節転換詞	完了	イエス	関係節転換詞	生きる

ⲭⲟⲟ　　ⲩ

語る　　それら

ⲁⲩⲱ　　ⲁ　　 ϥ　　 ⲥ2ⲁ ï̈　ⲥⲟⲩ

そして　完了　彼　　書く　それらを

ⲛ̄ⲟ̄ⲓ　　　ⲇⲓⲇⲩⲙⲟⲥ　　ïⲟ̈ⲩⲇⲁⲥ　ⲑⲱⲙⲁⲥ

による　ディディモ　　ユダ　　トマス

　⑽は ⲛⲁⲉⲓ ⲛⲉ ⲛ̄ ⲱⲁⲭⲉ「これらは言葉である」で始まる「トマスによる福音書」の冒頭部分である。この後に、ⲛ̄ ⲱⲁⲭⲉ「言葉（複数形）」を修飾する関係節が付加されている。1つ目の関係節は ⲉⲑⲏⲡ ＜ ⲉⲧ-2ⲏⲡ「隠された」である。2つ目は完了相の関係節の ⲉⲛⲧ ⲁ ⲓ̄ⲥ̄ ⲉⲧ ⲟⲛ2 ⲭⲟⲟ ⲩ「生きるイエスが語った」であり、目的語の接尾代名詞 ⲩ「それら（3人称複数形）」は先行詞の ⲛ̄ ⲱⲁⲭⲉ「言葉（複数形）」に対応している。

　ここまでは異論がないところであるが、続く ⲁ ϥ ⲥ2ⲁ ï̈ ⲥⲟⲩ ⲛ̄ⲟ̄ⲓ ⲇⲓⲇⲩⲙⲟⲥ ïⲟ̈ⲩⲇⲁⲥ ⲑⲱⲙⲁⲥ「彼、すなわちディディモ・ユダ・トマスが、それらを書いた」の扱いが検討課題となる。主語の ϥ は後置された「ディディモ・ユダ・トマス」を指す。そして目的語の ⲥⲟⲩ「それら（3人称複数形）」は第二接尾代名詞（Layton 2004: §88）あるいは目的語代名詞（Shisha-Halevy 1988: 170）であり、先行詞の ⲛ̄ ⲱⲁⲭⲉ「言葉（複数形）」を指す。それでは、この文をどのように理解したらよいであろうか。関係節転換詞 ⲉⲛⲧ が付加されていないため、この文を完了相の主文と理解して、前の文から独立させることができるかもしれない。しかしながら、目的語の ⲥⲟⲩ「それら」が書かれていること、かつ直前の関係節と構文が並行していることとを考慮すると、ⲁ ϥ ⲥ2ⲁ ï̈ ⲥⲟⲩ 以下を⑻で示

したパターン3の継続構文として理解するのが妥当だと判断される。したがって、⑽の訳は次のようになろう。

「これらは、生きるイエスが語り、ディディモ・ユダ・トマスが書き記した隠された言葉である。」

IV.2　語録8の検討

⑾　「トマスによる福音書」語録8

Є	π	PⲰMЄ	TⲚTⲰN	ⲗ
焦点化転換詞	定冠詞	人間	似ている	に

Y	OYⲰ2Є	P̄	PMⲚ2HT	πⲗЄⲓ
不定冠詞	漁師	の	賢い	それ

ⲚTⲗ2	NOYⲬЄ	Ⲛ	TЄЧ	ⲗBⲰ
関係節転換詞.完了	投げる	を	彼の	綱

Є	ⲐⲗⲗⲗCCⲗ
へ	定冠詞（T）－海（2ⲗⲗⲗCCⲗ）

ⲗ	Ч	CⲰK	M̄MⲞ	C	ЄP2ⲀⳒ	2Ⲛ	ⲐⲗⲗⲗCCⲗ
完了	彼	引く	を	それ	上に	から	定冠詞（T）－海（2ⲗⲗⲗCCⲗ）

Є	C	MЄ2	Ⲛ	TBT	Ⲛ	KOYЄⲓ
従属節	それ	一杯だ	で	魚	の	小さい

140

N̄ZAï N̄ZHT OY　　A　Ч　ZЄ　A　Y
中から　　それら　完了　彼　取る　を　不定冠詞

　　　　NOσ　N̄　TBT̄　N̄σI　Є　　　　　　NANOY　Ч
　　　　大きい　の　魚　による　状況節転換詞　立派な　それ

　　　　N̄σI　　π　　　OYⲰZЄ　P̄　PMN̄ZHT
　　　　による　定冠詞　漁師　　の　賢い

　この部分はY OYⲰZЄ P̄ PMN̄ZHT「ある賢い漁師」に関する喩え話である。「ある賢い漁師」の同格として指示詞πAЄI「それ」が置かれ、これを形式上の先行詞とする関係節としてN̄TAZ NOYⲬЄ N̄ TЄЧ ABⲰ Є ӨAⲗⲗACCA「彼の網を海に投げた」が続いている[9]。完了の関係節転換詞N̄TAZ（Till 1961: §351）が用いられているので、これが関係節であることは明確である。

　議論すべき箇所は次のA Ч CⲰK M̄MO C ЄPZAï ZN̄ ӨAⲗⲗACCA Є C MЄZ N̄ TBT N̄ KOYЄI「小さい魚で一杯になったそれ（＝網）を海から引き上げた」である。この部分は形式上、完了相の主文と同形である。しかし、直前の関係節と並行した内容であることを考慮して、これをパターン3の継続構文と理解するのが妥当であろう。

　一方、N̄ZAï N̄ZHT OY A Ч ZЄ A Y NOσ N̄ TBT Є NANOY Ч N̄σI π OYⲰZЄ P̄ PMN̄ZHT「それらの中から、賢い漁師は大きくて立派な魚を取り出した」も完了相であるが、ここは継続構文ではなく、完了相の主文として理解したい。その理由は、前置詞句N̄ZAï N̄ZHT OY「それらの中から」を文頭に倒置さることにより、関係節の文連鎖が断ち切られているという点と、名詞主語を後置させている点とにある。

　以上の見解を踏まえると、(11)を次のように訳出することができる[10]。

エジプト語における文連鎖 | 141

「人間は、自らの網を海に放ち、小さい魚で一杯になったその網を海から引き上げた賢い漁師に似ている。その賢い漁師は、それらの中から1匹の大きい魚を取り出した。」

IV.3 語録7の検討

⒓ 「トマスによる福音書」語録7

OY	MAKAPIOC	ΠЄ	Π	MOYEI	ΠAЄI
不定冠	幸いである	それ	定冠詞	ライオン	それ

ЄTЄ	Π	PШMЄ	NA	OYOM	Ч
関係節転換詞	定冠詞	人間	未来	食べる	それを

AYШ	N̄TЄ	Π	MOYEI	ШШΠЄ	P̄	PШMЄ
そして	接続法	定冠詞	ライオン	なる	に	人間

AYШ	Ч	BHT	N̄Ó́I	Π	PШMЄ	ΠAЄI
そして	彼	忌々しい	による	定冠詞	人間	それ

ЄTЄ	Π	MOYEI	NA	OYOM	Ч
関係節転換詞	定冠詞	ライオン	未来	食べる	彼を

AYШ	Π	MOYEI	NA	ШШΠЄ	P̄	PШMЄ
そして	定冠詞	ライオン	未来	なる	に	人間

本語録は OY MAKAPIOC ΠЄ Π MOYEI「ライオンは幸いである」で始

まり、その後に指示詞 ΠⲀⲈⲒ「それ」を形式上の先行詞とする関係節とし
て ⲈⲦⲈ Π ⲢⲰⲘⲈ ⲚⲀ ⲞⲨⲞⳘ Ϥ「人間がそれを食べるであろう（ところの）」
が続く。関係節転換詞 ⲈⲦⲈ があることに加え、代名詞 Ϥ「それ（3 人称
男性単数形）」が先行詞を指していることもあり、この部分が未来時制の
関係節であることは疑いない。関係節に続くのは接続法の ⲚⲦⲈ Π ⲘⲞⲨⲈⲒ
ⲱⲰⲡⲈ Ⲣ̄ ⲢⲰⲘⲈ「ライオンが人間になる」である。接続法の用法の基本
は、時制・相・態などの文法範疇が中立であるという点にあり（Layton
2004: §351）、それゆえ接続法は時制・相・態などの文法範疇を決定する
別の構文に寄りかかって使用される。この接続法が寄りかかる先は未来時
制の関係節となるので、接続法も未来時制の関係節として理解されなけれ
ばならない。ここまでが本語録の前半部分である。

　語録の後半部分は、前半部分で書かれていた幸いなライオンに対比され
る例として、忌々しい人間の例が挙げられている。最初に Ϥ ⲂⲎⲦ Ⲛ̄ⳘⲒ Π
ⲢⲰⲘⲈ「人間は忌々しい」とあり、次に指示詞 ΠⲀⲈⲒ「それ」を形式上の
先行詞とする関係節として ⲈⲦⲈ Π ⲘⲞⲨⲈⲒ ⲚⲀ ⲞⲨⲞⳘ Ϥ「ライオンが彼を
食べるであろう（ところの）」が続いている。

　そして最後の一文、つまり Π ⲘⲞⲨⲈⲒ ⲚⲀ ⲱⲰⲡⲈ Ⲣ̄ ⲢⲰⲘⲈ「ライオンが
人間になる」の解釈が、本小稿で指摘したい最も重要な検討事項である。
これ自体は「主語 – 未来時制形態素 ⲚⲀ – 不定詞」という構造を持つ未来
時制の主文の形式である。それゆえ、この部分のみを独立させて、たと
えば Layton（1989: 57）にあるように「ライオンが人間になるであろう」
と訳出することは十分に可能である。しかしながら、この解釈では語録の
前半との並行性が失われることになる。このことから、本稿の筆者は次の
ように考えたい。

　問題の箇所の Π ⲘⲞⲨⲈⲒ ⲚⲀ ⲱⲰⲡⲈ Ⲣ̄ ⲢⲰⲘⲈ は未来時制の形式であるが、
未来時制の関係節に後続している。そうであれば、(8)の例にあるように、
この箇所は未来時制の文連鎖つまりパターン 3 の文連鎖として理解する

ことが可能であろう。つまりこの箇所は、最初の文／節とその後の文／節とを区別するタイプの文連鎖の一例だと言える。この見解が正しいとすると、⑿の訳は次のようになる。

　「人間がライオンを食べることより、ライオンが人間になる場合には、そのライオンは幸せである。そして、ライオンが人間を食べることにより、ライオンが人間になる場合には、その人間は忌々しい。」

　語録 7 の ⲡ ⲙⲟⲩⲉⲓ ⲛⲁ ϣⲱⲡⲉ ⲣ̄ ⲣⲱⲙⲉ は、これを 1 つの独立したユニットと見なせば、未来時制の主文の形式として了解されるが、文連鎖という大きなユニットを想定すると、関係節の連文節を構成する形式の一種として了解されうる。本稿の筆者は、この箇所を関係節の連文節として理解したいと思う[11]。

V.　おわりに

　エジプト語史を貫くエジプト語らしさの 1 つが文連鎖の存在である。文連鎖を明示する形態素や構文は発展段階に応じて異なるものの、最初の文／節（始動文）とそれ以降の文／節（非始動文）とを形式の上で区別するタクティクスは、前期エジプト語から始まりコプト・エジプト語まで一貫して確認される。ならば、コプト・エジプト語の文法は、エジプト語の通時的発展を視野に入れた上で、エジプト語文法の枠組みの中で理解されなければならない。

〈謝辞〉
　土曜日の午後に三田で行われていた小川ゼミでは、様々な洋書を先生と共に講読しました。講読の背景にあったのは個別の史実の把握ではなく、史実の背後に隠れて

いる「古代オリエントの歴史記述の枠組み」（小川 2011: 187）の理解にあったように思います。本小稿はエジプト語史の枠組みを示したものではありませんが、エジプト語史の枠組みを意識して執筆したものです。本小稿を持って、小川英雄先生から賜った学恩に感謝申し上げるとともに、先生の傘寿をお祝いする次第です。

注

1) Daniels & Bright (1996) でも "Egyptian Writing"(73-87) と "The Coptic Alphabet" (287-290) が別立てになっているが、こちらは文字事典であるため、このような措置が取られているのであろう。

2) たとえば、Allen (2004) や Grossman, Haspelmath & Richter (2015) のタイトルにそれが現れている。

3) 中エジプト語の構文を始動性・始動文に着目して分析した論考に、たとえば小山 (1977: §76.2-3, §§139-140), Johnson (1980), Callender (1983), Silverman (1986) がある。*iw* の始動性について欧米で議論が本格化するのが 1980 年代以降のことであることを考えると、*iw* の機能にいち早く着目した小山 (1977) の考察は学史の上で高く評価されるべきであろう。

4) Charles F. Nims 博士への献呈論文で、Jonson (1980) は中エジプト語の NIMS (Non-Initial Main Sentence) を取り上げた。これ以降、NIMS という略称がエジプト語文法でしばしば使用される。

5) 接続法が接続する文の種類については、Černý & Groll (1993: §42.3) に詳細に述べられている。

6) 民衆エジプト語の接続法については、Jonson (1976:181-192), Simpson (1996: §7.5.5) を参照。

7) Layton (2004: §234) は文連続を「拡張 (extension)」と呼び、関係節ばかりでなく、種々の拡張形を扱っているが (Layton 2004: 481, extension)、(8)に示したパターンは、Layton の挙げる関係節の拡張形をもとに筆者が整理したものである。また、Shisha-Halevy (1988: §32,(a)-(d)) にも関係節の拡張形のパターンが示されており、それを(8)に掲載したパターンと対比させると、パターン 1 = (b)、パターン 2 = (c)、パターン 3 = (d) となる。ただし、Shisha-Halevy (1988: §32) はパターン 3 = (d) について、完了形のみを認めている。

8) Layton (2004: §412(c)) に引用されているパターン 4 の事例においても先行する関係節が名詞化されたもののみとなっている。

9) 意味上の先行詞は同格の ⲡ ⲣⲱⲙⲉ「人間」であるため、訳出では意味上の先行詞を修飾させることにした。形式上の先行詞と意味上の先行詞については、Layton (2004: §408) を参照。

10) 序ならびに語録 8 の関係節の解釈は図らずしも戸田 (2012) と同じであった。本稿の意義の 1 つは、戸田が既に見抜いていた関係節連鎖をエジプト語史を踏まえて指摘した点にある。

11) 荒井ほか（1998:20）では語録7が「人間に喰われる獅子は幸いである。そうすれ
ば、獅子が人間になる。そして、獅子に喰われる人間は忌々しい。そうすれば、人
間が獅子になるであろう」と訳出されている。この訳の最後に「そうすれば、人間
が獅子になるであろう」とあるが、本稿で示したように、原文においては文の主語
が「ライオン（獅子）」で、前置詞の目的語が「人間」となっている。この点につ
いて荒井訳では注が付されていないが、原文の要素を入れ替えて訳出するのであれ
ば、その旨を明記する必要があったのではなかろうか。

資料出典

⑵ MMA 12.184, 6-7 = The Metropolitan Museum of Art, MMA 12.184, Image No.
DP 322064.
(http://www.metmuseum.org/art/collection/search/544320)

⑶ BM EA10183, 2 3, 2-3 = The British Museum, EA10183, 2, Image No. AN4384
00001.
(http://www.britishmuseum.org/research/collection_online/collection_object_
details/collection_image_gallery.aspx?partid=1&assetid=438400001&object
id=113977)

⑷ BM EA10183, 2 3, 2 = The British Museum, EA10183,2, Image No. AN4384
00001.
(http://www.britishmuseum.org/research/collection_online/collection_object_
details/collection_image_gallery.aspx?partid=1&assetid=438400001&object
id=113977)

⑸ BM EA10508, 7, 8 = Glanville, S.R.K. 1955：*Catalogue of demotic Papyri in
the British Museum: Vol. 2, The Instructions of Onchsheshonqy,* London: British
Museum.

⑹ 「ルカによる福音書」2:15 = DVCTVS, P.PalauRib. inv. 181, Luke 14-15.
(http://dvctvs.upf.edu/catalogo/ductus.php?operacion=introduce&ver=1&nu
me=365)

⑺ 「マルコによる福音書」9:48 = Quecke, H. 1972：*Das Markusevangelium saïdisch.
Text der Handschrift PPalau Rib. Inv.-Nr. 182 mit den Varianten der Handschrift M
569,* Barcelona: Papyrologica Castroctaviana.

(9) Oeuvres de Schenoudi, I, 8, 5-6 ＝ Amélineau, E. 1907：*Œuvres de Schenoudi: Texte Copte et Traduction Francaise*, Tome Premier, Fascicule 1, Paris: Leroux; 宮川創氏提供の原資料ファクシミリ.

(10) 「トマスによる福音書」序＝ The Gnostic Society Library, Facsimile Images of the original Coptic manuscript of the Gospel of Thomas.
(http://www.gnosis.org/naghamm/GTh-pages/th_scan/01.jpg)

(11) 「トマスによる福音書」語録8 ＝ The Gnostic Society Library, Facsimile Images of the original Coptic manuscript of the Gospel of Thomas.
(http://www.gnosis.org/naghamm/GTh-pages/th_scan/02.jpg)

(12) 「トマスによる福音書」語録7 ＝ The Gnostic Society Library, Facsimile Images of the original Coptic manuscript of the Gospel of Thomas.
(http://www.gnosis.org/naghamm/GTh-pages/th_scan/02.jpg)

＊(6)、(9)の写真とファクシミリ、及び(7)の書誌情報については宮川創氏（ゲッティンゲン大学エジプト学・コプト学博士課程）より提供して頂きました。氏の献身的な協力に対して記して感謝申し上げます。

参照文献

Allen, J. 2004: "Ancient Egyptian and Coptic," in Woodard, R. D. (ed.) *The Cambridge Encyclopedia of the World's Ancient Languages*, Cambridge: Cambridge University Press: 160-217.

Callender, J. B. 1983: "Sentence Initial Position in Egyptian," *Chronique d'Egypte* 57: 83-96.

Černý, J & Groll, S. I. 1993: *A Late Egyptian Grammar*, 4th Edition, Rome: Editrice Pontifico Instituto Biblico.

Daniels, P & Bright, W. (eds.) 1996: *The World's Writing Systems*, New York-Oxford: Oxford University Press.

Depuydt, L. 1993: *Conjunction, Contiguity, Contingency: On Relationships between Events in the Egyptian Coptic Verbal System*, New York-Oxford: Oxford University Press.

Grossman, E., Haspelmath, M. & Richter, T. S. (eds.) 2015: *Egyptian-Coptic Linguistics in Typological Perspective*, Berlin/Munich/Boston: Walter de Gruyter GmbH.

Jonson, J. H. 1976: *The Demotic Verbal System*, Studies in Ancient Oriental Civilization

38, Chicago: The University of Chicago Press.

Jonson, J. H. 1980: "NIMS in Middle Egyptian," *Serapis: The American Journal of Egyptology* 60, 69–73.

Junge, F. 1999: *Neuägyptisch: Einführung in die Grammatik.* 2., Verbesserte Auflage, Wiesbaden: Harrasowitz Verlag.

Kammerzell, F. 2000: "Egyptian Possessive Constructions: A Diachronic typological Perspective," *STUF: Language Typology and Universals* 53-1: 97–108.

Layton, B. ed. 1989: *Nag Hammadi Codex II, 2–7: Together with XIII, 2*, Brit. Lib. Or.4926(1), and P.OXY.1, 654, 655*, Leiden/New York/København/Köln: Brill.

Layton, B. 2004: *A Coptic Grammar: With Chrestomathy and Glossary, Sahidic Dialect*, 2nd Editon, Wiesbaden: Harassowitz Verlage.

Loprieno, A. 1980: "The Sequential Forms in Late Egyptian Biblical Hebrew: A Parallel Development of Verbal Systems," *Afroasiatic Linguistics* 7-5, 143–162.

Neveu, F. 2010: *La langue des Ramsès: Grammaire du néo-égyptien*, Paris: khéops.

Reintges, C. H. 2004: *Coptic Egyptian (Sahidic Dialect): A Lerners's Grammar*, Köln: Rüdiger Köppe.

Shisha-Halevy, A. 1988: *Coptic Grammatical Chrestomathy: A Course for academic and private Study*, Leuven: Peeters.

Silvermann, D. P. 1986: "Determining Initiality of Clauses in Middle Egyptian," in Simpson W. K. (ed.) *Essays on Egyptian Grammar*, New Haven: Yale University.

Simpson, R. S. 1996: *Demotic Grammar in the Ptolemaic Sacerdotal Decrees*, Oxford: Griffith Institute/Ashmolean Museum.

Till, W. C. 1961: *Koptische Dialektgrammatik: Mit Lesestücken und Wörtrebuch*, München: Verlag C.H.Beck.

荒井献・大貫隆・小林稔・筒井賢治（訳）　1998：『ナグ・ハマディ文書 II　福音書』岩波書店。

小川英雄　2011：『発掘された古代オリエント』リトン。

亀井孝・河野六郎・千野栄一編著　1984：『言語学大辞典』第 1 巻、三省堂。

小山雅人　1977：『中古エジプト語文法』京都（私家版）。

戸田聡　2012：「翻訳　トマスによる福音書」『キリスト教学』54: 65-86。

永井正勝　2008：「エジプト語」樋口進・中野実監修『聖書学用語辞典』日本キリスト教団出版局、40。

古代パレスチナにおける魚醤の利用

牧 野 久 実

Ⅰ. 古代ギリシア・ローマ世界の水産資源発酵食品、魚醤

　魚醤などの水産資源発酵食品はヘレニズム～ローマ時代のユダヤ民族の食の変容を理解するうえで1つの切り口となり得る。そこで本稿では、古代パレスチナにおける水産資源発酵食品の利用について考古資料と文献史料から整理する。

　古代のギリシア・ローマ世界では世界最古の調味料として魚醤が用いられた。E. S. P. リコッティは様々な古典に基づいて古代ローマ時代の食文化を再現したが（リコッティ 1991）、その中にガルム、アレック、ムリア、アンチョビ、リクアメンといった水産資源発酵食品についても記している。ガルムは魚の身、また普段は捨ててしまう内臓や骨を時に香草も用いながら数か月塩漬けにし、液状にしたものである[1]。もともとは古代ギリシア語で魚を意味するガロン（garon）に由来する。特に脂身の多い魚のガルムが好まれたという。酢や葡萄酒と混ぜることにより、多様な味を楽しめる。アレックはガルムを濾して残った絞りかすで、いわばアンチョビのようなものである。ガルムは庶民には手の届きにくい高級品だが、ムリアは雑魚を利用した2級品で一般向けの魚醤だった。リクアメンは塩漬けに用いられる塩水のことだが、単に水と塩を混ぜただけのものではなく傷みやすく何らかの悪臭を放つガルムに近い液体、もしくはラードを用

いた塩気の多い調味料とされる[2]。

　こうした古代ローマ時代の魚醤の製造法を今に伝える町がある。それは
イタリア半島南部のアマルフィ海岸にある小さな漁村、チェターラである。この町では現在もコラトゥーラと呼ばれる伝統的なカタクチイワシの
魚醤を作っている。平成 27 年 8 月、筆者はチェターラの魚醤製造所を見
学する機会を得た。カンパニア州のサレルモから海岸に沿って細く曲がり
くねった道をしばらくバスで走る。町のバス停を降りたとたんに独特の
香りが鼻をついた。近くには魚醤製造所を兼ねた小さな店舗が立ち並ぶ。
その 1 軒に入ると、店主が快く奥の作業場へ案内してくれた。この店で
は自家製のアンチョビとコラトゥーラを伝統的な方法で作っている（写
真 1）。ちょうどイワシの骨と内臓を取り除いているところであった。何
よりも材料の新鮮さが大事で、頭と内臓をとったイワシをすぐに木製の樽
で塩漬けにする。気温によって異なるがおよそ 3 〜 4 か月放置すると発
酵が進み液状化するので、その滴り落ちる（コラトゥーラの意味）液体を
取り出して使う。古代ローマの魚醤のように内臓ごと塩漬けにしたもの
はもっと強い香りが漂っただろう。特に難しい技術を必要とせず、新鮮な
魚、塩、適当な温度さえ揃えば手軽に製造できる調味料といえる。

II．離散ユダヤ人のための魚醤？

　魚醤は魚を分解発酵させたものなので魚種を特定することは困難である。このことはユダヤ民族の食の規定を脅かす。聖書は海や川・湖に住む
生き物で、ヒレと鱗の無いもの（エビやカニなどの甲殻類・貝類・タコ・
イカ、鱗が目立たないウナギ）を食すことを禁じているからである。1 世
紀の古代ローマ帝国の総督、ガイウス・プリニウス・セクンドゥス、通称
大プリニウスは『博物誌』において「ユダヤ人の迷信事と宗教儀式に使わ
れる専用ガルムもある。それは鱗のある魚だけを使って製造される。」と、

古代パレスチナにおける魚醬の利用 | 151

① 材料となるカタクチイワシの下ごしらえ。

② 塩で漬け込む。

③ 滴る液体を集める。

写真1　チェターラの魚醬工房とコラトゥーラ（撮影：牧野久実）

ユダヤ人専用の魚醬が製造されたことを明記している（Pluniy the Elder, 31.44.95）。

このことと関連して、ヴェスピオス火山噴火によって紀元 79 年に埋もれたイタリア半島南部、ポンペイ遺跡[3]に残されたモザイク画が議論の対象となっている。このモザイク画には「純ガルム（もしくはムリア）」と記されており[4]、このうちの「純」がコーシェル、即ちユダヤの食の

規定に沿ったものという意味ではないかという見解である（Cotton et al. 1996: 223-238; Berdowski 2006: 248-249; Curtis 1991: 165）。このモザイク画はポンペイの港に通じるとされる城門近くに立地するアウルス・ウンブリキウス・スカウルスの邸宅から出土した（RegioVII-Insula 16-15, Room 2）。ガラム壺を描いたモザイク画は他にも出土しており、「ガルムの花、材料は鯖、スカウルスが製造、スカウルスの店」、「ガルムの花、スカウルスが製造」、「リクアメンの花」、「スカウルスが製造した最高のリクアメン」などと記されたものもあった（Curtis 1984: 557-566）。この邸宅とは別に町の中央部やや西側の商店や商人の邸宅が立ち並ぶ目抜き通りにはガルム工房とされる遺構も見つかっている（RegioI-Insula 12-8）（写真2）。ここからは4基のガルム甕やガルム用と思われるアンフォラ（写真3）が多数見つかっている。ガルム製造中の強烈な香りを想像すると醸造所ではなく交易用の一次保管場所ということも考えられる。通りの斜め向かいには船主で交易商の邸宅があり、恐らくはこうした商人を通じて各地に運

写真2　ポンペイ遺跡のガルム工房とガルム甕（撮影：牧野久実）

写真3　ガルム壺、後方の口縁部は欠損している。ボスコレアーレ博物館蔵（撮影：牧野久実）

ばれたのだろう。ポンペイで発見された一部の魚醤壺にはアレック、即ち魚醤の搾り滓が残されており、これらは夏に捕れるタイ科の魚であったという研究結果がある[5]。恐らく発酵しやすい時期に作られたものだろう。

　ポンペイ遺跡におけるユダヤ人の存在についてはそれほど知られていない。かつてジョルダーノらは（Giordano & Kahn 1966）、ポンペイ、エルコラーノ（Ercolano）、スタビア（Stabia）、やや離れたポッツオリ（Pozzuoli、使徒行伝ではポテオリ、後述ヨセフスの記述ではディカイアルケイア）やバコリ（Bacoli）といったイタリア半島南部、現在のカンパニア州周辺に残る人名とユダヤ教を示唆する聖書をモチーフとした壁画や墓石といった文字史料や考古資料からローマ時代前後のこの地域にユダヤ人が数多く存在したと主張した。ポンペイからはマリア（Maria）、ユダイコイ（Youdaikou）、イェス（Jesus）、リバン（Liban）、リバノス（Libanos）、アブネル（Abner）、ヨナ（Ionas）といった人名のほか、ソロモンの審判やヨナの物語を描いたとされる壁画が、スタビア遺跡からはマリア（Maria）、エルコラーノ遺跡からはダビデ（David）という人名やヘロデ・アルケラス（Herod Archelaus）のコインが、バコリ遺跡からは墓石に刻まれたヘロデ（Herod）という人名が見つかっている。ポッツオリに住むユダヤ人については帝政ローマ期の政治家であり歴史家でもあるフラウィウス・ヨセフス（Flavius Josephus）がしばしば言及している[6]。この説については未だ検討すべき余地はあるものの、相当数のユダヤ人が奴隷や自由民として暮らしていたことは確かとされる。ポンペイから出土した「純」ガルムがこうしたユダヤ人向けであるという説は決して否定はできない。

III. パレスチナから出土した魚醤用アンフォラ

　プリニウスはガルムやムリアといった魚醤の産地としてはポンペイが

存在するイタリア半島南部の他にアナトリア半島西海岸のクラゾメナエ
(Klazomenai)、リビアのレプティス・マグナ（Leptis Magna)、アンティ
ポリス（Antipolis)、トゥリアエ（Thurii)、デルマティア（Dalmatia）な
どがあったと記している（Pluniy the Elder, 31.43.94)。

　イベリア半島南部にはバエロ・クラウディア遺跡（Baelo Claudia）や
カルテイア遺跡（Carteia)、バルセロナ (Barcelona) 旧市街やその郊外に
あるアンプリアス (Ampurias) 遺跡において魚醤工房の遺構が出土してい
る。地震で崩壊するまでの前1世紀〜2世紀に繁栄したバエロ・クラウ
ディアでは、町の南側に漆喰を塗ったガルム製造用の矩形の水槽がいくつ
も構築されていた。魚や塩がたやすく手に入り、また風が強いので匂いも
こもらず、魚醤製造にはうってつけの場所と言える[7]。

　こうした魚醤はアンフォラに詰めてパレスチナを含め地中海周辺各地
へ輸出された。パレスチナから出土するアンフォラの中で魚醤用とさ
れるものは H. ドレッセル（Dressel 1899)、或いは、D. P. S. ピーコッ
クらの（Peacock & Williams 1986）分類による Dressel 12 (PW Class
14)、Dressel 7-11 (PW Class 16)、Dressel 21-22 (PW Class 7)、Dressel
1C である。これらはマサダ（Masada)（Bar-Nathan 2006)、ヘロディ
ウム（Herodium)（Porat et al. 2015)、イェリコ（Jericho)（Bar-Nathan
2002)、イェルサレム（Jerusalem)（Gava 2003)、といった遺跡から出土
している（表1)。

　Dressel 12 (PW Class 14) は外反する短い口縁部と細長い頸部、シリン
ダー状の長い頸部と胴部、緩やかな肩部、断面の形状が矩形や三角形を呈
し外反する口縁部を有し、頸部と肩部が一対の把手で結ばれるタイプであ
る。胎土分析によって前1世紀〜2世紀にかけてスペイン南部のガデス
(Gades) 地方のベティカ（Betica）を中心に生産されたことがわかって
いる（Berdowski 2006)。文字付の事例からガルム用とされる。Dressel
7-11 (PW Class 16) は折り返しのある厚い口縁部と卵形の胴部、これらを

表1　パレスチナから出土した魚醤用と思われるアンフォラ（＊は文字付）（アンフォラの図は Dressel, H. 1899: scan 510 より）

型式 \ 遺跡名	Masada	Jericho	Herodium	Jerusalem
Dressel 12 PW Class 14 下図①	*Pl. 70-49	Pl. 22-366 Pl. 22-367 Pl. 22-368 *Pl. 22-369 Pl. 22-370	Pl. 8-IV-3 Pl. 8-IV-4	
Dressel 7-11 PW Class 16 下図②	Pl. 70-45 Pl. 70-46	Pl. 22-360 Pl. 22-361 Pl. 22-362 Pl. 22-363 Pl. 22-364 Pl. 22-365		
Dressel 21-22 PW Class 7 主に果物用だが、一部魚醤用も有り 下図③	*Pl. 67-33 Pl. 67-34 Pl. 67-35 林檎用	Pl. 21-349 Pl. 21-350 Pl. 21-351 Pl. 21-352 Pl. 21-353	Pl. 8-IV-5	
Dressel 1C 下図④				Pl. 6-4-18 Pl. 6-8-8

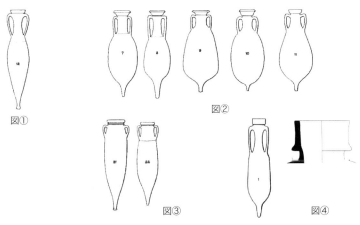

図①　　　　　図②　　　　　　　　　　図③　　　　　図④

緩やかに結ぶ肩部と頸部が特徴である。文字付の事例からガルム用とされる。Dressel 21-22 (PW Class 7) は広い口と頸部を有し、口縁部は丸みを帯びその下に凸帯が巡る場合がある。小さな把手が口縁部の下と緩やか

な肩部を結ぶ。胴部はシリンダー状だが下部が袋状に膨らむものとまっすぐなものがある。いずれも尖った脚部を有する。ポンペイ出土からの文字付の事例より主に果物などを運んだとされるが、スペイン南部のものは魚醤を運んだ可能性がある（Etienne & Mayet 1994）。マサダからはクーマの林檎と書かれたものが出土している（Bar-Nathan 2006: 331-332, Pl. 67:33）。Dressel 1C は Dressel 1 の中でも全体が紡錘形で口がやや狭く、口縁部に高さがある点が特徴である。初期のものは口縁部が外反する。ポンペイではガラム用に用いられた事例があるため、恐らくはガラム用のアンフォラと考えられる。

　マサダから出土した 1 点には「ガルム・バシリウス」とラテン文字とギリシア文字で記されている（Bar-Nathan 2006: 338-339, Pl. 70:49）。バシリウスは君主の称号、即ち「王」を意味する。つまり、「王の為の魚醤」であり、王とはマサダを要塞かつ冬の宮殿として大改築したヘロデ大王（治世、前 37 年〜前 4 年）のことと解釈されている。つまり、少なくとも前 1 世紀にヘロデ大王がイベリア半島から魚醤を取り寄せたことを示す資料である[8]。文字を記したものはイェリコでも 1 点報告されているが、読み取れるほど明確ではない（Bar-Nathan 2002: Pl. 22:369）。こうした資料は、少なくともパレスチナにおいて輸入品、特にスペイン産のガルムが一部の人々に利用されていたことを示すものである。

　大プリニウスはカルタゴ・スパルタニアの漁場で獲れたサバを材料にしたガルムが香油ほどに高価であったと伝えている（Pluniy the Elder, 31.43.94）。イベリア半島南部では 3 月末〜 4 月頃に大西洋から地中海へサバが迂回する。日本のマサバに似ており、これを材料にした魚醤や塩辛は日本でも島根、福井といった日本海側の地域で現在も作られている。これらに近い味であったかもしれない。

　一方、パレスチナにおける魚醤の製造については残存する魚骨から推定された事例がいくつかある。例えばアカバ湾付近のアイラ（Aila）遺

跡からはローマ時代の床面と炉から大量の貝殻が、また床に埋めた壺の中から数百点の小魚の骨が見つかり、後者は魚醤を製造されていた痕跡と解釈された（Retzleff 2003: 55）。テル・ヘシュバン（Hesban）（Von den Driesch & Boessneck 1995）やローマ時代やビザンチン時代のペトラ（Petra）ではブダイ、ハタ、フエフキダイといったアカバ湾に生息する魚を加工した痕跡が報告されている（Studer 1994, 2002）。同時代のエン・ボケック（Ein Boqeq）で発見された大量の魚骨も一部の地中海産を除き大半がアカバ湾由来のものであったことが報告されている（Lernau 1986）。また、北部ガリラヤ地域のセフォリス（Sepphoris）のようにやや水辺から離れた遺跡から約 20 種の魚骨が発見されており、地中海やヨルダン川、ガリラヤ湖の魚が加工されていたと考えられている（Fradkin 1997）。これらの事例は現時点でどのように利用されていたのか実態は掴めていない。出土規模から家庭内もしくは集落内の需要に向けたもので、もしも魚醤製造の痕跡であればこれらの魚骨は搾り滓アレックであるということになる。水産資源発酵資源の痕跡については骨が残りにくい。筆者は門外漢であるが、僅かな魚骨やその保管場所にアミノ酸やミネラル分を含めた乳酸発酵の痕跡を判別する方法も検討されているようである（Smriga et al. 2010）。今後この分野における新たな成果を待ちたい。

IV. ミシュナに見られる水産資源発酵食品

　ミシュナ[9]は古代パレスチナにおけるユダヤ社会がローマとの 2 度の戦争によって壊滅的な打撃を受けた後に編纂され始め、紀元 200 年頃に成立した口伝律法である。数百年にわたってギリシア・ローマ化の影響を受け変容したユダヤ民族の生活を律するもので、ユダヤの日常生活を食文化から考えるにあたって興味深い史料と言える。全体は種子の巻（農作物に関する法）、季節の巻（安息日と祭りに関する法）、婦人の巻（結婚と離

婚、隣人に関する法）、損害の巻（市民の商売と刑罰）、聖物の巻（神殿の
祭儀に関する法）、清潔の巻（祭儀的な潔・不潔などに関する法）と全6
巻から構成されるが、今回は特に関連すると思われる種子の巻と季節の巻
を中心に関連事項を原文表記も含めて表2に整理した[10]。

　ミシュナにはいくつかの水産発酵食品が記されている。塩漬けにした魚
は、ムリース、チル、メリアハといくつかの用語で表現されており、和訳
ではいずれも塩魚、塩漬け魚などと特に明確な区別はない。しかしなが
らこれらの水産発酵食品が用いられた様子を原文も交えながら読み解く
と、調味料としての魚醤と副菜としての塩辛に分類できる。ムリース（種
子の巻　テルモート篇11:1）はラテン語由来のムリア、即ち二級の魚醤

表2　ミシュナに記された水産資源発酵食品（文例など）

	文例など
ムリース（מורייס）液体	塩漬け魚（מורייס）。（献納物用の）ぶどう酒を入れても良いが、圧縮いちじく（דבילה）や干しいちじく（גוגרות）ר を入れてはならない。（種子の巻　テルモート篇11:1）
チル（ציר）液体？	塩漬け（ציר）のために押し詰めにされた魚（種子の巻　テルモート篇10:8） 塩漬け（ציר）のために押し詰めにされたハガブいなご（חגב）（種子の巻　テルモート篇10:9） 香辛料（תבלין）、酢（חומץ）、魚の塩漬（ציר）（季節の巻　シャバット篇3:5、マイモニデス版は3:4） 酢と塩魚（ציר）（種子の巻　マアセロート篇1:7）
メリアハ（מליח）固体	塩漬けの魚（מליח）（季節の巻　ベーツァー篇4:5） 塩漬けのものとパン（מליח כתחילה ופת）パンは添え物（טפילה）（種子の巻　ベラホート篇6:7） 古い塩魚（המליח הישן）、スペイン鯖（קולייס האספנן）の塩魚（季節の巻　シャバット篇22:2）
材料や工程など	「安息日に（漬物用の）塩水（ヒルミー）（הילמי）を作ってはならない。しかし塩水（マイ・メラハ）（מי מלח）を作ってその中に彼のパン（פית）を浸したり、またそれを調理した食べ物（התבשיל）の中に入れても良い。」（季節の巻　シャバット篇14:2） 発酵させたり（מחמץ）、香味づけたり（מתבל）、混合させたり（מדמע）（種子の巻　オルラー篇2:6） 押し詰めする者（הכובש）、茹でる者（השולק）、塩漬けする者（המולח）、漬物にする者（המטבל）（種子の巻　マアセロート篇4:1）

を意味する。同文には「……ぶどう酒を入れても良いが、圧縮イチジクや干しイチジクを入れてはならない」とあるが、これらは発酵を促進するために追加された材料かもしれない。一方、チルは香辛料や酢と並列して使われていることから（季節の巻　シャバット篇3:5、マイモニデス版は3:4、マアセロート篇1:7）、液状の調味料と考えるのが妥当ではないだろうか。中にはハガブいなごという昆虫の塩漬けも記されており（種子の巻　テルモート篇10:9）、魚醤のみならず虫醤と呼ぶべきものの存在を示している[11]。一方で、押し詰めにするという一文は樽などに詰めて塩漬けにした魚であることを示しており（種子の巻　テルモート篇10:8）、現在のチェターラで見られるような工程を想起させる。塩漬けの魚と訳されるメリアハは（季節の巻　ベーツァー篇4:5 他）、パンが添え物であることが強調されているので（種子の巻　ベラホート篇6:7）液体状の調味料ではなく固体、すなわちアンチョビのような塩辛であろう。スペイン鯖（クリース・ハ・イスパヌー）の塩漬けと並列して記されているが（季節の巻　シャバット篇22:2）、クリース（kolios）はギリシア語の鯖を意味する。鯖は一見鱗が無いように見えるが、実際は小さく剥がれやすい鱗に覆われている。イスパヌー（ispanu）はイベリア半島を意味する。スペイン鯖が塩漬けの形で輸入されたものか、それともスペイン鯖と呼ばれる魚種がパレスチナ近海に生息していたのかは定かでないが、イベリア半島に所縁のある魚が利用されている点は既述の考古資料との関連からも注目すべきであろう。以上のように、ムリースとチルは塩魚というよりも魚醤、メリアハは塩辛と解釈できる。また漬物用の塩水（ヒルミー）は単なる塩水（マイ・メラハ）とは異なり（季節の巻　シャバット篇14:2）、恐らくリクアメンに近いものであろう。調理作業を示す用語としては発酵させること（メハメツ）、押し詰めする者（ハクベシュ）、塩漬けする者（ハモレアハ）、漬物にする者（ハメトゥベル）（種子の巻　マアセロート篇4:1）がある。

以上のように、ミシュナの記述は庶民が入手しやすいムリアや塩漬けといった形で水産資源発酵食品を活用していたことを示している。マサダから出土したスペイン産ガルムとは異なり、恐らく自家製や地元産のものが一般的だっただろう。

　なおミシュナには、鱗の有無を含めて魚の種類に注意すべしといった注意喚起はない。この理由は記載する必要がないほど当然のことであるからか、もしくは安心して使える水産資源発酵食品の流通、すなわち容器づくりから材料獲得、製造、管理までの工程をユダヤ人の手によって取り仕切る身近な工房が存在を示唆するものである。ガリラヤ湖北西部の町ミグダル・ヌニア（マグダラ）は魚の塔を意味し、ローマ時代の歴史家、ストラボ（Strabo）は著書『地理書』の中で、「この町（ギリシア語で塩漬けの魚を意味するタリケア（Taricheae）と呼んでいる）では湖が漬物用の素晴らしい魚を提供している」と説明している（Strabo, 16.2.45）。しかし、これまでにミグダルや周辺の遺跡においてそのような遺構は見つかっていない。ガリラヤ湖周辺においても例えばバエロ・クラウディアのような漆喰で固めたような魚醤製造工房のような遺構が今後発見されるかもしれない。もしくはそうした観点から既存の遺構や遺物を見直す必要があるかもしれない。

Ⅴ．今後の課題

　ユダヤ民族の魚醤利用について現時点で知られる資料や史料を整理した。パレスチナにおける魚醤、特に高級品であるスペイン産ガルムの利用についてはすでに考古資料から明らかであったが、これは限定的なものにすぎない。今後はミシュナに示された一般的な水産資源発酵食品の利用についても考古資料に探っていく必要があるだろう。

　食文化からユダヤ民族を理解しようとする試みについては、出土動物骨

におけるブタの割合からユダヤ民族の分布を考えるといった獣骨資料に基づいたものがある[12]。しかし、水産資源、特に発酵食品に関する考古学的研究は、ギリシア・ローマ化するユダヤ民族の食文化と宗教上の規定の関係を理解するうえで重要な要素の1つであるにもかかわらず、十分になされていない。それは発酵その他の製造過程において考古資料となりうる魚骨が残存する可能性が低いことも一因であろう。例えば、滋賀のフナズシのように、骨や頭も柔らかく発酵させて食してしまうものや、能登のイシルのようにイカやイワシの内臓、骨、頭を材料とし、発酵する過程でこれらの多くが分解してしまうものである。

　こうしたことを考えると、魚醤その他の水産資源発酵食品の存在を確認するための考古資料として、特殊な器種や文字、残存する魚骨以外の他に既存の遺構や遺物についてもあらためて検討することが必要であろう。

〈謝辞〉

本研究は文部科学省科学研究費助成事業　基盤研究（A）研究課題名「ユダヤ・イスラーム宗教共同体の起源と特性に関する文明史的研究」（研究代表者：市川裕、課題番号 25257008）の助成を得て行ったものである。小川英雄先生には長きにわたってご指導を賜った。研究のための素晴らしい環境と機会をお与えくださったこと、筆者の研究生活を常に深く暖かい眼差しで見守ってくださったことに心より感謝の意を表したい。

注

1) 『ゲオポニケ』(20.46)、マルティアリスの『エピグラム集』(62) や大プリニウスの『博物誌』(31.93, 94) からの引用による（リコッティ 1991: 381-392)。

2) アキピウスの『料理書』冒頭やコルメラの『農事論』(6.2.7) からの引用による（前掲、386-389)。

3) 初期の報告書としては A. Mau (translated into English by F. W. Kelsey) 1899。その他 J. J. Dobbins & P. W. Foss 2007 など多数有。碑文については C. Zangemeister & R. Schoene (eds.) 1871。

4) GAR [um] CAST [um] or CAST [imoniale] もしくは MUR [ia] CAST [um] or CAST [imoniale] (Cotton et al. 1996: 236). なお、解釈については Berdowski 2006, 243 も参考になる。

5) 実物はポンペイ遺跡近郊のボスコレアーレ博物館が所蔵している。魚骨の分析については D. Bernal et al. 2008。

6) この地にユダヤ人たちが居ること（『ユダヤ古代誌』17:328)、自身はもとよりアグリッパス（前掲、18:160) やフォルトゥナトスとヘロデ（前掲、18:248) が訪れたこと、ガイオスがここからミセエーノへ行くのに船で行くのが嫌で橋をかけさせ、その上を戦車で通ったこと（前掲、19:5) などと記している。（ヨセフス 2000)

7) 2015 年 12 月付けで報じられたニュースによると、2 千〜 3 千の魚醤用アンフォラを積んだ 2 世紀の沈没船がリグーリア州アラッシオの沖合で発見された。この船はバエロ近郊のカディスを出発したとされる。http://news.discovery.com/history/archaeology/wreck-full-of-ancient-roman-ketchup-found-151211.htm

8) Cotton らの見解によるもので（H. M. Cotton et al. 1996)、使用年代と型式については議論の余地がある（P. Berdowski 2006: 242)。報告者は出土状況からこのアンフォラは 1 世紀半ば〜 2 世紀末頃に再利用されたと解釈している（Bar-Nathan 2006: 338)。なお、ヘロデはむしろ生産する側であったとの考え方もある（P. Berdowski 2006: 246)。

9) 和訳としては石川耕一郎（訳）1987、長窪専三・石川耕一郎（訳）2005、三好迪（翻訳・監修）1997 がある。

10) ミシュナについては 10 世紀もしくは 11 世紀と現存する最古の写本であるカウフマン・コデックス A50 (The Hebrew University in Jerusalem) などがインターネットを通じて閲覧できる環境にある。これらを必要に応じて参照し、ヘブライ語のカナ表記法は日本ユダヤ学会ヘブライ語カナ表記委員会による統一見解に従った。

古代パレスチナにおける魚醤の利用 | 163

（日本ユダヤ学会　2007）

11）最近和歌山でイナゴを材料にした醤が試作され、タンパク質が豊富で良質なものと報告されている。地域活性化支援団体「いなか伝承社」による試みで 2015 年 10 月 31 日に発売された。全 5 種類の「昆虫」を原料につくられた。イナゴソースはツチイナゴを材料に麹と塩で発酵させたもの。（http://www.inakadss.org/）

12）例えば、鉄器時代 I 期におけるブタの骨の分布状況を調べ、ユダヤ民族が居住する集落ではほとんど出土しないのに対し、ペリシテなどの他民族が居住したと南地中海沿岸部では 6% 以上見られることを明らかにしたフィンケルシュタインの研究がある。（I. Finkelstein 1997）

参照文献

Bar-Nathan, R. 2002: *Hasmonian and Herodian Palaces at Jericho. Final Reports of the 1973-1987 Excavations. Vollume III: The Pottery,* Israel Exploration Society, Jerusalem.

Bar-Nathan, R. 2006: *Masada VII. The Yigal Yadin Excavations 1963-1965 Final Reports. The Pottery of Masada*, Jerusalem.

Berdowski, P. 2006: "*Garum* of Herod the Great (a Latin-Greek Inscription on the Amphora from Masada," *Analecta Archaeologica Ressoviensia* 1, 239–256.

Berlin, A. M. 1997: "The Plain Wares," ix-246, in S. C. Herbert. (ed.). *Tel Anafa II, i.,* Kelsey Museum of the University of Michigan.

Bernal, D. et al. 2008: "El garum de Pompeya y Herculano (2008-2012). Sintesis de la primera campana del proyecto hispano-italiano," *Informes y Trabajos* 3, Excavaciones en el Exterior, Ministerio de Cultura, Madrid, 125-137.

Cotton, H. M., & J. Geiger 1989: "The Latin and Greek Documents," in J. Aviram et al. (eds.), *Masada II: The Yigael Yadin Excavations 1963 1965. Final Reports,* Jerusalem.

Cotton, H. M. et al. 1996: "Fish sauces from Herodian Masada," *Journal of Roman Archaeology,* vol. 9, 223-238.

Curtis, R. I. 1984: "A personalised floor-mosaic from Pompeii," *American Journal of Archaeology*, vol. 88, 557-566.

Curtis, R. I. 1991: *Garum and salsamenta. Production and commerce in materia medica,* Leiden.

Dobbins, J. J. & Foss P. W. 2007: *The World of Pompeii,* Routledge, New York.

Von Den Driesch, A. & Boessneck, J. 1995: "Final Report on the Zooarchaeological Investigation of Animal Bone Finds from Tell Hesban, Jordan," in O. S. LaBianca & A. von den Driesch (eds.), *Faunal Remains: Taphonomical and Zooarchaeological Studies of the Animal Remains from Tell Hesban and Vicinity.* Hesban 13, Andrews University Press, Berrien Springs, Michigan, 65-108.

Etienne, R. & Mayet, F. 1994: "A propos de l'amphore Dressel 1 C de Belo (Cadix)," *MelCasaVelazquez 30,* 131-138.

Finkelstein, I. 1997: "Pots and people revisited: Ethnic boundrieds in the Iron Age I," in Silberman, N. A. & Small, D. B. (eds.), *The Archaeology of Israel.* Journal for the Study of the Old Testament Supplement Series 237, Shefield, England, 216-237.

Fradkin, A. 1997: "Long-Distance Trade in the Lower Galilee: New Evidence from Sepphoris," in Edwards, D. R. & McCollough, C. T. (eds.), *Archaeology and the Galilee: Texts and Contexts in the Graeco-Roman and Byzantine Periods,* Scholars Press, Atlanta, Georgia, 107-116.

Lernau, H. 1986: "Fishbones Excavated in Two Late Roman Castella in the Southern Desert of Israel," in Brinkhuizen, D. C. & Clason, A. T. (eds.), *Fish and Archaeology: Studies in Osteometry, Taphonomy, Seasonality, and Fishing Methods,* BAR International Series 294, 85-102.

Gartner, J. 2015: "The Pottery from the Area of the Mausoleum," in P. Porat et al. (eds.), *Herodium: Final Reports of the 1972-2010 Excavations Directed by Ehud Netzer, Volume I, Herod's Tomb Precinct,* Israel Exploration Society, Jerusalem, 365-395.

Gava, H. (ed.) 2003: *Jewish quarter excavations in the old city of Jerusalem. Vol. II,* Jerusalem.

Giordano, C. & Kahn, I. 2011: *The Jews in Pompeii, Herculaneum, Stabiae and in the Cities of Campania Felix,* 3rd edition, translated by W. F. Jashemski. Bardi, Rome.

Hesse, B. 1990: "Pig lovers and pig haters. Paterns of Palestinian pork production," *Journal of Ethnobiology 10/2,* 195-225.

Horwitz, K. L. & Tchernov, E 1989: "Subsistence pattern in ancient Jerusalem: A study of animal remains," in Mazar, E. & Mazar, B. (eds.), *Excavations in the South of the Temple Mount. The Ophel of Biblical Jerusalem.* Qedem, Monographs of the Institute of Archaeology 29, 144-154.

Keenleyside, A., et al. 2009: "Stable isotopic evidence for diet in a Roman and Late Roman population from Leptiminus, Tunisia," *Journal of Archaeological Science*

古代パレスチナにおける魚醤の利用 | 165

36(1), 51-63.

Lernau, H. 1986: "Fishbones Excavated in Two Late Roman-Byzantine Castella in the southern desert of Israel," in Brinkhuizen, D. C. & Clason, A. T. (eds.), *Fish and Archaelogy: Studies in Osteometry, Taphonomy, Seasonality and Fishing Methods*, BAR International series 294, Oxford, 85-102.

Lev-Tov, J. 2003: "Upon what meat doth this our Caesar feed…? A Dietary Perspective on Hellenistic and Roman Influence in Palestine," in Alkier, S. & Zangenberg, J. (eds.), *Zeichen aus Text und Stein. Studien auf dem Weg zu einer Archaeologie des Neuen Testaments,* Francke-Verlag, Tübingen, 420-446.

Mau, A. (translated into English by F. W. Kelsey) 1899: *Pompeii its life and arts*, The Macmillian Company, London.

Meyers, M. & Meyers, C. L. (eds.) 2013: *Sepphoris I; The Pottery from Ancient Sepphoris*, Winona Lake, Indiana, Eisenbrauns.

Peacock, D. P. S. & D. F. Williams 1986: *Amphorae and Roman Economy. An introductory Guide*, London.

Porat, P., et al. (eds.) 2015: *Herodium: Final Reports of the 1972-2010 Excavations Directed by Ehud Netzer, Volume I, Herod's Tomb Precinct,* Israel Exploration Society, Jerusalem.

Retzleff, A. 2003: "A Nabataean and Roman Domestic Area at the Red Sea Port of Aila," *Bullutin of American Society of Oriental Research* 331, 45-65.

Smriga, M., et al. 2010: "Amino acids and minerals in ancient remnants of fish sauce (garum) sampled in the "Garum Shop" of Pompeii, Italy," *Journal of Food Composition and Analysis* 23(5), 442-446.

Studer, J., 1994: "Roman Fish Sauce in Petra, Jordan," in Van Neer, W. (ed.), *Fish Exploitation in the Past: Proceedings of the 7th meeting of the ICAZ Fish Remains Working Group*, Annales du Musee Royal de l'Afrique Central, Sciences Zoologiques 274, Tervuren: Koninklijk Museum voor Midden-Africa, 191-196.

Studer, J. 2002: "City and Monastery: animals raised and consumed in the Petra area," in Frosen, J. & Fiema, Z. T. (eds.), *A City Forgotten and Rediscovered.* Amos Anderson Art Museum, New Series 40, 167-172.

Van Neer, W., et al. 2010: "Fish bones and amphorae: evidence for the production and consumption of salted fish products outside the Mediterranean region," *Journal of Roman Archaeology* 23, 161-195.

アテナイオス 1997：『食卓の賢人たち』柳沼重剛訳、京都大学学術出版会。

石川耕一郎（訳）　1987：『ミシュナ　ペサヒーム』エルサレム文庫。

長窪専三・石川耕一郎（訳）　2005：『ミシュナー　II　モエード』教文館。

三好迪（翻訳・監修）　1997：『タルムード6　トホロートの巻』三貴。

ヨセフス、フラウィウス　2000：『ユダヤ古代誌』5-6巻、秦剛平訳、筑摩書房。

リコッティ、E. S. P.　1991：『古代ローマの饗宴』武谷なおみ訳、平凡社（Eugenia Salza Prina Ricotti, *L'Arte del convito nella Roma antica*, 1983）。

オンライン参照文献

Dressel, H. (ed.)　1899: *Corpus Inscriptionum Latinarum*, Band XV, Berlin-Brandenburg Academy of Sciences and Humanities. http://cil.bbaw.de/cil_en/dateien/cil_baende.html (access: 2015.12.1-)

Zangemeister, C & Schoene, R. (eds.)　1871: "Inscriptiones parietariae Pompeianae Herculanenses Stabianae," *Corpus Inscriptionum Latinarum*, Band IV, Berlin-Brandenburg Academy of Sciences and Humanities. http://cil.bbaw.de/cil_en/dateien/cil_baende.html (access: 2015.12.1-)

Kline, M.　2005: *Shisha Sidre Mishnah* (in Hebrew), http://chaver.com/hebrew%20index.html (access: 2013.10.10-)

Mechon Mamre　2002: *Shisha Sidre Mishnah* (in Hebrew) (http://www.mechon-mamre.org/b/h/h0.htm) (access: 2013. 10.10-)

Pluniy the Elder: *The Natural History*, http://penelope.uchicago.edu/Thayer/E/Roman/Texts/Pliny_the_Elder/home.html (access: 2015. 12.1-)

Roman Amphorae: a digital resource　2014: University of Southampton, 2005 (updated 2014), http://archaeologydataservice.ac.uk/ (access: 2015.12.1-)

Strabo: *The Geography of Strabo*　1932: http://penelope.uchicago.edu/Thayer/E/Roman/Texts/Strabo/16B*.html (access: 2015. 12.1-)

The Hebrew University in Jerusalem: *Otzer katuvi talmudim* (Online Treasury of Talmudic Manuscripts in Hebrew with English introduction and acknowledgements) ,http://jnul.huji.ac.il/dl/talmud/ (access: 2015.7.1-)

日本ユダヤ学会　2007：「ヘブライ語カナ表記委員会　2008年1月ヘブライ語カナ表記方法とその用例答申」http://www.waseda.jp/assoc-jsjs/hyouki.html（アクセス年2015.11.17）

ローマ時代のコインに刻まれた運命の女神
―― 西方のフォルトゥナと東方のテュケーの図像をめぐって ――

江添　誠

Ⅰ．はじめに

　古来より人々は自分の人生における幸運を神に祈り、不運を神に嘆いてきた。とりわけ勝負事においては幸運によって自分に勝利がもたらされるよう「神頼み」を行ってきた。

　古代地中海世界においても運命を司る神は個々人の生活を左右する神として畏れられてきた。古典ギリシア語の「テュケー τυχη」という語はもともとは「運命」そのものを指し示していたが、やがて擬神化されて「運命の女神」を表すようにもなっていった。一方、ラテン語では「運命」は「フォルス fors」「フォルトゥナ fortuna」で、ともに擬神化されて用いられているが、フォルトゥナのほうが広く「運命の女神」を示す語として用いられている。

　運命の女神はオリンポスの神々のように神話をもってはいないものの、日々の生活の「幸運」と「不運」を左右する神として、古代の人々の間で絶大な影響力を持つ女神であった。

　女神テュケーの出自について、後２世紀の地誌学者パウサニアスはこの女神について詩に記したのはホメロスが最初で、『デメテル賛歌』のなかでオケアノスの娘とうたったと述べている[1]。同じくヘシオドスも『神統記』の 360 行で、テテュスとオケアノスの三千の娘たち（オケアニナ

イ）の一人と記している。しかし、前5世紀の詩人ピンダロスはヒメラのエルゴテレスのためにうたったオリュンピア祝勝歌の第12歌の中で、解放者ゼウス（ゼウス・エレウテリウス）の子としている。一方、ラテン語の文献史料にはフォルトゥナの出自に関する記述はない。

　女神の性格は、盲目で、気紛れで、不安定で、不確かで、移り気であり、ときに分不相応な者たちの保護者となったりすると人々に考えられていた[2]。ローマの風刺詩人ユウェナリスは人々がフォルトゥナに左右されないためには「思慮分別（プルデンティア）」を持つことが重要で、一般の人々はそれを持つことができないからフォルトゥナを崇拝しているのだとしている[3]。

　本稿ではコインの図像や彫像などに見られるフォルトゥナとテュケーを整理した上で、女神の主たる属性を分析し、西方と東方の差異に注目しつつ、古代ローマ世界における運命の女神への信仰の様相について考察してみたい。

II．首都ローマにおけるフォルトゥナの図像

　フォルトゥナは首都ローマではどのような姿で描かれているのだろうか。ラテン語で記された文献史料にはフォルトゥナがどのような姿をしているのかについての記述は見られないので、コインに描かれたフォルトゥナ像や彫像などから判断していくほかない。

　首都ローマで造幣されたコインに見られるフォルトゥナ像は主に四つのタイプに分けることができる。

　一つ目は、紀元前49年に造幣されたコインで、表面には右を向いたフォルトゥナの頭像が描かれ、「ローマ市民のフォルトゥナ（Fortuna Populi Romani）」を意味する銘がFORT P・Rという形で記されている。裏面には棕櫚の枝と羽の生えた伝令使の杖（カドゥケウス）がX字に交

図1　前49年ローマ造幣のフォルトゥナのコイン

差した形で描かれ、その上には月桂樹の冠が見られる。棕櫚の枝と月桂冠は勝利や栄光を、伝令使の杖は商取引や平和を指し示すシンボルである。X字を挟むように三人造幣委員を示すIII・VIR（Tresviri Monetales）の銘とその下には委員の一人であるクィントゥス・シキニウスの名が刻まれている（図1）。

　二つ目は、アウグストゥス帝の治世下の前19年に造幣されたもので、表面にはフォルトゥナ・ウィクトリクス（勝利のフォルトゥナ）とフォルトゥナ・フェリクス（幸運のフォルトゥナ）の頭像が描かれ、造幣委員のクィントゥス・ルスティウスの名とFORTVNAE（フォルトゥナの複数主格・呼格形）の銘が周縁に記されている。周縁下部にはフォルトゥナを祀った神殿が建立されたアンティウム[4]の都市名がANTIATの銘で記されている。裏面には神殿の祭壇が描かれており、その胴部中央にはFOR・RE（Fortuna Redux「安全帰還のフォルトゥナ」）の銘と周縁部にはアウグストゥス帝の銘（CAESARI AVGVSTO）が見られることから、アウグストゥス帝が戦場から無事に帰還することを祈願したものと考えられる。下部には「元老院決議による（ex Senatus Consulto）」の意味を示すEX・S・Cの銘が刻まれている（図2）。

　三つ目は、アウグストゥス帝からディオクレティアヌス帝の時代まであらゆる種類のコインで用いられた代表的なフォルトゥナのコインで、帝政

図2　前19年ローマ造幣のフォルトゥナのコイン

図3　コインに刻まれたフォル　　図4　コインに刻まれたフォル
　　　トゥナの立像　　　　　　　　　　トゥナの坐像

期に定型となっていた皇帝の胸像と銘が表面に記されたものの裏側に、左手に豊穣の角を持ち、右手に運命の舵を握っているフォルトゥナの立像が描かれており、FORTVNA AVG ないしは AVGVSTI の銘が SC の銘とともに記されている（図3）。

　四つ目は、アウグストゥス帝と五賢帝時代に見られるもので、表面は三つ目と同じ定型の皇帝像と銘で、裏面には左手に豊穣の角、右手に運命の舵をもったフォルトゥナの坐像が Fortuna Redux を示す FORT RED の銘とともに描かれている（図4）。

　フォルトゥナの彫像について首都ローマで出土したものと特定できるものは極めて少ない。その中で、紀元3年のコンスルであったルキウス・アエリウス・ラミアが所有していたとされる庭園で見つかった後1世紀

の祭壇の浮彫彫刻には、左手に豊穣の角、右手に運命の舵をもつフォルトゥナの坐像が描かれている。出土地ははっきりしていないが、ヴァチカン美術館に所蔵されている150年頃のものとされるフォルトゥナ像も左手に豊穣の角、右手に運命の舵をもつ立像である（図5）。これら彫像はいずれもコインに記されたフォルトゥナ像と同一の形式で制作されており、首都ローマにおけるフォルトゥナの図像の典型であるといえる。

図5　ヴァチカン美術館所蔵のフォルトゥナ像

Ⅲ．東方属州におけるテュケーの図像

　一方、ローマ帝国の東方属州においてテュケーはどのように描かれているのであろうか。

　パウサニアスはテュケーの彫像について以下のように述べている。「ブパロスは、神殿を建てたり像を作るのに優れていた男で、スミュルナの人々のために、私たちが知っているかぎりで初めて、頭には城壁冠（ポロス）を、片手にはギリシア人にアマルテイアの角と呼ばれるものを持たせたテュケー像を制作した[5]。」さらにギリシアのアカイア地方東部の港町アイゲイラ（現エギラ）で見たテュケー像について、アマルテイアの角を手にし、そばに翼をもったエロスがいると記している[6]。

　またパウサニアスはシキュオンのエウテュキデスがシリアのオロンテス河畔に住む人々のためにテュケー像を制作したことを伝えている[7]。このエウテュキデスのテュケー像はアンティオキアのテュケーと呼ばれ、後6世紀の年代記作家ヨハネス・マララスによって、城壁冠を被ったテュケーが岩の上に座り[8]、泳いでいるような姿のオロンテス川の神の背中に足を

図6　ヴァチカン美術館所蔵のアンティオキアのテュケー像

図7　サラミスで造幣されたディドラクマ銀貨（直径約19mm）

乗せている像であったことが伝えられている[9]。この構成の彫像はローマ時代にも多く制作され、ローマ時代に大理石で作られた複製がヴァチカン美術館（図6）に、ブロンズ製のものがルーブル美術館に収蔵されている。またシリアのアンティオキアで造幣されたコインにもこの構図のテュケーが描かれている[10]。アンティオキアで造幣されたコインにはテュケー像が描かれていることが多く、後1世紀後半まで表面にテュケーの頭像を刻んだコインを造幣している。

現在見つかっているコインの中での最も古いテュケーと考えられている事例は前361年から前351年頃にキプロス島のサラミスで造幣されたディドラクマ銀貨（図7）のもので、城壁冠を被り、イヤリングとネックレスをした右向きのテュケーの頭像が描かれている（Broucke 1994, 36; Eidinow 2011, 46）。このようなテュケーの頭像のみが表面に描かれるのは前2世紀後半から前1世紀にかけてで、地中海東岸のフェニキア都市で造幣されたものに多い。

現在のヨルダン王国の北部に位置するガダラ（現代名ウム・カイス）で前1世紀半ばに造幣されたコインには、表面には城壁冠を被った右向きのテュケー像の頭像が、裏面には都市名の銘とともに豊穣の角が描かれている（図8）。ガダラでは他に裏面が伝令使の杖のものも見つかっている。沿岸部と同様に後1世紀になると表面にテュケーの頭像のみを描いたものは見られなくなる。

ローマ時代のコインに刻まれた運命の女神 | 173

図 8　前 40 年にガダラで造幣された青銅貨（直径約 17mm）

　前述した首都ローマで造幣されたコインの三つ目、四つ目と全く同じ構図をもつテュケーの図像はローマのものとほぼ同時期に東方属州でも造幣されているが、ローマのものでは見られない城壁冠を被った図像も確認されている。

　コインにおけるテュケー像の同定を行う際に問題となることは、首都ローマのコインには明確にフォルトゥナの銘がある一方で、東方のテュケーのコインにはその名を示す銘がなく、同じ図像でも研究者によってテュケーとすることもあれば、女神とのみ表記する場合もあり、東方属州におけるテュケー信仰の広がりを確認する際には注意が必要となる。

IV. テュケーとフォルトゥナの属性とその差異

　今まで見てきたコインの図像や彫像に表れている運命の女神がもつ豊穣の角、運命の舵、城壁冠の三つの属性の意味を、同じ属性をもつ他の神々

との比較を含めて整理してみたい。

　まずフォルトゥナとテュケーに共通の属性である豊穣の角についてみることにする。豊穣の角に関するギリシア神話の伝承については、以下のようにいわれている。「我が子に支配権を奪われる不安から生まれた子供を次々に飲み込んでいた父クロノスの手から母レアの気転で生誕後にクレタ島に逃れたゼウスはイディ山の洞窟でアマルテイアというニンフが飼っていた牝山羊の乳を飲んで成長した。その牝山羊が木に角をぶつけて折れてしまったときにその角をニンフが草で包み、なかに果物を詰めてゼウスに与えた。後にゼウスがその角に神力を与えて中の食べ物が尽きることがない角となった[11]」。この伝承に基づいてアマルテイアの角が豊穣の角（コルヌ・コピアエ）と呼ばれるようになり、豊穣のシンボルとなったのである。

　首都ローマで造幣されたコインに描かれた神々のうち豊穣の角を属性として持つ神はフォルトゥナの他に富と繁栄の女神アブンダンティア、公平さを司る神アエキタス、穀物供給の女神アンノーナ、和合一致の女神コンコルディア、家父長の守護神ゲニウス、歓喜の女神ヒラリタス、栄誉の神ホノス、寛容の女神リベラリタス、貨幣と記憶の女神モネタ、平和の女神パクス、先見の女神プロウィデンティアの11にも及ぶ。さらにイタリア、アフリカ、ローマのそれぞれの守護神も豊穣の角を左手に抱えている姿で描かれており、豊穣の角がフォルトゥナに特徴的な属性であるとはいえない。

　東方属州において造幣されたコインには大地母神キュベレ、穀物の女神デメテル、カイストロスやインブラソスといった小アジアの川の神々、エーゲ海地域ではニンフのアマルテイア、正義の女神ディカイオシュネー、エジプトではギリシア化したホルス神であるハルポクラテス、川の神ニールスなど豊穣にまつわる様々な神々とも豊穣の角が描かれているがテュケーの図像に伴うものが最も多く、また広範にみられる。

豊穣の角はそれぞれの神々が司っているものが成就された先にある豊穣や繁栄を示しており、フォルトゥナやテュケーを祀ることで幸運の先にある豊穣や繁栄を人々は願ったものと思われる。また豊穣の角は運命の女神の気まぐれによっておこる幸運と不運の波を鎮める力を持っているとも考えられている[12]。

次に運命の舵であるが、海運と交易を指し示すシンボルとしてフォルトゥナ像にもテュケー像にも表れてくる。ピンダロスもテュケーによって敏速な船が操られるとうたっており[13]、アレクサンドリアやシラクサ、アンティウムなどの港町で好まれて用いられたシンボルであった（Arya 2002, 77）。運命の舵の先には球体が描かれていることが多く、海の波に翻弄される船のごとく定まることのない運命と運命の女神が支配する世界を示していると考えられている（Arya 2002, 83-84）。

歓喜の女神ラエティティア、穀物供給の女神アンノーナ、安寧と健康の神サルスの三神も首都ローマで造幣されたコインに運命の舵を持つ姿で描かれているが、フォルトゥナの事例に比べると極めてわずかでしかなく、運命の舵はフォルトゥナを特徴付ける属性であるといってよいだろう。一方、東方属州のコインでは、テュケー以外の神が運命の舵をもつ事例はアレクサンドリアの女神ネメシスやキュジクスのゲニウスなど極めて少なく、ほとんどがテュケーに伴って描かれている。

城壁冠の図像は古く、アッシリアやヒッタイトの浮彫彫刻の図像に登場している。その最も古い事例は前 2225 年頃の円筒印章に刻まれたアッカド王の娘トゥタナプシュムの図像であり、城壁冠のモチーフそのものはオリエント地域で生まれたもの考えてよいだろう（Metzler 1994, 77）。

前述したように城壁冠をもつテュケー像の最初の事例は、ブパロス作のテュケー像であるが、このテュケー像の解説の後で、パウサニアスはピンダロスがテュケーを「都市の守護 Φερέπολιν」と呼びかけたと記している（『ギリシア記』第 4 巻 30 章 6 節）。実際にピンダロスのオリュンピア

祝勝歌の第12歌2行目に「都市を守る ἀμφιπόλει」という言葉が出てきており、テュケーが都市の守護神として奉られていたということが示されている。

　テュケー以外に城壁冠をもつ女神として知られているのが小アジアのフリュギアで信仰され、ギリシア・ローマ世界にも広まった大地母神キュベレである[14]。キュベレは獅子を従えており、玉座ないし獅子に牽かれた戦車に坐す姿で描かれることが多い。城壁冠を被っている理由について、オヴィディウスはこの女神が最初に町々に塔を与えたからであると説明している（『祭暦』第4巻219節）。

　城壁冠を被っているキュベレ像の最も古い事例とされているものはヴェネツィア考古学博物館に所蔵されている浮彫彫刻で、恋人アッティスとともに獅子を伴った図像で描かれている。年代については研究者によって様々な見解があるものの、前270年以前とするものはなく、アンティオキアのテュケー像よりも新しいものと考えられている。また、コインの図像において城壁冠を被るテュケーの図像が現れてくるのは前100年頃で、テュケーのものよりもかなり遅い。北シリアのデュラ・エウロポスで見つかった後1世紀と考えられている浮彫彫刻の断片には、両脇に鳩を伴った城壁冠を持つ女神の頭像が刻まれており、この地方の女神であるアタルガティスがテュケーの図像と結びついたものと考えられている（図9）。さらに同じくデュラ・エウロポスで検出された後2世紀の浮彫には

図9　ドゥラ・エウロポス出土のアタルガティス／テュケー像

両脇にライオンを従えて夫のハダト神と並んで座しているアタルガティスが描かれており、キュベレと結びついた図像と思われる（Matheson 1994b, 24-25）。

　これらの図像はアンティオキアのテュケー像よりも後に制作されたも

のであり、城壁冠のモチーフはテュケーのものから派生したものと考えて
よいだろう。キュベレもアタルガティスも豊穣を司る神であり、城壁冠を
伴うことで、テュケーと同様に、都市の守護と繁栄を願う人々に信奉され
たのである[15]。

　このように城壁冠は「都市の守護」を意味するモチーフとしてまずテュ
ケーに用いられ、その後、他の神々の属性にも付加されていったと考える
ことができる。

Ⅴ．フォルトゥナとテュケーの図像に見られる信仰の差異

　ここまで運命の女神の図像とそこに見られる属性を整理してみたが、こ
こでみられた差異が西方と東方の運命の女神に対する信仰におけるどのよ
うな差異を指し示しているのかについて検討してみたい。

　まず豊穣の角と運命の舵の両方を伴う図像については、フォルトゥナに
もテュケーにも共通しており、ローマ帝政期における運命の女神を指し示
す典型的な組み合わせであるといえる。この属性の組み合わせは運命の舵
よって運命の女神の本質的な特徴である「運命」を左右させる権能を示す
と同時に、幸運によってもたらされる豊穣を豊穣の角が示しており、皇帝
による繁栄と安寧を Fortuna Augusti の銘とともに誇示していたものと考
えられる。またフォルトゥナの坐像とともに Fortuna Redux の銘を用い
て戦勝からの帰還を指し示すことによって皇帝の権威を高めており、皇帝
崇拝にもつながる意味を持っていたと考えられる（Arya 2002, 337-338）。

　ローマ時代のアレクサンドリアでは豊穣の角と運命の舵をもつテュケー
の図像にエジプトの豊穣の女神イシスが習合して、頭部に牛の角と太陽円
盤をもつ像が航海の守護女神として祀られていた。またティルスなど地中
海東岸のフェニキアの港町ではテュケーとアスタルテが習合して航海の守
護神となっているが、運命の舵のモチーフは用いられていない。

フォルトゥナとテュケーの差異を考える際に最も問題となるのが城壁冠のモチーフである。すでにみたように首都ローマで造幣されたフォルトゥナのコインには城壁冠を被る姿で描かれたものはない。一方、テュケー像は運命の舵を伴う図像以外は、すべてにおいて城壁冠を被った姿で描かれている。ここには首都ローマと東方属州の各都市との状況の差異が反映されているように思われる。

　首都ローマにおいて諸皇帝はフォルトゥナへ政治や軍事活動が幸運に恵まれることを願い、プラエステネやアンティウムの神殿で祈りを捧げ、神託を賜ったのである[16]。またフォルトゥナは個人の邸宅に祀られるものでもあった。ガルバ帝はフォルトゥナが家の中に自分を招き入れてくれと懇願する夢を見て、目覚めて探したところ、高さ1クビトゥム（約50センチ）よりも少し高い青銅の女神像を見つけ、別荘の一室に祀って祈りを捧げたと伝えられている[17]。また皇帝の寝室には黄金のフォルトゥナの像が置かれることが習わしになっていた[18]。このようにフォルトゥナは国家ないし個人の運命を左右する女神として城壁冠を伴わずに運命の舵を伴って描かれているのである。

　一方、ローマ時代の東方属州は各都市がポリスとして互いに独立した形で競い、戦争においては都市毎にその存亡をかけて戦う状況にあった。従って、幸運を引き寄せることによって都市を守ることが、そこに暮らす個々人の生活を守ることにつながっていた。それ故に、テュケー像には都市の守護を象徴する城壁冠が必須のものであったと考えられる。

　前述したガダラのコインは表面が城壁冠を被ったテュケーの頭像、裏面が豊穣の角というものであったが、この組み合わせは東方属州において造幣されたコインではテュケー以外に見られない。このモチーフの組み合わせは都市の守護と繁栄を示しており、個人の幸運というよりはむしろ共同体全体の幸運と繁栄を祈念したものが反映されているといえる。

VI. おわりに

　本稿では主にコインの図像を中心に運命の女神として信仰されたフォル
トゥナとテュケーの差異について考察を行ってみた。古代ローマにおいて
運命の女神は共同体や個人の運命を左右する重要な女神であった故に、祈
願を刻んだ碑文にも数多く登場している。運命の女神の信仰のさらなる様
相を知るためにはこれらの碑文の分析を含んだ研究が必要となってくる。
それぞれの都市のおかれた歴史的な状況とあわせて碑文の分析を行うこと
で、より具体的な運命の女神への信仰の在り様をとらえていくことを今後
の課題としたい。

注

1) パウサニアス『ギリシア案内記』第 4 巻 30 章 4 節。

2) プリニウス『博物誌』第 2 巻 22 節。

3) 『風刺詩集』10 編 363 節。

4) アンティウムはローマから南南東に約 50 キロの場所にある港町で、現在のアンツィオ（Anzio）。カリグラ帝やネロ帝の生誕地としても知られている。

5) 『ギリシア記』第 4 巻 30 章 6 節。

6) 『ギリシア記』第 7 巻 26 章 8 節。

7) 『ギリシア記』第 6 巻 2 章 7 節、制作年代については前 296 年から前 293 年の間であったことをプリニウス（『博物誌』第 34 巻 51 節）が伝えている。

8) この岩はトルコ西部にあるシプルス山を示しているといわれている。

9) 『年代記』第 11 巻 275-276 節。

10) アンティオキアのテュケー像のその他の事例については Stansbury-O'Donnell 1994 を参照。

11) 豊穣の角に関するギリシア神話の伝承については、オウィディウス『祭暦』第 5 巻 115–128 節が最も詳細に記している。ニンフではなく牝山羊そのものがアマルテイアとしてゼウスを育てたという伝承もある。

12) 豊穣の角の役割については、Arya 2004: 70-75 を参照。

13) 『オリュンピア祝勝歌』第 12 歌第 3 行。

14) 女神キュベレとその信仰については、小川英雄 1985, 102–105; 2003, 85–101 を参照。

15) テュケーとキュベレの同一視については、フェルマースレン 1986, 52 を参照。パルミラのテュケーと呼ばれるデュラ・エウロポスで発見された浮彫彫刻には城壁冠を被った女神の足元にオロンテス川の神と獅子が描かれており、アンティオキアのテュケーとキュベレとが完全に習合した形になっている（Matheson 1994b, 26–27）。

16) スエトニウス『ローマ皇帝伝』第 8 巻（ドミティアヌス伝）15 章。

17) スエトニウス『ローマ皇帝伝』第 7 巻（ガルバ伝）4 章。

18) ユリウス・カピトリヌス『ヒストリア・アウグスタ』アントニヌス・ピウスの生涯、第 12 章。アエリウス・スパルティアヌス『ヒストリア・アウグスタ』セウェルスの生涯、第 23 章。

図版出典

図 1 　筆者作成。
図 2 　筆者作成。
図 3 　筆者作成。
図 4 　筆者作成。
図 5 　Murray, S. A. 1895: *Manual of Mythology: Greek and Roman Norse and Old German Hindoo Egyptian Mythology*, Philadelphia: David McKey Publisher, 224, Fig. 76.
図 6 　Meyer, J. 1897: *Meyers Konversations-Lexikon. Ein Nachschlagewerk des allgemeinen Wissens,* Leipzig und Wien, 5 Auflage, 17 Bände, 16.
図 7 　Broucke 1994, 36, Fig.17.
図 8 　筆者撮影および作成。
図 9 　Matheson 1994, 23, Fig.7 をもとに筆者作成。

参照文献

Arya, D. A. 2002: "The Goddess Fortuna in Imperial Rome: Cult, Art, Text," PhD Dissertation, University of Texas.

Broucke, P. B. F. J. 1994: "Tyche and the Fortune of Cities in the Greek and Roman World," In S. B. Matheson (ed.), *An Obsession with Fortune: Tyche in Greek and Roman art,* New Haven: Yale University Art Gallery, 35–49.

Eidinow, E. 2011: *Luck, Fate and Fortune: Antiquity and Its Legacy,* London: I.B. Tauris.

Matheson, S. B. (ed.) 1994a: *An Obsession with Fortune: Tyche in Greek and Roman art,* New Haven: Yale University Art Gallery.

Matheson, S. B. 1994b: "The Goddess Tyche," In S. B. Matheson (ed.), *An Obsession with Fortune: Tyche in Greek and Roman art,* New Haven: Yale University Art Gallery, 19-33.

Metzler, D. 1994: "Mural Crowns in the Ancient Near East and Greece," In S. B. Matheson (ed.), *An Obsession with Fortune: Tyche in Greek and Roman art,* New

Haven: Yale University Art Gallery, 76–85.

Stansbury-O'Donnell, M. D. 1994: "Reflections of the Tyche of Antioch in Literary Sources and on Coins," In S. B. Matheson (ed.), *An Obsession with Fortune: Tyche in Greek and Roman art*, New Haven: Yale University Art Gallery, 51–63.

小川英雄　1985：『古代オリエントの宗教』エルサレム宗教文化研究所。

小川英雄　2003：『ローマ帝国の神々：光はオリエントより』中公新書。

フェルマースレン、E. W.　1986：『キュベレとアッティス：その神話と祭儀』小川英雄（訳）、新地書房（M. J. Vermaseren, *Cybele and Attis: The Myth and the Cult*, London: Thames and Hudson, 1977）。

初期イスラーム時代のナバテア人
――イスファハーニー『歌の書』の考察を中心に――

徳 永 里 砂

Ⅰ．はじめに

　ナバテア人は前4世紀末に現れ、ペトラを中心に広大な隊商国家を築いたアラブ系民族として知られる。彼らの王国は106年にローマ帝国の属州として併合され幕を閉じるが、ナバテア人と呼ばれる人々はその後も存在し続けた。多くのナバテア人は周辺の他のアラブ部族と混ざり合って同化し、別の名前で呼ばれるようになるが（Hamarneh 1990: 425–427）、イスラーム時代のハディースや預言者伝、地理書、歴史書などの文献史料には、未だにナバテア人と呼ばれる人々の存在が確認される[1]。

　イスラーム時代のナバテア人は、「シリアのナバテア人（*anbāṭ al-shām*）」と「イラクのナバテア人（*anbāṭ al-ʿirāq*）」に大別される。「イラクのナバテア人」に関しては、古代のナバテア人とは無関係の南イラクのアラム系定住農耕民とされるが（Graf & Fahd 2012）、シリアのナバテア人は、南シリアのアラム系の農耕民を指す場合と、古代の王国を築いたナバテア人の末裔のアラブを指す場合がある（Hamarneh 1990: 434）。北アラビアにおいて正統カリフ時代まで古代のナバテア人の交易網を維持し、マディーナの人々にシリアのビザンティン帝国の動向を伝えていたナバテア人は、古代のナバテア人と関係があり、イスラーム軍の領土拡大に際し、密偵、情報提供者として活躍した。636年のヤルムークの戦い以

184

降、彼らはシリアの他のアラブ諸族とともにジュザーム族の名の下、ムスリム軍に組み込まれた。ウマイヤ朝時代に彼らはムスリムとなり、農業と交易に従事し、新しいイスラーム政権のために町や村の建設に携わった (Hamarneh 1990: 435)[2]。

　ナバテア人は歴史的記述の中に登場する他、アラビア語の文学作品の中にも登場する。アブー・アルファラジュ・アルイスファハーニー Abū al-Faraj al-Isfahāni（897–967 年）の『歌の書』*Kitāb al-Aghānī* は、アッバース朝時代にまとめられた膨大な詩の集大成で、10 世紀のアラブ文学の金字塔とされるものである[3]。その内容はイスラーム以前からの詩とそれらが詠まれた経緯のみならず、寓話、逸話、音楽、冗談に関するものまで非常に多岐に亘り、イスラーム時代初期の人々の暮らし、思考、感情に関する貴重な情報源でもある。これまでのナバテア人に関する研究は、ナバテア人の定義や歴史的役割の解明に重点が置かれきたため、『歌の書』の中のナバテア人への言及のごく一部が引用されるに留まっている (Hamarneh 1990: 433; Retsö 2003: 380)。しかし、イスラーム時代初期のナバテア人を理解するためには、その実態のみならず、ナバテア人について人々が抱いていたイメージを知ることも大切であり、詩を含む文学作品は大いにその手助けとなろう。そこで、本稿では『歌の書』のナバテア人を含む記述の分析を通して、初期イスラーム時代におけるナバテア人と呼ばれる人々の扱われ方と社会的位置付けを明らかにしたい。

II．『歌の書』のナバテア人

1．ナバテア人を表す言葉について

　アラビア語史料でナバテア人を指す言葉には、*nabaṭī*、*nabaṭ* 及び複数形の *anbāṭ*、*nabīṭ* があり、その他 *nabbaṭa*「ナバテア人呼ばわりする」、*tanabbaṭa*、*istanbaṭa*「ナバテア人になる」、*mutanabbiṭ*「ナバテア人の

ような」という表現が存在する。本研究では『歌の書』の最新の校訂本 Abu Faraj'Ali bin Al-Ḥusayn al-Isfahāni, *Kitāb al-Aghāni*, Iḥsān'Abbās et al. (eds.), Bayrūt: Dār Ṣādir, 25 vols., 2013 (13th ed.) を使用し、これらの単語及び活用形への言及について調べた。その結果、計28か所でナバテア人への言及が確認された。次の表は、ナバテア人を含む部分を抽出し、おおよその年代順に配列し、上記の校訂本における言及位置とその前後の概要を記したものである。

表：『歌の書』のナバテア人に関する記述

時代	史料番号	ナバテア人を表す言葉（訳語は「前後の概要」欄で太字表記した）	言及個所（巻／頁）
イスラーム以前	①	*qaum min al-nabaṭ* 〈前後の概要〉クダーア族もニザール族もマアッド族の支族である。クダーア族のフザイマ・ビン・ナフドがヤズクル・ビン・アンザを殺害したことを知って、ニザール族はクダーア族と戦った。クダーア族は敗北し、フザイマは殺された。クダーア族は分裂して方々に去り、そのうちの一派はバフライン方面の当時**ナバテア人の民**がいたハジャルに到達し、彼らを追い出してそこに住み着いた。	XIII/52
	②	*nabaṭ bi-yathrib* 〈前後の概要〉イエメンの最後のトゥッバゥ（ヒムヤル王）であるアブー・キルブ・ビン・ハッサーン・ビン・アスアド・アルヒムヤリーがイエメンからマシュリクへの旅の途上、マディーナに息子を置いていった。その後アブー・キルブはシリア経由でバフラインに到着し、ムシャッカルの砦に滞在していたとき、息子が暗殺されたことを知って、マディーナに引き返す。そのとき口ずさんだ詩の中で、彼は、自分は（悲しみのあまり）眠れず、一時間も目を閉じることができないが、**「ヤスリブのナバテア人たち**は安心して座っている」と言う。	XV/29
	③	*anbāṭ al-sawād* 〈前後の概要〉メアマーン（3世、ラフム朝）の没後、バクル・ビン・ワーイル族がサワードを襲撃した。するとカイス・ビン・マスウード・ビン・カイス・ビン・ハーリド・ズィー・ジャッダインがキスラー、アブルーイズ・ビン・フルムズ（ホスロー2世パルヴェーズ、サーサーン朝）の許にやってきて、サワードにバクル・ビン・ワーイル族が侵入しないようにする代わりに、食べ物を与えてくれるよう頼んだので、キスラーは彼にウブラとそれに従属する集落を分け与えた。ところが、バクル・ビン・ワーイル族のブジャイル・ビン・アーイズ・ビン・スワイド・アルアジュリーとマフルーク・ビン・アムル・アッ	XXIV/36

イスラーム以前	③	シャイバーニーはカーディスィーヤとティールナーバーズとそれらに従属する集落を襲撃し、各自が両手を戦利品で満たした。その時、マフルークと仲間たちの間に疫病が起こり、同軍のその他の死者に加えて5人が亡くなり、ウザイブの砂漠に埋葬された。そこで、マフルークは「それは**サワードのナバテア人**を連れてきて、私の兵士たちと騎兵たちは滅びた」と詠む。このことがキスラーに伝わるとバクル・ビン・ワーイル族への怒りを募らせた。彼らがヌアーマーンの武具と子供たちと家族を確保していることを知って、キスラーはウブラにいるカイス・ビン・マスウードに、お前はお前の民によって私を裏切った、お前が彼らのことは自分が責任を持つと主張したのだ、と言って彼を幽閉する。	

ヒジュラ～正統カリフ時代	④	*ikhwāninā banī nabīṭ*	XVII/120
		〈前後の概要〉ハーリジャ・ビン・ザイドが、「**我々の兄弟であるナバテア人たち**」のところで饗宴があり、招かれると、一、二人の奴隷女が、ハッサーン・ビン・サービトの詩「ダマスカスの門にいる友よ、見よ。誰かがバルカーの前にいるのが見えるか」を謡った。これを聞いてハッサーンは泣く。	
	⑤	*banī nabīṭ/āl nabīṭ*	XVII/120, 121
		〈前後の概要〉ハーリジャ・ビン・ザイドが**ナバテア人**のところの饗宴に招かれ、赴くとハッサーン・ビン・サービトも来ていた。ハッサーンはこの時既に失明していて、息子のアブドゥルラフマーンと一緒だった。食事が終わると、ラーイカとイッザという二人の奴隷女が連れてこられ、驚くようなやり方でタンバリンを叩きながらハッサーンの詩「ダマスカスの門にいる友よ、見よ。誰かがバルカーの前にいるのが見えるか」を歌った。すると、ハッサーンは涙を流しながら「自分がそこにいて、見聞きしているかのようだ」と詠んだ。**ナバテア人**の饗宴から戻ったハッサーンは足を組んで横になり、ラーイカとイッザが、かつてジャブラ・ビン・アルアイハムと過ごした時に聞いたことを思い出させてくれた、と語る。	
	⑥	*anbāṭ yathrib*	XVI/222
		〈前後の概要〉カリフ・ウスマーンは50夜にわたって自宅に籠城していたが、侵入者たちに襲われて殺害される。ウスマーンの妻ナーイラ・ビント・アルファラーサファはその時の目撃証言として、ムアーウィヤ・ビン・アビー・スフヤーンに「フザーア族とサァド・ビン・バクル族とフザイル族とムザイナ族とジュハイナ族と**ヤスリブのナバテア人**の集団は戦い続けました。その他の人々を見ていませんが、始めから終わりまで、ウスマーンに最も激しくあたっていたのはこれらの人々でした」と話す。	
	⑦	*sūq al-nabaṭ*	IV/270
		〈前後の概要〉**ナバテア人の市場**で、鹿のように美しい2人の娘に売春をさせている妻と暮らす男のところにイブン・ハルマがやってきて金を支払うと、男は家族に食べ物と飲み物を買っていた。イブン・ハルマは2人の娘とともにそこに留まり、とうとう所持金が少なくなった。そこに、お金を持った別の集団がやってくると、男はイブン・ハルマ	

	⑦	の場所を告げたが、彼らは彼を嫌悪し、彼に知られることを嫌がって出て行った。所持金の無くなったイブン・ハルマはこのことで店の主人と折り合いが悪くなり、店を出てゆく。	
ウマイヤ朝時代	⑧	*nabaṭ*　　　　　　　　　　　　　　　　　　　　　XI/149 〈前後の概要〉アブドゥッラー・ビン・アルフマイイルが彼の兄弟のタウバの殺害の後、彼の一族に謝罪するカスィーダ詩の冒頭で、「アーリマで心配が夜私に戻ってきた。債務者が借金を繰り返すように。**ナバテア人**とローマ人が晩にそこに留まっていようとも、心配事は［彼らのところに行くことはなく］私以外を欲していないかのようだ」と嘆く。	
	⑨	*al-nabīṭ*　　　　　　　　　　　　　　　　　　　　XX/199 〈前後の概要〉アルムゥタミド・ビン・スライマーンが「なぜガザーラ族とイラクの民の戦争が無益に長引いたのか」という問いに答える詩の中で、アイマン・ビン・アルフライムが「イラクの民は、ガザーラ族の騎兵が女たちをとらえ、戦利品を集め、**ナバテア人たち**を集めているときに、女歌手たちの胸を首飾りで飾りつけても、アッラーに対して恥ずかしくないのか、たとえルート（預言者ロト）がお前たちの長でも、災難が起きてもお前たちは彼を裏切るのだろう」と言って、イラクの民を糾弾する。	
	⑩	*khammār nabaṭī*　　　　　　　　　　　　　　　　XI/185 〈前後の概要〉ウカイシルが同族の者とシリア遠征に出かけた。ウカイシルには馬がなく、ロバで出かけた。スールの橋を渡って、カンナインという村に到着すると、彼は、自分の妻に売春させている**ナバテア人の酒屋**のところに隠れ、ロバを売り、その金で軍が戻ってくるまで飲んで放蕩に耽った。	
	⑪	*anbāṭ al-qurā*　　　　　　　　　　　　　　　　　XI/210 〈前後の概要〉アブー・ジャルダが、ハッジャージュによるアシュアスの兵への卑劣な行為を非難して詠んだ詩の中で、「我々は宗教もこの世も皆捨て、妻子も捨てた。我々は宗教の民ではなく、災難を被ればそれに耐える。また我々はこの世に執着する民ではなく、それを自ら禁じた。我々が宗教を望まないなら、我々の家々をアック族の悪党どもと**村々のナバテア人たち**とアシュアル族にくれてやるのだ」と言う。	
アッバース朝時代	⑫	*nabaṭī/ibn nabaṭīyyah*　　　　　　　　　　　　XIII/230 〈前後の概要〉クーファのアブー・アルアスバグには大変美しいアスバグという息子がいた。ヌールーズ（ペルシアの正月）の日、アブー・アルアスバグはヤフヤー・ビン・ズィヤードと朝食を共にしようと考え、ヤフヤーを招待するためアスバグを送った。ところが、ヤフヤーは少年奴隷に命じて彼を閉じ込め、彼の腰帯を切って犯し、40ディーナールを与えた。アスバグがヤフヤーの家を出ると、ムティーウ・ビン・イヤースがやって来て、アスバグを犯したことを白状させてしまう。その後ムティーウはヤフヤーとともにアブー・アルアスバグの家に行き、ヤフヤーが招き入れられた後も戸口で一時間待ったが、家に入ることを断られたため、ヤフヤーが行ったことを暴く詩をアブー・アルアスバグに書き送る。アブー・アルアスバグはそれを読	

ア ッ バ ー ス 朝 時 代	⑫	み、息子の腰帯が破けているのを見てヤフヤーのしたことを知り、激怒する。そこでヤフヤーは、「この私の息子はお前の息子よりも器量が良く、私はアラブでアラブ女の息子、お前は**ナバテア人**で、**ナバテア女の息子**だ。私がお前の息子を1回犯した代わりに、お前が私の息子を10回犯せ」と言う。その言葉で皆が笑い、アブー・アルアスバグの怒りも静まる。

nabbaṭahu/nabaṭīyyun min zanābīr	XIV/205
⑬ 〈前後の概要〉ハンマード・アジュラドの父ヤフヤーはヒンド・ビント・アスマーウ・ビン・ハーリジャのマウラーで、サワードの彼女の村で彼女の補佐をしていた。ヒンドはビシュル・ビン・マルワーンとの間に息子アブドゥルマリク・ビン・ビシュルを生み、アブドゥルマリクは母のマウラーたちを自分のところに連れてきた。ハンマード・アジュラドの父がサワードのヒンドの村にいるとき、バッシャールはハンマードを誹謗する詩「ウマルの父ハンマードにしっかりしがみついていろ、彼は**ザナービール出身のナバテア人**だ」を詠み、彼を**ナバテア人**呼ばわりした。	

nabbaṭahu	XIV/208
⑭ 〈前後の概要〉バッシャール・アルムワッリス(「肉卓持ち」。幼少時に耳に肉卓があったことからつけられた綽名)はハンマード・アジュラドを誹謗する詩を詠み、**彼をナバテア人呼ばわりした**が、アブドゥッラー・ビン・ヤースィーンはこれを否定する。彼はハンマードの祖父クライブを見たことがあるという。クライブは**ナバテア人**の産業ではない矢を削って羽を付ける仕事をしており、「矢作りのクライブ」と呼ばれ、アーミル・ビン・サアサア族のマウラーだった。	

al-nabaṭī ibn al-zāniyah	XIV/213
⑮ 〈前後の概要〉ハンマード・アジュラドがバッシャールについて「猿より醜い者よ、その猿が失明しなければ」と詠んだ時、バッシャールは、「この詩は20年以上前に私に向けられたもので、人に聞かれてこれを種に自分が誹謗されるのを恐れて口にしなかったのだが、とうとう**売春婦の息子のナバテア人**が見つけてしまった」と言う。	

al-nabaṭī ibn al-zāniyah	XIV/234
⑯ 〈前後の概要〉バッシャールはハンマード・アジュラドの詠んだ愛する奴隷少年についての詩を聞いて喜ぶが、それがハンマードの作であることを知り、「**売春婦の息子のナバテア人**」がこのような詩を詠むことを悲しんで2日間断食することを誓う。	

al-nabaṭī	XIV/237
⑰ 〈前後の概要〉バッシャールに息子が生まれた時に、それについてハンマード・アジュラドが詩の中で、子供の父は「イラク人かシリア人か、その他ローマ人か**ナバテア人**か、あるいはハムの子か」と言ってバッシャールの結婚は皆の非難の的だとけなす。	

al-nabīṭ/al-nabaṭ	XIV/88, 89
⑱ 〈前後の概要〉アブー・アルアサドがアリー・ビン・ヤフヤー・アルムナッジムに、大臣たちの幾人かから聞かれたことを質問したが、返答がなかった。それを聞いたハムドゥーン・ビン・イスマーイールは、	

アッバース朝時代	⑱	彼の質問に答えてくれた。そこで、アブー・アルアサドはアリーを誹謗し、ハムドゥーンを称賛する詩を詠む。その中で、アリーの一族については、卑しい出自であるにもかかわらず、由緒ある一族だと偽り、『『キスラーが私に財産を分け与え、相続させた。誰が私の前で驕り私の前に出ようか。』誰が**ナバテア人**との争いの地獄の最中にいるキスラーに伝えるだろうか。**ナバテア人**は悪魔の子供たちで、トカゲが自分の父は魚だと言うかのように、自分たちを生んだのはお前だと言っている。」一方、ニザール族とハーシム族は高貴な出自であるが、「カフターンの２つの先祖の地区、そこでは彼らは舌足らずの呪われた**ナバテア人**に囲まれている」と述べる。
		nabaṭī　　　　　　　　　　　　　　IV/6, 7
	⑲	〈前後の概要〉ムンディル・ビン・アリー・アルアトゥリーと弟ハイヤーン・ビン・アリーの許にアブー・アルアターヒヤが血まみれになってやってきて言った。「私は誰だ？」二人は彼に「おまえは我々の兄弟で、いとこで、仲間だ」と言った。すると彼は言った。「何某という肉屋が私のことを**ナバテア人**だといって暴行を加えた。もし自分が**ナバテア人**ならば、恥じて逃げただろう。そうでないのならば、あなたたちが立ち上がって、私のかたきを取ってきてくれ。」ムンディルは怒ってサンダルも履かずに彼とともに立ち上がり、彼に言った。「神にかけて、もし相手がムーサーの息子イーサー（イエス）だとしてもお前のかたきをとるだろう。」そして彼はアブー・アルアターヒヤとともに裸足で出かけ、彼のかたきを取った。
		nabaṭī　　　　　　　　　　　　　　VIII/255
	⑳	〈前後の概要〉ハールーン・アッラシードのところにアッバース・ビン・アルアフナフがいるとき、アスマイーがやってきた。アッバースは彼を当惑させようとして、「何か詩を創りたければ・・・」という詩の詠み手は誰かと聞くが、アスマイーは詠み手は**ナバテア人**だと言った上、悪戯をしたアッバースに、悪戯をするならばもっと上質のものでするよう諫める詩を返し、アッバースを恥じ入らせる。
		nabaṭī　　　　　　　　　　　　　　XI/231
	㉑	〈前後の概要〉ファドゥル・ビン・アッラビーウの面前でアッラワイフとアリー・ビン・アルハイサム・ジューンカーは言い争いで仲違いし、その後も不仲が続いた。アッラワイフはアブー・ヤアクーブ（・アルフライミー）があることでジューンカーを誹謗した詩を謡い、彼には慎みがないと言った。ジューンカーは自分がタグリブ族出身であるふりをした。アブー・ヤアクーブの詩は「アリー・ビン・ハイサム（*sic.*）よ、ジューンカーよ。お前は本当に私のところであるアラーキム出身で、アラブで、祖父は**ナバテア人**だ！　惨めだ、よって惨めな話だ。（中略）彼がアラブだと言ったら、叱りつけてお前は哀れな奴だと言ってやれ」というもので、アッラワイフはこれに自作の節をつけてカリフ、ハールーン・アッラシードの面前で謡った。そこにはファドゥル・ビン・アッラビーウもいて、彼は、息子も同然であるジューンカーをけなすのは自分がけなされたも同然と言ってカリフに訴えたためアッラワイフは罰せられるが、後に許された。

アッバース朝時代	㉒	*yā nabaṭī*	XXIII/189
		〈前後の概要〉ユースフ・アルハッジャージュはカリフ・ハールーン・アッラシードの奴隷たちに好かれていた。下手に詩を唄った詩人マンスール・アンヌマリーにハールーン・アッラシードが金を与えたことで当惑していた奴隷たちの様子を見て、ユースフに3千ディーナールを渡して自分について詩を詠ませる。ユースフがカリフを称賛する詩を詠むと、カリフはさらに、面白い話と自分を称賛する詩を求めたが、それに対してユースフはカリフの奴隷の一人を悪く言う詩を詠んだ。カリフが「なぜお前は私が言ったように私を詠まなかったのか、**ナバテア人め**」と問うと、ユースフは、ティグリス河の水位が上がってファドゥル・ビン・アッラビーウと自分の家が壊れたため、ファドルは新たに家を建てたが、その家が高すぎてユースフの家の風通しを妨げていることで自分は怒っているのだ、と話す。		
	㉓	*shaykh nabaṭī*	V/131
		〈前後の概要〉詩吟のことでイスハークと彼の父イブラーヒーム・アルマウスィリーが言い争いになり、彼らが最初に出会う者に各々の詩を評定させようということになる。そこに、ロバで茨を運ぶ**ナバテア人の長老**がやってきたので、二人は彼の前で詩を吟じる。		
	㉔	*nabbaṭa*	XV/156
		〈前後の概要〉カリフ・マアムーンは文人や批評家に広間(マジュリス)を開放し、彼の面前でムハンマド・ビン・アッバース・アッスーリーとアリー・ビン・アルハイサム・ジューンカーがイマームの役割の押し付け合いで争いになり、言い争いは続き、ついにムハンマドはアリーを**ナバテア人**呼ばわりした。そこでアリーは「お前は他の者が言ったことを話した。もしこの広間でなければ、お前にもっと言ってやるのだが!」と言い、カリフはムハンマドの無礼さに怒って席を立つ。		
	㉕	*kalām al-nabaṭ*	V/186
		〈前後の概要〉イスハーク・ビン・イブラーヒーム・アルマウスィリーがムハンマド・ビン・ラーシド・アルハンナークに、イブラーヒーム・アルマフディーのところに行って、彼の詩「我はこの世を去り(*dhahabtu*)、この世は我から去っていった」── *dhahabtu* と最後を伸ばさず発音すれば、詩の節は切れてしまうし、*dhahabtū* と発音すると、言葉は醜くなり、**ナバテア人の言葉**になってしまう──について聞いてくるように言う。		
	㉖	*rajulun min al-nabaṭ*	VI/11
		〈前後の概要〉ズバイル・ビン・バッカールがムハンマド・ビン・ムーサー・ビン・タルハにダーウド・ビン・サルムについて尋ねると、彼は自分たちのマウラーで、父は**ナバテア人の男**、母はウマル・ビン・ウバイドゥッラー・ビン・マウマルのマウラーのハウトの娘で、彼は母親の出自に属すると言って、イブン・マウマルを称える詩を詠む。		
	㉗	*nabaṭīyah*	XII/55
		〈前後の概要〉カリフ・アルムタワッキルはマルワーン・アルアスガルを良い位に置いたため、アリー・ビン・アルジャフムはマルワーン		

初期イスラーム時代のナバテア人 | 191

ア ッ バ ー ス 朝 時 代	㉗	を嫉妬し、中傷していた。カリフ・アルムタワッキルは両者のどちらが詩に秀でているか、イブン・ハムドゥーンに裁定を命じる。カリフはアリーにマルワーンを誹謗する詩を詠むよう命じるが、彼は酔っているからと言って辞退する。一方、マルワーンはカリフに命じられてアリー・ビン・アルジャフムを誹謗する詩を詠む。彼はアリーを罵って「イブン・バドゥル（アリー・ビン・アルジャフム）よ、アリーヤよ、お前は自分がクライシュ族だと言った。真実でないことを言った。黙れ、**ナバテア女**。黙れ、ジャフムの娘、黙れ、寄生虫持ち」と詠む。アッバーダがこれを太鼓に合わせて謡い、カリフを喜ばせる。	
	㉘	*al-anbāṭ*	XIII/130
		〈前後の概要〉ラァス・アルカブシュ（「雄羊の頭」）と呼ばれるヌマイル族の詩人がウマーラ・ビン・アキールを誹謗する詩を詠み、二人は詩のことで長い間争い合っていた。ヌマイル族との間に戦争が起きた時、ウマーラはラビーア族の支族であるカァブ族とキラーブ族をヌマイル族に対抗するよう煽り立て、詩の中で「お前たちが竿で馬を打たぬなら、**ナバテア人**と一緒に好きなようになればよかろう。ヌマイル族がお前たちと不当に売春婦の取引をし、彼らの噂は［人々の間を山から谷へ］上って下るだろう」と詠む。	

　次節以降では、ナバテア人に言及した伝承について、表の内容に基づき、イスラーム以前、ヒジュラ〜正統カリフ時代、ウマイヤ朝時代、アッバース朝時代に分けて年代順に考察する。

2. イスラーム以前

　イスラーム以前に位置付けられる伝承は、①〜③の3点である。

　①はイスラーム以前のクザーア族の詩人フザイマ・ビン・ナフドについての逸話である。ここでは、マアッド族に属するニザール族からクザーア族が分裂したいきさつについて述べられている。フザイマがニザール族のヤズクル・ビン・アンザを殺害したことによって起きた両部族間の戦争でクダーア族は敗北し、バフライン方面のハジャル（ハガル、現在のホフーフ）に行き、ナバテア人を追い出してそこに住んだという。

　②は詩人ウハイハ・ビン・アルジュラーフ（550年頃–）の逸話の一部であるが、ウハイハ自身はナバテア人を含む抽出部分よりも後に登場する。ここに出てくるアブー・キルブ・ビン・ハッサーンがトゥッバウ[4]最

後の王と紹介されていること、ウハイハが550年頃に生まれ、預言者ム
ハンマドの誕生以前までに亡くなっていること（Achèche 2012b）から、
この出来事はイスラーム以前に位置付けられる。この中で、バフラインに
いたアブー・キルブはマディーナに置いてきた息子が殺害されたため、マ
ディーナに向かう。その途上、自分は悲しみに暮れているのに「ヤスリブ
のナバテア人たち（nabaṭ bi yathrib）は安心して座っている」という詩
を口ずさむ。この言葉には、自分たちヒムヤル人と同様、ナバテア人はヤ
スリブのマイノリティーであるのに、なぜ自分たちだけに危険が及ぶの
か、という意味合いが込められているのであろう。

　③はサーサーン朝の緩衝国、ラフム朝の滅亡後、サーサーン朝とアラブ
のバクル・ビン・ワーイル族の間に604年〜611年の間（Vaglieri 2012）
に起きたディー・カールの戦いの背景を述べたものである。シャイバー
ニー族のカイス・ビン・マスウードがホスロー2世パルヴェーズの許に
やってきて、サワード[5]にバクル族が侵入しないようにする見返りとし
てバスラ近郊のウブラ地方を分け与えられる。ところが、バクル・ビン・
ワーイル族のブジャイル・ビン・アーイズ・アルアジュリーとマフルー
ク・ビン・アムル・アッシャイバーニーがサワードを襲撃する。その際に
マフルークの兵に疫病が起こって死者が出る。そこでマフルークが詠んだ
詩が「それはサワードのナバテア人 anbāṭ al-sawād を連れてきて、私の
兵士たちと騎兵たちは滅んだ」[6]というものである。ここでの「サワード
のナバテア人」はアラム系の農民「イラクのナバテア人」を指すと考えら
れる。

3.　ヒジュラから正統カリフ時代まで

　ヒジュラから正統カリフ時代に位置付けられる伝承は④・⑤（伝承経路
の異なる同一の逸話）、⑥、⑦の4点で、それら全てがマディーナ（ヤス
リブ）に住むナバテア人に言及するものである。

初期イスラーム時代のナバテア人 | 193

④と⑤は女歌手イッザ・ビント・アルミーラーに関する章で扱われている、詩人でムハンマドの教友のハッサーン・ビン・サービト（659年頃没）についての逸話で、マディーナの7人の法制学者の一人であるハーリジャ・ビン・ザイド（717–719年頃没）の体験として語られている。ハッサーンはハーリジャと同じくハズラジュ族に属し、ヒジュラ時にイスラームに改宗したが、当時おそらく60歳には満たないが既に高齢あったと言われる（'Arafat 2012）。この話は、ハッサーンが既に失明している様子から推測すると、ヒジュラ以降の出来事と考えられる。④ではハーリジャは、「我々の兄弟であるナバテア人のところで饗宴があった」と言い、ハッサーンを含む他の客人たちとナバテア人のところで食事をとる。ハッサーンはそこでイッザらがハッサーンの詩を唄うのを聴き、若い頃シリアのガッサーン朝の王ジャブラ・ビン・アルアイハムのところで過ごしたことを涙ながらに回想する。ここではナバテア人を表すのに *banī nabīṭ* という言葉が使われ、マディーナの一部族のように扱われている。ハッサーンとハーリジャを招いたナバテア人はムスリムで、ハーリジャは彼らを同胞として「我々の兄弟」*ikhwāninā* と呼び、互いに親交があったものと考えられる[7]。

⑥は656年の第3代正統カリフ、ウスマーンの殺害についての記述で、彼の妻ナーイラ・ビント・アルファラーサファがムアーウィヤ・ビン・アビー・スフヤーンに話したものである。籠城していたウスマーンは侵入者たちに殺害されるが、ナーイラは、始めから終わりまで、ウスマーンを激しく攻撃していた人々として、フザーア族、サァド・ビン・バクル族、フザイル族、ムザイナ族、ジュハイナ族の集団に加えてヤスリブのナバテア人 *anbāṭ yathrib* の集団を挙げている。

⑦はマディーナの詩人イブン・ハルマ（709–786年頃）の逸話で、「ナバテア人の市場」*sūq al-nabaṭ* に言及している。イブン・ハルマの生没年から考えると、この出来事はおそらくは8世紀半ば頃のことであろ

う。ここではイブン・ハルマが、おそらくナバテア人であろう男が自分の
2人の美しい娘たちを働かせている売春宿のようなところで過ごす。マ
ディーナの「ナバテア人の市場」は、ハディースをはじめとする他の史料
でも確認されている。ナバテア人はイスラーム以前から預言者ムハンマド
の時代、シリアとの交易に従事し、マディーナに油や小麦などを供給する
とともにシリア情勢を伝えていた（*Maghāzī*, 989–990; Ka'bī 2012: 95)。

4. ウマイヤ朝時代

　ウマイヤ朝時代に位置付けられるものは、年代順に⑧～⑪の4点であ
る。

　⑧ではアブドゥッラー・ビン・アルフマイイルが彼の兄弟のタウバの
殺害の後、彼の一族に謝罪するカスィーダ詩を詠む。タウバはイスラー
ム前夜のマディーナで生まれた詩人で、彼の殺害は7世紀後半とされる
（Achèche 2012a)。アブドゥッラーは、「債務者が借金を繰り返すように。
ナバテア人とローマ人が晩にそこ（アーリマ）[8] に留まっていようとも、
心配事は［彼らのところに行くことはなく］私以外を欲していないかのよ
うだ」と詠む。ここでのナバテア人はローマ人と同列に言及されているこ
とから、シリアかマディーナに交易に来ているナバテア人を示していると
考えられ、本来ならば、心配事を抱えているのはナバテア人であるとい
う前提がここに存在している。従って、この詩でのナバテア人の位置付け
は、前述の②のアブー・キルブ・ビン・ハッサーンの詩のそれに類似して
いる。

　⑨はカリフ、マルワーン1世の息子たち、アブドゥルアズィーズとビ
シュルの時代（7世紀後半）に活躍した（Pellat 2012)詩人アイマン・ア
ルフライムの逸話である。ここでは、アイマン・ビン・アルフライムが、
ガザーラ族の攻撃に際して現を抜かしているイラクの民を糾弾する詩の中
で、ガザーラ族の騎兵が「ナバテア人たちを集めている」と言う。ここで

のナバテア人はイラクの民の支配下にあるアラム系の農民を示していると考えられる。

　⑩は詩人ウカイシル（699年あるいは703年没）のウマイヤ朝の第二次内乱時の逸話である。ウカイシルは若い時分にクーファに移り住み、そこで一生を過ごした。ヤズィード1世（683年没）の没後、マッカで預言者の妻アーイシャの甥イブン・アッズバイルがカリフ宣言し、ウマイヤ朝は分裂した。その時、ウカイシルは徴兵され、イブン・アッズバイル側の軍に加わってシリア遠征に向かう（Arazi 2012）。ところが、⑩によると彼はその途中、イラクのスール[9]の川向うのカンナイン村でナバテア人の酒屋（*khammār nabaṭī*）のところに隠れ、ロバを売って、その金で軍が戻って来るまで飲んで放蕩に耽った。このナバテア人は妻に売春をさせていたと記されている。

　⑪は第5代カリフ、アブドゥルマリク時代（685–705年）に活躍した詩人アブー・ジャルダの詠んだ詩である。彼はイブン・アシュアスとともにかつては近しい仲であったイラク総督ハッジャージュに反乱を起こして戦い、アルハッジャージュに殺された（*Aghānī* XI, 209）。この詩は、ザワーヤの戦い（ハッジャージュとアシュアスの軍の戦い）のときに、アブー・ジャルダがハッジャージュを非難して詠んだものである。その中に、「村々のナバテア人」*anbāt al-qurā* は「アック族の悪党ども」とアシュアル族と同列に扱われている。ここでの「村々のナバテア人」は、アブー・ジャルダがクーファに在住していることから、イラクのナバテア人を指していると考えられる。アック族とアシュアル族は7世紀初めにはイエメンのティハーマにいて、イエメンのアスワド・アルアンシーによるリッダの反乱の際にはムスリム側についた。預言者ムハンマドの没後、アック族とアシュアル族の一部がアック族の支族スハールの領土に結集したが、マディーナから送られていたターヒル・ビン・アビー・ハラーとアック族の族長に滅ぼされたという出来事があり（Caskel 2012）、⑪で言

及されている両部族はこの時スハールの領土に結集していた者たちのこと
を示しているのであろう。

5．アッバース朝時代

『歌の書』のナバテア人への言及を含む逸話は、アッバース朝に位置付
けられるものが最も多く、⑫〜㉘の 17 点である。

⑫〜⑰はアッバース朝時代初期に位置付けられる。

⑫は、ウマイヤ朝末期からアッバース朝初期の詩人ムティーウ・ビン・
イヤースの逸話である。クーファのアブー・アルアスバグはムティーウの
書き送った詩によって、ヤフヤー・ビン・ズィヤードが自分の息子を犯し
たことを知って激怒するが、この時、ヤフヤーは彼に「私はアラブでアラ
ブ女の息子、お前はナバテア人で、ナバテア女の息子だ」と言って、自分
の優越性を示している。

⑬〜⑰ではウマイヤ朝末期からアッバース朝第 3 代カリフ、マフ
ディーの時代（775–785 年）に活躍した詩人ハンマード・アジュラドと、
ライバル関係にある詩人バッシャール・ビン・ブルドがお互いに詩で誹謗
し合う様子が描かれている。⑬、⑮、⑯でバッシャールはハンマードをナ
バテア人呼ばわりし、⑬ではハンマードを「ザナービール出身のナバテア
人」と[10]、⑮、⑯では「売春婦の息子のナバテア人」と呼ぶ。一方、⑭で
はハンマードの祖父クライブに会ったことのあるアブドゥッラー・ビン・
ヤースィーンが、クライブがナバテア人の生業には含まれない矢作りを営
んでいたことから、ナバテア人ではないと言って彼を擁護している。

⑱は第 2 代カリフ、マンスール時代（754–775 年）から第 5 代カリフ、
ハールーン・アッラシード時代（786–809 年）の詩人アブー・アルアサ
ド・アルヒンマーニーの逸話である。彼のアリー・ビン・ヤフヤー・ア
ルムナッジム（888/889 年没）を誹謗し、ハムドゥーン・ビン・イスマー
イールを称賛する詩の中で、「ナバテア人との争いの地獄の最中にいるキ

初期イスラーム時代のナバテア人　｜　197

スラー」、「ナバテア人は悪魔の子供たち」、「舌足らずの呪われたナバテア人」という表現が見受けられる。

⑲は、カリフ・マフディーの時代から活躍を始めた詩人アブー・アルアターヒヤ（748–828 年）の逸話である。ここでは、ムンディル・ビン・アリー・アルアトゥリーと弟ハイヤーンの許にアブー・アルアターヒヤが血まみれになってやってきて「私は誰だ？」と問う。二人が「あなたは我々の兄弟で、いとこで、仲間だ」と言うと、「何某という肉屋が私のことをナバテア人だといって暴行を加えた。もし自分がナバテア人ならば、恥じて逃げただろう。」と言う。これを聞いたムンディルは激怒し、アブー・アターヒヤとともに復讐に出かける。同族の者がナバテア人呼ばわりされることが、一族の威信にかかわる問題であったことがわかる。

⑳〜㉒には第 5 代カリフ・ハールーン・アッラシードが登場し、㉓もおおよそこの時代に位置付けられる。

⑳は詩人アッバース・ビン・アルアフナフ（750 年頃–9 世紀初頭）の逸話である。ハールーン・アッラシードのところで、アッバースは高名な詩人アスマイーを当惑させようとして、「何か詩を創りたければ……」（idhā aḥbabta 'an taṣna' shay'an…）という詩の詠み手は誰かとアスマイーに尋ねるが、彼は詠み手はナバテア人だと言った上、悪戯をしたアッバースに、悪戯をするならばもっと上質のものでするよう諫める詩を返し、アッバースを恥じ入らせる。

㉑は音楽家アッラワイフ（アリー・ビン・アブドゥッラー・ビン・サイフ）（850 年頃没）の逸話である。アッラワイフとアリー・ビン・アルハイサム・ジューンカーは仲が悪く、アッラワイフはかつてアブー・ヤアクーブ・アルフライミー（821 年没）がタグリブ族出身であるふりをしたジューンカーを誹謗した詩を謡う。アブー・ヤアクーブの詩は「お前（ジューンカー）は本当に私のところであるアラーキム[11]出身で、アラブで、祖父はナバテア人だ！　惨めだ、よって惨めな話だ[12]」。（中略）彼が

アラブだと言ったら、叱りつけてお前は哀れな奴だと言ってやれ」というもので、アッラワイフはこれをカリフ、ハールーン・アッラシードの面前で謡った。そこにはファドゥル・ビン・アッラビーウもいて、彼は、息子も同然であるジューンカーをけなすのは自分がけなされたも同然と言ってカリフに訴えたためアッラワイフは罰せられる。アッラワイフ自身はソグディアナ出身のマウラーであった（Neubauer 2012）。

㉒は詩人ユースフ・アルハッジャージュの逸話である。ここでは、ハールーン・アッラシードがユースフに自分を称賛する詩を求めるが、ユースフはカリフの奴隷の一人を悪く言う詩を詠んだので、カリフは「なぜお前は私が言ったように私を詠まなかったのか？　ナバテア人め」と問う。ユースフはサキーフ族の出身であり[13]、カリフは怒りのあまり彼をナバテア人と呼んだのであろう。

㉓はハールーン・アッラシードの時代から第10代カリフ、ムタワッキルの時代（847–861年）に活躍した詩人イスハーク・アルマウスィリー（767–850年）とその父イブラーヒーム・アルマウスィリー（742–804年）の逸話である。その中で、イスハークと彼の父イブラーヒームは、ロバで茨を運ぶナバテア人の長老に出会う。

㉔と㉕はおおよそ第7代カリフ、マームーン時代（813–833年）に位置付けられる。

㉔は、詩人アムル・ビン・マアディーカラブに逸話の一部であるが、アムル自身はこの後に登場する。ここでは、㉑でもナバテア人呼ばわりされたジューンカーが、ここではカリフの面前でムハンマド・ビン・アッバース・アッスーリーと言い争いになり、ムハンマドはジューンカーをナバテア人呼ばわりする。ジューンカーは、ムハンマドが他人の受け売りをしていると言ってムハンマドを誹謗し[14]、カリフはムハンマドの無礼さに怒って席を立つ。

㉕は㉓に登場したイスハーク・アルマウスィリーの逸話である。ここ

では、イスハークがイブラーヒーム・ビン・アルマフディー（779–839年）[15] の詩「我はこの世を去り、この世は我から去っていった」（*dhahabtu min al-dunyā wa qad dhahabat minnī*）の中の、「私は去った」を、*dhahabtu* と最後の音を伸ばさず発音すれば詩の節は切れてしまうし、最後を伸ばして *dhahabtū* と発音すると、言葉は醜くなり、ナバテア人の言葉になってしまうと言う。

㉖〜㉘の逸話はムタワッキルの時代に位置付けられる。

㉖はウマイヤ朝時代からアッバース朝時代まで活躍したマディーナの詩人ダーウド・ビン・サルムの出自について、歴史家ズバイル・ビン・バッカール（788/9–870 年）がムハンマド・ビン・ムーサー・ビン・タルハに尋ねる話である。ムハンマドは、ダーウードの父はナバテア人の男、母はウマル・ビン・ウバイドゥッラー・ビン・マゥマルのマウラーのハウトの娘であるから、彼は母親の出自に属すると言い、マゥマルを称賛する。ダーウードは容姿のことでは悪く言われているが（*Aghānī* VI, 11ff）、出自についてはこれ以上問題にされていない。

㉗はアッバース朝後期の詩人マルワーン・アルアスガル・ビン・アビー・アルジャヌーブの逸話である。ここで、マルワーンはカリフ・アルムタワッキルに命じられてアリー・ビン・アルジャフムを誹謗する詩を詠む。詩の中で、彼はアリーがナバテア人の出自をクライシュ族だと偽ったと糾弾し、さらに彼を女性に見立て、「黙れ、ナバテア女」と嘲る。マルワーン自身の家系はペルシャ系かユダヤ系であったとされる（Bencheikh 2012）。

㉘は詩人ウマーラ・ビン・アキール・ビン・ビラール・ビン・ジャリール[16] の逸話である。ヌマイル族との間に戦争が起きた時、ウマーラはラビーア族の支族であるカァブ族とキラーブ族を煽ってヌマイル族と戦わせるため、もし彼らが戦わないのなら、「ナバテア人と一緒に好きなようになればよかろう」と詠む。

Ⅲ．初期イスラーム時代におけるナバテア人の位置付け

『歌の書』のイスラーム以前から正統カリフ時代に関する記述に登場するナバテア人は、③の「サワードのナバテア人」を除き、全て古代のナバテア人の系統をひくマディーナのナバテア人である。ヒジュラ前後のマディーナにはアラブのみならず、ユダヤ系の部族も存在したが、そのような中でナバテア人は自らの市場を持ち、同じ共同体の中の一部族という扱いを受けていた。㉑に見られるように、「ナバテア人の市場」の中で風紀の悪い商売を行う者もいたが、マディーナでは表立ったナバテア人差別は確認されない。④、⑤のようにムスリムとなったナバテア人はアラブから同胞として見做され、共に饗宴を楽しんでいる。また、⑥ではフザーア族らとともにカリフ・ウマルの殺害に加担していることから、彼らがマディーナの社会の構成員として政治的な問題にもかかわっていたことが示唆される。

　ウマイヤ朝時代に関する記述を見てみると、⑧で問題を抱えていそうな人々の例としてローマ人と列記され、⑩〜⑪ではイラクのアラム系の被征服民としてのナバテア人が登場する。ナバテア人は⑩では酒屋で売春業を行っており、⑪の詩では「アック族の悪党ども」と同列に扱われているように、良い印象を抱かせるものではない。因みに㉖はアッバース朝後期の話であるが、それ以前のマディーナの詩人ダーウド・ビン・サルムの出自を話題としている。ダーウドは母方に属しており、父がナバテア人であることで差別を受けている様子はない。

　アッバース朝時代に位置付けられる逸話のナバテア人は前述の㉖を除き、詩人たちの活動の場であるイラクのナバテア人を指している。ここでのナバテア人は、恥ずべき卑しい存在として社会の中であからさまな差別の対象であった。⑲でアブー・アルアターヒヤはある肉屋が彼をナバテア

人呼ばわりして暴行したと言っているが、彼はこれに対して、もし自分が
ナバテア人ならば恥じて逃げたところだと話している。⑫では、アブー・
アルアスバグが自分はアラブで相手がナバテア人だということを、自らの
優越を示す根拠にしている。さらに、㉑、㉗ではナバテア人の血を引く者
がアラブ人を名乗ることが誹謗される。また、ナバテア人の言語は美しく
ないと見做された。㉕ではナバテア人の言語が醜いものとして扱われ、㉖
では「舌足らずの呪われたナバテア人」と言われる。⑳では図らずもナバ
テア人の詩を取り上げてしまったアッバース・ビン・アルアフナフが恥じ
入っている。さらに、バッシャールやアッラワイフ、マルワーン・アルア
スガルのような非アラブの家系に属する者までもが差別的な詩を詠んだ。

　このような背景の下、この時代、ナバテア人という言葉は侮蔑語として
も使われるようになった。⑲、㉔、㉘、は、ナバテア人でない者にとって
ナバテア人呼ばわりされることが大変な屈辱であったことをよく示してい
る。⑬、⑮、⑯では、バッシャールがハンマード・アジュラドを貶すため
に繰り返し彼をナバテア人呼ばわりし、㉒では、怒ったハールーン・アッ
ラシードがユースフ・アルハッジャージュを「ナバテア人」と呼んでい
る。

　その他、事実関係の描写の一環としてナバテア人が登場する⑰を含めて
も、アッバース朝時代の記述にナバテア人が称賛されたり、好意的に扱わ
れたりする例は存在しない。

IV．おわりに

　以上、本稿ではイスファハーニー『歌の書』に登場するナバテア人の
分析を通して、イスラーム時代初期のナバテア人の扱いについて考察し
た。その結果、イスラーム前夜から正統カリフ時代までのマディーナのナ
バテア人は社会の構成員として比較的対等に扱われていたが、アッバース

朝時代以降のイラクのアラム系農耕民としてのナバテア人は差別の対象であり、ナバテア人でない者にとってナバテア人呼ばわりされることは大変な屈辱であったことが明らかになった。『歌の書』の記述に見られるマディーナのナバテア人とイラクのナバテア人の扱われ方の差は歴然としており、このことから、激しいナバテア人蔑視の傾向はイラクに端を発すると考えて差し支えないであろう。

　マディーナのナバテア人たちがシリアとの間を結ぶ商人で、アラブであったのに対し、イラクのナバテア人がアラブの支配下にあり、アラビア語以外の言語を話す農民であったことは、たとえ彼らが改宗しようとも、当時のアラブにとっては格好の差別の的だったのである。遊牧民であり勇敢な戦士であることを誇るアラブにとって、平和的な定住農耕民は決して自分たちの理想ではなかった。さらに、アラブが支配者として彼らの上に立ち、同じ土地で暮らすようになったとき、あからさまな差別意識が生まれ、それに乗じて他の非アラブ系の人々の間もナバテア人を蔑視するようになったと考えられる。『歌の書』に登場するのはマディーナとイラクのナバテア人だけであったが、ハディースではシリアのナバテア人の小作人が地租の取り立てに際して拷問されたことが諌められており[17]、その他の地域においてもナバテア人の差別や虐待が存在したことが窺われる。

　興味深いことに、現在のアラブたちはナバテア人という言葉にかつて屈辱的な意味があったことを忘れている。古代のナバテア人の築いたペトラをはじめとする遺跡と彼らの高い技術はヨルダンの人々の誇りであり、南ヨルダンのベドウィンたちの中には、歴史的信憑性がないにもかかわらず、自分たちの部族がナバテア人の末裔であると主張する人々すら存在する（Mouzahem 2013)[18]。『歌の書』では、正統カリフ時代以降の北アラビアのナバテア人についての記述が途絶える。その後、彼らが他のアラブ部族と同化するなどして、そのアイデンティティーを失ってゆく経緯については、今後、他の文献を精査してゆく必要がある。

注

1) ナバテア人に言及したイスラーム時代の文献史料の概要については Abdul-Karim 1990 と Hamarneh 1990 を参照のこと。

2) ヒジャーズ地方以外のアラビア半島でも、オマーン、東アラビアのハジャル、南アラビアのナジュラーンにもナバテア人と呼ばれる人々が存在したが、彼らはアラブ系の農耕民と考えられる（Retsö 2003: 380）。

3) 『歌の書』の全体の構成と研究史については Kilpatrick 2003 を参照のこと。

4) アラブの伝承におけるイエメンのヒムヤル王を指す言葉。

5) 南イラクを指す。

6) ここでの「彼」とは、キスラーからナバテア人の住むサワードの一部を得たカイスを示しているのであろう。

7) ムバッラドによる同一の逸話では「アンサールのナバテア人」*banū nabīṭ min al-anṣār* と記されている（*Kāmil*, 388）。

8) アーリマは地名とされる（*Aghānī* XI, 149, n. 4）

9) バビロン地方の村（*Aghānī* XI, 185, n. 1）

10) 『歌の書』の校訂者は *zanābīr* をイエメンの地名とし、ダナーニール *danānīr* という読み方の可能性も示唆しているが（*Aghānī* XIV, 205）、イラクのマンスーリーヤ地方のザナービール（Azāwī 2005, 272）に同定するのが妥当であろう。

11) タグリブの一地区（*Aghānī* XI, 231, n. 2）。タグリブはイラクのユーフラテス河下流に位置する。

12) 「惨めだ、よって惨めな話だ」（*danbaqan thumma al-ḥadith danbaqan*）——この *danbaq* という語は *Lisān* などの古典辞書にも言及がないが、ここでは文脈から判断し、「惨めな」と仮訳した。

13) サキーフ族のマウラーであったともいわれる（*Aghāni* XXIII, 185）。

14) ㉑のアブー・ヤアクーブの詩を意図していると考えられる。

15) イブラーヒーム・ビン・アルマフディーは第3代カリフ・アルマフディーの息子であるが、825年あるいは826年頃から晩年までは音楽家として過ごした（Sourdel 2012）。

16) ウマイヤ朝時代の高名な詩人ジャリールの曾孫にあたる（Levi Della Vida 2012）。

17) ナバテア人たちは「太陽に晒されて、頭に油を注がれていた」。また、別の伝承では地租ではなく人頭税のことで投獄されたとされる（*Riyāḍ*, No. 1606, 436）。ここでのナバテア人はアラム系のキリスト教徒の農民である可能性が高い。

18) 筆者も2014年7月のヨルダン滞在中、ショーバク在住のあるベドウィンが「私は

ナバテア人だ」と語ったことを記憶している。

史料

Aghānī: Ḥusayn al-Isfahāni, *Kitāb al-Aghāni*, Ihsān'Abbās et al. (eds.), Bayrūt: Dar Ṣādir, 25 vols., 2013 (13th ed.)

Kāmil: W. Wright (ed.), *The Kāmil of El-Mubarrad*, vol. 1, Leipzig: F. A. Brockhaus, 1874.

Lisān: Ibn Manẓur, *Lisān al-'Arab*, Bayrūt: Dār Ṣādir, 15 vols.

Maghāzī: Muḥammad bin 'Umar bin Wāqid Al-Wāqidī, *Kitāb al-Maghāzi*, Marsden Jones (ed.), Bayrūt: 'Ālam al-Kutub, 1984.

Muwaṭṭa': Mālik bin Anas, *Al-Muwaṭṭa' Mālik*, Muḥammad Fu'ād 'Abd al-Bāqī (ed.), 2 vols., al-Qāhira: Muṣṭafā al-Bābī al-Ḥalbī, 1985.

Riyāḍ: Yaḥya bin Sharaf al-Nawawī al-Dimashqī, *Riyāḍ al-Ṣāliḥīn*, al-Qāhira, Dār al-Rayyān al-Turāth, n.d.

略号

EI²: *Encyclopaedia of Islam, Second Edition*. P. Bearman et al. (ed.), Leiden: Brill Online, 2012 (Print edition by Brill: 1960-2007).

参照文献

Abdul-Karim, M. A. 1990: "Lexical, Historical and Literary Sources of the Nabataeans in the Arab Tradition," in *Aram*, 2: 1 & 2, pp. 421-424.

Achèche, T. El 2012a: "Tawba b. al-Ḥumayyir," in *EI²*.

Achèche, T. El 2012b: "Uḥayḥa b. al-Djulāḥ," in *EI²*.

'Arafat, W. 2012: "Ḥassān b. Thābit," in *EI²*.

Arazi, A. 2012: "al-Uḳayshir," in *EI²*.

'Azāwī, A. Al-, 2005: *Mausū'at 'ashā'ir al-'irāq*, vol. 3, Bayrūt: al-Dār al-'Arabīyah li-al-Mausū'āt.

Bencheikh, J. E. 2012: "Marwān al-Akbar b. Abī Ḥafṣa and Marwān al-Aṣghar b. Abi 'l-Djanūb," in *EI²*.

Caskel, W. 2012: "'Akk," in *EI²*.

Graf, D. F. & Fahd, T. 2012: "Nabaṭ," in *EI²*.

Hamarneh, S. K. 1982: "The Role of the Nabateans in the Islamic Conquests," in *Studies in the History and Archaeology of Jordan* I, Amman: Department of Antiquities of Jordan.

Hamarneh, S. (K.) 1990: "The Nabateans after the Decline of Their Political Power: From the Arabic Islamic Sources," *Aram*, 2: 1 & 2, pp. 425-436.

Ka'bī, A. Al-, 2012: *al-Dawlah al-'Arabīyyah fī Ṣadr al-Islām*, Dimashq: Dār al-Ṣafḥāt.

Kilpatrick, H. 2003: *Making the Great Book of Songs: Compilation and the Author's Craft in Abû I-Faraj al-Isbahânî's Kitâb al-Aghânî*, London and New York: Routledge.

Levi Della Vida, G. 2012: "Numayr," in *EI²*.

Mouzahem, H. 2013: "Petra's Former Cave Dwellers Neglected by Authorities" (translated by Tyler Huffman), http://www.al-monitor.com/pulse/originals/2013/12/jordan-petra-cave-dwellers-neglect-authorities.html# (2015 年 11 月 28 日閲覧)

Neubauer, E. 2012: "'Allawayh al-A'sar," in *EI²*.

Pellat, Ch. 2012: "Ayman b. Khuraym," in *EI²*.

Retsö, J. 2003: *The Arabs in Antiquity: Their History from the Assyrians to the Umayyads*, London and New York: Routledge.

Sourdel, D. 2012: "Ibrāhīm b. al-Mahdī," in *EI²*.

Veccia Vaglieri, L. 2012: "Dhū Ḳār," in *EI²*.

パレスチナ自治区ブルジュ・ベイティン遺跡の塔の機能と年代
—— ビザンツ時代、十字軍時代の塔との比較を通して ——

杉 本 智 俊

Ⅰ．序論

　慶應義塾大学西アジア考古学調査団は、2012 年度からパレスチナ自治区ブルジュ・ベイティン遺跡において考古学的発掘調査を行っている[1]。同遺跡は、エルサレムの北 17 キロに位置するベイティン村にあり（図 1）、その中央にほぼ正方形のプランを持つ切り石積みの塔が存在している（図 2）。ベイティン村は旧約聖書の町ベテルと同定されており、この場所には族長アブラハムやヤコブを記念する教会堂があったという伝承もある[2] が、この塔の外観は教会堂の一部とは考えにくい。そこで本論では、この塔がいつ頃建設され、どのような機能をもった建築なのかを検討したい。

　南レヴァント地方で正方形のプランを持つ切り石積みの塔が見られるのは、ビザンツ時代と十字軍時代である[3]。本論では、まずそれらに関する研究を整理した上で、ブルジュ・ベイティン遺跡の発掘成果と比較し、この塔の年代と性格を解明することとする。また、この塔と非常によく似た遺構は、ビザンツ時代のものも十字軍時代のものも複数残存しており、筆者はそれらの代表的なものを実見しているので、その情報も合わせて検討に用いる。

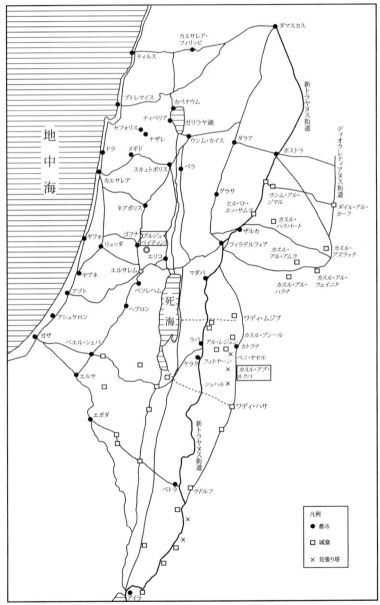

図1　ブルジュ・ベイティン遺跡の位置

図2　発掘前のブルジュ・ベイティン遺跡

II. ビザンツ時代の正方形のプランを持つ切り石積みの塔

1. ビザンツ時代の城塞網

　ヨルダン・ハシミテ王国のケラクの東の荒野に位置するカスル・アブ・ルクバ遺跡は、ブルジュ・ベイティン遺跡の塔と非常によく似た外観をしている（図3）。S. T. パーカーは、ビザンツ時代の城塞がヨルダン東部の砂漠地帯とその西側の都市が集中する高原地帯の間に列をなして存在していたことを示し、カスル・アブ・ルクバ遺跡の塔もそのひとつであったとしている（Parker 1986; Clark and Parker 1987, fig. 10）。パーカーは、「アラビア地方ローマ帝国防御線プロジェクト」the Limes Arabicus Project という総合的な調査を行っているので、これらについては、その成果を利用することができる。また、ギホン（Gichon 1967a, 1967b, 1974, 1986）は、同様の城塞網がアラバ渓谷西側のネゲブ砂漠にあったことを示してい

図3 カスル・アブ・ルクバ遺跡

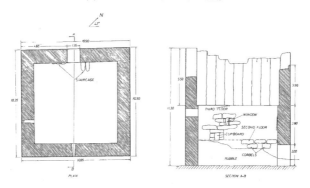

図4 カスル・アブ・ルクバ遺跡のプラン (Parker, 1987, fig. 7)

る。筆者は2014年7月30日から8月2日にこの地域を踏査し、カスル・アブ・ルクバ遺跡など幾つかの城塞を実際に観察した[4]。

　カスル・アブ・ルクバ遺跡はこれまで発掘されたことがないが、パーカーは測量調査に基づいた図面を公開している(図4)。それによると、この遺跡はほぼ10メートル四方のプランをした建物(北面10.9メート

ル、東面 10.5 メートル、南面 10.85 メートル、西面 10.25 メートル）で、
3 階建てである。1 階部分の入り口の高さは 2 メートル、2 階部分は 3.8
メートル、3 階部分は 3.9 メートルで、合わせて 9.7 メートルであるとし
ている。一番上の部分は残っていないが、全体の高さは 11.3 メートルと
推測している。

　建物は全体が切り石でできていたが、ブルジュ・ベイティン遺跡のもの
と比べると若干小さい石を用いているようである。クラークとパーカー
（Clark and Parker, 1987, 170）は、これらの塔の壁にはモルタルが塗られ
ていたとしている。建物の内側では、石を十字に組ませた構造が確認でき
る[5]。入り口は西面の 1 階に造られており、図面によると高さは 2 メート
ル、幅は 1.35 メートルとなっているが、実際には半分以上埋もれている
ので、高さは推測であろう。リンテル（鴨居）には、一本石が用いられて
おり、幅は 2.6 メートルである。狭間は 2 階部分の南東面と南西面に一つ
ずつ設けられていた。

　塔自体は独立しており、周囲に関連した建物はないが、筆者の観察によ
ると、塔の東側の面に沿って長い壁のような構造が南北に走っていた。こ
れは周囲にある同様の塔との間をつないでいたものかもしれない。遺物ら
しいものはほとんど何も見つけることができなかったが、クラークとパー
カーはこの遺跡から後期ローマ時代から前期ビザンツ時代の土器が確認さ
れたとしている（Clark and Parker 1987, 171）。

　ビザンツ時代にこのような城塞網が存在したことは、さまざまな文献史
料から確認することができる。たとえば、4 世紀後半のアミアヌス・マル
セリヌス（Ammianus Marcellinus 14.8.13）は、以前から存在していた多
くの要塞や城のネットワークをローマ人が活用したことを記している。ま
た、4 世紀末のノティティア（*Notitia Dignitatum*）と呼ばれる属州の軍
隊のリストも、ディオクレティアヌス帝の軍備改編によって、この地に多
くの軍団が投下されていたことを示している。こうした城塞網の目的につ

いて、パーカー（Parker 1987, 154–162）はサラセン人（遊牧のアラブ人）の侵入を防ぐため、ローマ軍が活用したとしている[6]。

2. ビザンツ時代の城塞の型式と機能

パーカーは、これらの城塞群 castella を6つの型式に分類した（Parker 1995）。そのうち、とりわけ小規模なカスル・アブ・ルクバのような塔（*burgi*）は、大規模な軍隊の駐屯地というよりも、狼煙などによる連絡のための見張り塔だとしている。この地域で伝統的に狼煙による城塞間の連絡が用いられていたことは、前6世紀のラキシュ・オストラカから知られており、ポリビウス（Polybius 10.43–47、前2世紀）もナバテア人が2組のトーチで連絡していた事を記している。ドミティアヌス治世下（81–96年）のフロンティヌス Frontinus も、ストラテゲマタ（*Strategemata* 2. 5. 16）の中で、アラブ人が伝統的に昼は煙、夜は火で連絡をしていたことを記している。

また、図像資料として、トラヤヌス帝の記念柱に描かれた、ダキア遠征（100–106年）時のドナウ川沿岸にある狼煙連絡用見張り塔の例を見ることができる（図5、Rossi 1971, 130–131 参照）。これは正方形のプランを持った2階建てか3階建ての切り石積みの塔で、木製の柵 palisade に囲まれた1階の一方に入り口がついている。上部階の周囲には、木製の張り出したバルコニーがあり、そこから長いトーチがつき出している。周囲には、木材と2つ藁の束が積まれていた。ローマの軍団で、これらの城塞はかなり定型化されていたものと考えられる[7]。

3. ビザンツ時代の城塞の年代

パーカーは、これらの城塞の建設年代に関して4つの段階を示しており、大筋で受け入れられている（Parker 1987: 153–162 参照）[8]。それらは、以下の通りである。

図5　トラヤヌスの記念柱に描かれた狼煙連絡用の塔

　i）これらの城塞網は、ローマ帝国が旧ナバテア領を支配下においた紀元 106 年以降に発達した可能性が高い。城砦の多くは 111 年から 114 年の間に建設された新トラヤヌス街道 via nova Traiana のすぐ東側に並んでいるからである。その際、ナバテア人の城塞が再利用されたと思われる。

　ii）セヴェルス帝（治世 193–235 年）の時代になると、アンマンの東にあるアズラク・オアシスを守るようにワディ・シルハン Wadi Sirhan 周辺にカスル・ハラバート Hallabat など、新しい城砦が建設された。また、新トラヤヌス街道沿いの城塞が全面的に改修された。

　iii）3 世紀半ばになると、ササン朝ペルシアがローマの脅威として感じられるようになり、南レヴァント地域でも、アラブ系遊牧民の移住が起こった[9]。ディオクレティアヌス帝（在位 284–305 年）は 290 年に遠征を行い、4 世紀初めにこの地域の支配を再編した。アラビア属州の南半分はシナイやネゲブと合わせてパレスチナ・テルティアに編入し、残った北部をアラビア属州とした。また、新トラヤヌス街道の東側にあらたな幹線道路、ディオクレティアヌス街道を建設し、それに沿って新しい城塞の建

設や古い城塞の改修を行った[10]。

　iv）6世紀になると、これらの城塞の多く、特に中部地域のものは放棄された[11]。ユスティニアヌス帝の時代（在位527–565年）には、東部砂漠の守りはキリスト教徒のアラブ人ガッサーン族 Ghassanids に任せ、城塞網を維持しようとしなかったので、ガッサーン族の弱体化とともに、7世紀のイスラム侵攻を招くことになった（Kaegi 1992, 236–287）。一方、ギホン（1975, 153）は、ネゲブにあった城塞網はイスラム侵攻の時期まで続いたとしている。

　こうした城塞網の発達史に基づくと、カスル・アブ・ルクバ遺跡の塔の建設は、4世紀初めのディオクレティアヌス帝による城塞網の再整備の一環だったと考えられるであろう。その北側に位置するカスル・ブシール、アル・レジュンや東にあるルジュム・ベニ・ヤセルもこの時期に建設されたことが知られているからである。一方、これらの城塞は500年より前に放棄されているので、カスル・アブ・ルクバ遺跡が機能していたのも4〜5世紀の間だったと考えられる[12]。

Ⅲ．十字軍時代の正方形のプランを持つ切り石積みの塔

1．十字軍時代の塔の構造と年代

　十字軍時代の塔で、カスル・アブ・ルクバ遺跡ほどブルジュ・ベイティン遺跡の塔とよく似たものは残っていない。しかし、この時代にも、正方形のプランをもつ塔が多数存在していたことは知られている（図6参照）。十字軍時代の様々な遺構を網羅的に研究したプリングルは、エルサレム王国だけでこのような塔が75箇所以上あったとしており、そのリストを作成している（Pringle 1994）。筆者も、2014年と2015年の夏季調査時に、ジフナ、アル・ジーブ、カステラの城塞とアクア・ベラ、ブル

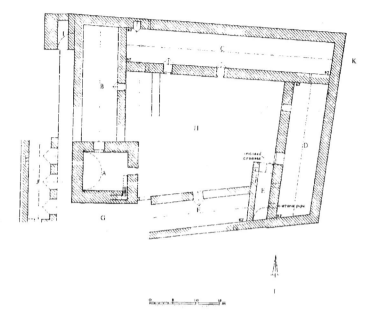

図6　アッ・ラーム遺跡の塔と周壁（Pringle, 1983 fig. 6）

ジュ・バルダウィール、エリコ近くのシュガーミルなどの農業集落を巡検した。

　十字軍時代の城塞は、12世紀には単純な塔が数多く築かれたが、その後、塔の周りに周壁を伴うより複雑な城塞へと発達したようである。ボアズは、これらを塔、周壁を伴う城塞（カストラ）、丘の上の城、丘の突出部の城の4つに大別しており、さらに細かく分けると7つ型式があるとしている（Boaz 1999, 92–95）。

　プリングルは、これらの塔の建築学的な特徴を簡潔にまとめている（Pringle 1994, 9–14）。それによると、プランは基本的に正方形をしている[13]が、大きさは一辺が10メートル以下のものから26メートルを越えるものまで変異が大きい。壁も1メートルぐらいのものから5メートルを越えるものまであり、一般にビザンツ時代のものよりも厚い傾向にあ

る。また、壁の中に階段が設置されることもある。壁自体は、外壁と内壁を切り石で覆い、その間に漆喰で固めた小石を詰める造り方がよく用いられる（Pringle 1994, 9 参照）。

建物は基本的に 2 階建てで、ポインテッド・アーチの蒲鉾型ヴォールトで支えられていることが多い[14]。床は、固めた漆喰あるいは板石で造られていた。入り口は 1 階部分にあり[15]、窓は矢を射るための挟間になっている場合もあるが、基本的には壁の高い位置に明り取りのために設けられていた。塔の下あるいは横に、水溜やトイレが設置されていることもよくある。

2. 十字軍時代の塔の機能

T. E. ローレンスは、有名なオックスフォード大学の卒業論文で、十字軍時代の塔は西洋（フランス）の城塞をモデルとしていることを指摘した（Lawrence 1988, 46–65）。プリングルも、ビザンツ時代の塔が防御線の一部をなす塔であったのに対し、十字軍時代の塔は独立した自己完結型の遺構で、住居としての役割を持っていたと主張している（Pringle 1994, 1–2）。

もちろん塔は、緊急時には避難用あるいは塔の屋上から戦うために用いられることもあったが、基本的にエルサレム王国成立によって新しく作られた所領の管理をする者たちの住居として建設されたとしている（Pringle 1983, 170–174; 1994, 12–14）[16]。1 階部分からは、オリーブ絞り機が見つかることもあり[17]、おそらく農作物の貯蔵に用いられたものと思われる。窓が高い位置にあって、狭間状になっていないことや水溜などの存在も、こうした利用法を示すものであろう。また、プリングルは、2 階部分が居住に十分な広さがあることを現在使用されている建物との比較から論じている（Pringle 1994, 14–17）。

たとえば、アッ・ラームの塔の場合、1160 年の憲章によってその地

に聖墳墓教会の所領が開拓されたことが知られている（Pringle 1883, 170–172)。おそらく塔は、その殖民活動の最初の段階で造られたと考えられ、新たな農業集落の管理センターとしての機能を果たしていたのであろう。その後、塔の周りには周壁が設けられ、より発達した形の城塞となった（図6参照)[18] が、基本的にこの塔は農業共同体の中核として存在したものであった。

IV. ブルジュ・ベイティン遺跡の塔の発掘

ブルジュ・ベイティン遺跡の塔自体に目を向けると、これは、ベイティン村の南東に突き出した丘の中央に位置する独立した遺構である（杉本・西山・間舎 2014)。視界は四方に開けており、北西側にはテル・ベイティン、東側にはエリコに至る谷、南側にエルサレム、西側にラマッラの町を望むことができる。

ブルジュ・ベイティンとテルの間には、ワディ・タワヒーンが広がっており、ここはビザンツ時代以降現在まで農地として使用されている。ワディのつけ根、テルのふもとには、ビザンツ時代のものとされる大きな貯水池がある。そこからワディに向かって水を流す給水施設と地下水路も知られているが、これは構造的に十字軍時代のものである可能性が高い。

ブルジュ・ベイティン遺跡では、発掘調査の結果、中央の塔の周囲に初期ビザンツ時代の大型の教会堂が存在したことがわかった（杉本 2016 参照)。塔は教会の身廊の石敷きの床を破壊して建設されていた（図7)ので、この会堂が破壊された後に建造されたと考えるべきであろう[19]。そうすると、もしこの塔がビザンツ時代のものだとすれば、そのかなり遅い時期のものということになる。教会堂自体はビザンツ時代最初期のものかもしれないので、塔がその後半に建設されたことは不可能ではない。ヒエロニムスが390年にエウセビウスの『オノマスティコン』を翻訳した

図7 教会堂の石敷きを壊す塔のファウンデーション・トレンチと水路（北側から撮影）

時、ベイティン村にヤコブを記念する教会堂があったとする注釈をつけており（*Onomasticon* 7:2-4; Freeman-Greenfille, 2003, 13)、それがこの教会を指していた可能性が高いからである（詳しくは、杉本 2016 参照）。しかし、これは年代的に少し窮屈であり、塔のファウンデーション・トレンチから採取された炭化物も 1100 年頃の年代を示している。そうすると、塔は十字軍時代の建設となる[20]。ただ、炭化物の点数は限られており、周囲からはビザンツ時代の土器も出土しているので、これを絶対化することはできない。

　塔自体は、発掘以前の計測で、ほぼ 10 メートル四方（北面 10.38 メートル、東面 9.67 メートル、南面 10.00 メートル、西面 9.30 メートル）であることが知られていた。石組みは積み直された可能性が高いが、北東隅の残存状況がもっともよく、約 5 メートルの高さまで残っていた。北壁の高い位置（おそらく 2 階部分）には、縦に細長い窓もあけられていた。塔の西側側面を発掘した所、地表面からさらに 2.5 メートルほど下げた所に入口の床面があったので、塔全体の高さは少なくとも 7.5 メートルあったことになる。2 階建て以上の建築であろう。

　塔は、すべて切り石で造られており、表面にはモルタルが塗られた痕跡があった。北面と西面には、ひとつずつキリスト教のシンボルの彫られた

石が用いられていた。初期ビザンツ時代の教会の建材の再利用であろう。また、塔は、教会堂のアプスの真横（南側）に建てられていたことも判明した。

入り口は、西面のほぼ中央に設けられており、高さ1.9メートル、幅1.4メートルであった。上面には、幅2.3メートルの石のリンテルがはめられていた。入り口の敷居石の下からは水路が出ており、入り口手前で直角に曲がり、教会堂の敷石を壊して北側に流れるようになっていた。また、西壁の南端部分には、後づけの東西方向の壁がつけられていた。これはビザンツ時代の教会堂の外壁と同じ位置を走っていたが、後の時代になって幅が拡張されたもので、内側から見ると、教会堂の床面から浮いた状態になっていた。

塔内部を発掘した所、周囲の壁の厚さは、それぞれ北面と南面が約2.15メートル、東面と西面が約1.3メートルであることがわかった[21]。但し、今回の調査では上面から1メートル弱しか掘っていないので、これは現在残っている上面の幅であり、基礎部の正確なプランではない[22]。また、入り口から内部を観察したところ、壁の外面と内面は切り石で覆われており、その内側に漆喰で固めた小石が詰められる構造となっていたことがわかった（図8）。入り口の両側の石には、かんぬきを通す穴が掘られていた。

北壁の内面上部には、緩やかで大きなポインテッド・アーチがひとつ確認された（図9）。おそらくこれはこの塔の天井部分を支えるヴォールト構造を反映していると思われる。壁から内側に向かって同じ角度の石が並んでいたことを考えると、蒲鉾型ヴォールトであろう。床らしいものは確認できなかった。

図8　入り口から見た壁の構造

図9　塔北壁上部のアーチ構造

V．ブルジュ・ベイティン遺跡の塔の年代と性格

1．ブルジュ・ベイティン遺跡の塔の年代

　以上の発掘成果から判断すると、ブルジュ・ベイティン遺跡の塔は、やはり十字軍時代の建築と考えることが適当だと思われる。

　その理由の一つは、塔の天井を支える構造として、ポインテッド・アーチの蒲鉾型ヴォールトが用いられていたことである。これは、十字軍時代に典型的な建築技法で、ジフナのような城塞はもちろん、ブルジュ・バルダウィールのような農業用施設、聖墳墓教会の入り口部分のような教会建築にも見ることができる。一方、カスル・アブ・ルクバ遺跡の塔ではヴォールトは利用されていない。

　また、壁の構造も、ブルジュ・ベイティン遺跡の塔の場合、外壁と内壁に切り石を用い、その間に漆喰で固めた小石を詰める構造となっており、これも十字軍時代に典型的な壁の造り方である。十字軍時代の塔では、壁自体もビザンツ時代のものより厚い傾向にあり、その内部に階段が設定されることもある。一方、ビザンツ時代のカスル・アブ・ルクバ遺跡の場合、壁の厚さは約1.3メートルである。ブルジュ・ベイティン遺跡では、北側と南側の壁は約2.15メートル、西側と東側の壁は約1.3メートルなので、厚さに関しては決定的でないが、構造的には十字軍時代のものだといえるであろう。

　入り口部分に関して言うと、十字軍時代の塔ではアーチが上部に設けられていることが多いが、ブルジュ・ベイティン遺跡では、細長い一本石のリンテルが用いられている。これは、カスル・アブ・ルクバ遺跡の塔と非常によく似ているが、おそらくビザンツ時代の建材のスポリアだと思われる[23]。内壁のリンテルは、アーチとなっているからである。

　さらに、この塔の周囲に後づけの周壁が取りつけられ、中庭を囲むよう

になっている点も、十字軍時代の塔の発達と合致していると思われる。外周壁は、元来ビザンツ時代の教会堂の外壁であり、いつそれが塔の周壁に改変されたのかはまだ確実でないが、この構造自体は、たとえば図6のアッ・ラームの十字軍時代の塔と非常によく似ている。中庭の中央部の地下には、大きな貯水槽があることが知られており[24]、それも合わせて建設された可能性がある。さらに、塔の入り口から水路が出ていることは、その内側にやはりなんらかの水を確保する設備があったことを示している。これも十字軍時代の塔の特徴である。

　さらに、もしこの塔がビザンツ時代のものであるとすると、教会堂が破壊された後に建設されることも不可能ではないが、年代的にかなり無理があることも考慮すべきであろう。ビザンツ時代の塔に関して言うと、カスル・アブ・ルクバなどの建設は4世紀初めであり、それ以前のローマ時代の塔が継続されているものも多い。これらは少なくともヨルダン川東岸では6世紀以降放棄される傾向にあり、7世紀にはイスラム侵攻を迎えることとなる。ヨルダン川西岸のネゲブ地方などでは、より遅い時代までビザンツ時代の防御線が用いられており、あるいは北部でも同じ現象があったかもしれないが、新規にこの時代に塔を建てた可能性は低いと思われる。また、ビザンツ時代のかなり大型の教会堂が、ササン朝ペルシアやイスラムの侵攻以前に廃棄される理由が考えられず、そうすると、初期ビザンツ時代に建設された教会堂が短期間で放棄され、塔を建てたと考えることにも無理があるであろう。

2．ブルジュ・ベイティン遺跡の塔の性格

　ブルジュ・ベイティン遺跡の塔が十字軍時代の塔であるとすると、その時代の塔と合致する立地や性格であったことが理解できる。

　まず、この塔の周囲には、十字軍時代の塔や城塞（ジフナ、カステル、アル・ジーブ、マルドイム［マアレ・アドミーム］等）、農業集落（アク

図10　ブルジュ・ベイティンの塔と教会のアプス

ア・ベラ、アッ・ラーム、ブルジュ・バルダウィール等）が多数知られているが、それらはみな独立しており、列状に並んでいない。すなわち、ビザンツ時代の塔が、組み合わせで防御線を敷いていたのと異なり、それぞれが独立した存在だったことを示している。また、ビザンツ時代の塔は、人々の居住地域でなく、その外側の荒野が始まる地点に存在していたのに対し、十字軍時代の塔は集落の中に位置していた。おそらくそれは、これらの塔が周囲の所領の中核として存在し、領主の住居及び収穫物の貯蔵や徴税などの機能を果たしていたためだと考えられる。

　ブルジュ・ベイティン遺跡の塔は、まさに独立して集落の中に位置しており、十字軍時代の塔の立地と合致している。そのふもとのワディは農地として利用されていたことも知られており、この農地を潤す大規模な水利施設も十字軍時代に建設されたと思われる。すなわち、この塔は農業集落のどこからでも見える場所に立っていたのであり、外敵の襲来に備えていたというよりも、農業共同体の中心であったと考えるべきであろう。

　カスル・アブ・ルクバ遺跡の塔では、おそらく周囲の塔と結ぶような長

壁が存在したようであるが、ブルジュ・ベイティン遺跡の場合、後に中庭を囲むような周壁が造られたようである。これも農業集落の中核施設としてふさわしい。興味深いことに、周壁の南西角の部屋からは大型の石臼が検出されており、中庭の中央地下には貯水槽が知られている。

　この状況は、アッ・ラームなど、十字軍時代の塔の典型例とよく似ている。アッ・ラームやアル・ジーブはエルサレムの聖墳墓教会の所領であったことが知られており、ブルジュ・ベイティン遺跡の塔も、これらと同様の性格のものだと考えられるであろう。

VI. 結論

　以上の論考が正しいとすると、ブルジュ・ベイティン遺跡の塔は、十字軍が聖地を取り戻し、エルサレム王国を確立した時代に建設したものだと考えられる。外観だけを見ると、ビザンツ時代のカスル・アブ・ルクバ遺跡の塔などとよく似ているが、建物の構造や立地が大きく異なるからである。また、この年代理解は、資料数は少ないが、放射性炭素年代とも合致している。

　十字軍国家は、単にこの地を取り戻すだけでなく、そこに定着して農業集落を形成し、国家としての基盤づくりをめざしたようである。そのため、領主に所領を分割し、農業集落を管理するようにさせたと思われる。もちろん紛争が発生した際には防御としての意味も持ったであろうが、ブルジュ・ベイティンやその周囲の塔は、基本的に分割された所領を管理するために建設されたものだと理解すべきであろう。これらは、十字軍国家を安定的に確立していくための試みだったのではないだろうか。

注

1) この調査は、パレスチナ自治政府観光考古省（長官：H. タハ博士）と共同で行っている。また、文部科学省科学研究費補助金の支援を受けている（基盤研究［A］課題番号 24251015［研究代表者、杉本智俊］）。ベイティン村には、これ以外にもテルや墓、貯水池など、さまざまな遺跡が散在しており、本調査団はそれらを総合的に調査しているが、本論ではブルジュ・ベイティン遺跡に焦点をあてて議論を行う。

2) たとえば、ヒエロニムスが『オノマスティコン』の注釈で言及している教会（Freeman-Grenville 2003, 13）について、コンダーとキッチナー（Conder and Kitchener 1881）は、ブルジュ・ベイティンにあったとしている。また、現在でも、現地の人々はそう考えている。

3) この塔は、前期イスラム（ウマイヤ朝、アッバース朝）時代に建設された可能性も考えられるが、それはかなり低いと思われる。塔の目立つ部分、角や入り口の柱にキリスト教の装飾の彫られた石を用いていること、ビザンツ時代の教会のアプスを避け、そのすぐ横に塔を建てている様子は、キリスト教信仰に対して敬意を持った人々が建設したと考えられるからである（図10）。実際、ウマイヤ朝時代の建築は、エルサレムやエリコで立派なものが見られるが、この地方には珍しく、アッバース朝時代のものは、パレスチナ全土でほとんど見られない（Avni 2014 参照）。この種の塔の類例も知られていないので、この可能性は排除して問題ないと思われる。

4) 今回の踏査では、「砂漠の道」Desert Highway 沿いのカトラナ Qatranah の町でベドウィンの四輪駆動車をチャーターし、起伏の激しい荒野を1時間ぐらい（約15キロ）西に走って遺跡に到達することができた。カスル・アブ・ルクバ遺跡は小高い丘の頂上に位置していたが、そこに向かう途中にも、同様の搭状の遺跡がいくつもあることが確認された。

5) クラークとパーカー（1987, fig. 7）は階段だと考えている。

6) これには批判もある。たとえばグラフ（Graf 1978, 1997）は、この城塞網にギャップがあるため、遊牧民対策というよりも反抗的な地元民を治めるためのものだとした。メイヤーソン（Mayerson 1986, 1989）も、サラセン人はこの地域を自由に往来していたので、これらは防御のためではなく、ローマ帝国の居住範囲を示し、交易と情報伝達を確保するためのものだとした。アイザック（Issac 1984, 1990）は、これらを略奪や強盗を防ぐためのものだとした。しかし、そうした目的のためだけだとするには、これらの城塞の建築や軍団の投入はあまりにも大規模

で経費のかかるものだと思われる。また、これらの城塞は町や村の中ではなく砂漠との境界に位置している。サラセン人の度重なる侵攻は事実脅威となっていたことが知られている（注9参照）ので、現状では、やはり東部砂漠の遊牧民の侵入に備え、ローマ軍が地域の安定を図ったと考えることが一番論理的だと思われる。

7) パーカーらは、こうした情報に基づいて、実際にカスル・アブ・ルクバ遺跡から狼煙が見えるのか、実験考古学的な検証もおこなっている（Clark and Parker 1987, 170–181）。

8) 批判については、Freeman 2001, 446; Watson 2001, 488–491 など参照。

9) その後も378年には、サラセン人の女王モビア Movia が砂漠との境界の町を襲撃し、383年頃にはサリフ族 Salih が蜂起してタヌフ族 Tanukh からこの地域の主導権を奪った。また、5世紀初め頃にも、サラセン人がパレスチナやシリアに侵入してきたことをヒエロニムス（Jerome, *Epistle* 126）が記している。

10) 一般にこれらの城塞は、3つの地域に区分される。北部（シリア国境〜アンマン）ではデイル・アル・カーフ Deir el-Kahf、ウンム・アル・ジマル Umm el-Jimal、ヒルベト・アッ・サムラ Khirbet es-Samra, 中部（アンマン〜ワディ・ハサ）では、カスル・アブ・ルクバ周辺のカスル・ブシール Qasr Bshir、アル・レジュン el-Lejjun、ヒルベト・アル・フィトヤン Khirbet el-Fityan、ルジュム・ベニ・ヤセル Rujm Beni Yasser などがこの時に建設された。南部（ワディ・ハサ〜アカバ湾）の資料は不足しているが、新トラヤヌス街道沿いの城塞から4–5世紀の土器が出土しているので、継続して使用されていたと思われる。

11) たとえば、アル・レジュンは551年の大地震の後、放棄されたことが知られており、カスル・ブシール、ヒルベト・アル・フィトヤン、ルジュム・ベニ・ヤセルなども500年以前に使用されなくなったようである。一方、北部では、カスル・ハラバートが529年に再建されたことが知られており、その他の城塞も継続使用されていたようである。

12) この年代は、土器からも支持されている。

13) 長方形の例も数点ある（Pringle 1994, fig. 5 参照）。

14) 大型の建物は、より複雑なヴォールトを使用する場合もある。

15) この点は、2階部分に入り口がつくことが多いフランスの塔とは異なっている。

16) Benvenisti 1970, 220–221, 275–276; Prawer 1980, 126–127, 134–136; Smail 1956, 229–230 もあわせて参照されたい。

17) たとえば、ジフナやアクア・ベラ。

18) 同様の塔と周壁の組み合わせは、ブルジュ・ベイティンの近くでも、ジフナ、アル・ジーブ、ビール・ゼート、ブルジュ・バルダウィールなどに見ることができる。

19）ただし、石敷きの上に置かれた石の一部が塔の下に食い込んでいる箇所があったので、切り合い関係は完全に明確なわけではない。

20）測定は株式会社パレオ・ラボに依頼した。資料名は PLD-28934、A 地区ローカス 121 出土で、バスケット番号は 1046 である。正確な暦年較正年代は、1085–1124 年 cal AD (38.6%)、1068–1155 年 cal AD (69.4%) である。資料はオリーブの木片なので、この年代は実際の使用年代より若干古い時期を示している可能性がある。

21）但し、東南角の部分は後の時代に積み直されており、その幅は約 1 メートルであった。

22）塔の内部は、上面から 1 メートル弱より下は大きな落石で埋まっていたので、それ以上発掘することは、塔の保存のためにもよくなく、調査自体が危険だと判断したため中止した。

23）プリングル（1994, 11）もそのように考えている。

24）これは発掘されていないので、年代は不確実である。

参照文献

Avni, G. 2014: *The Byzantine-Islamic Transition in Palestine: An Archaeological Approach*, Oxford: Oxford University Press.

Benvenisti, M. 1970: *The Crusaders in the Holy Land*, New York, Macmillan.

Boaz, A. J. 1999: *Crusader Archaeology: The Material Culture of the Latin East*, London and New York, Routledge.

Clark, V. A., and Parker, S. T. 1987: "The Late Roman Observation and Signaling System," in S. T. Parker ed., *The Roman Frontier in Central Jordan: Interim Report on the Limes Arabicus Project, 1980–1985*, (BAR 340), Oxford, UK: British Archaeological Reports, 165–181.

Conder, C. R. and Kitchener, H. H. 1881. *The Survey of Western Palestine: Memoirs of the Topography, Orography, Hydrography, and Archaeology*, London: Palestine Exploration Fund.

Freeman-Grenville, G. S. P., 2003: *The Onomasticon by Eusebius of Caesarea, Palestine in the Fourth Century A.D.*, Jerusalem: Carta.

Gichon, M. 1967a: "Idumea and the Herodian Limes," *IEJ* 17, 27–42.

Gichon, M. 1967b: "The Origins of the Limes Palaestinae and the Major Phases of its

Development," in H. Schönberger, ed. *Studien zu den Militärgrenzen Roms*, Köln, 175–193.

Gichon, M. 1974: "Towers on the Limes Palestinae," in D. M. Pippidi ed. *Actes du IX Congrès International d'Etudes sur les Frontières Romaines (MamaWa, 1972)*, Bucuresti, Wien, Köln, 513–544.

Gichon, M. 1986: "Who were the Enemies of Rome on the Limes Palestinae," in Ch. Unz ed. *Studien zu den Militargrenzen Roms III, International Limescongress Aulen 1983*, Baden-Württemberg 20, Stuttgart, 583–592.

Graf, D. F. 1978: "The Saracens and the Defense of the Arabian Frontier," *BASOR* 229, 1–26.

Graf, D. F. 1997: "Rome and the Saracens: Reassessing the Menace," in Graf, D. F., *Rome and Arabian Frontier: From the Nabataeans to the Saracens*, Brookfield, VT: Ashgate, 341–400.

Isaac, B. 1984: "Bandits in Judea and Arabia" *Harvard Studies in Classical Philology* 88: 171–203.

Isaac, B. 1990: *The Limits of Empire: The Roman Army in the East*, rev. ed. Oxford: Clarendon Press.

Johnson, S. 1983: *Late Roman Fortifications*, London: Batsford.

Kaegi, W. E. 1992: *Byzantium and the Early Islamic Conquests*, Cambridge: Cambridge University Press.

Lawrence, T. E., edited by D. Pringles, 1988: *Crusader Castles*, Oxford: Clarendon Press.

Mayerson, P. 1986: "The Saracens and the Limes." *BASOR* 262: 35–47.

Mayerson, P. 1989: "Saracens and Romans: Micro-Macro Relationships." *BASOR* 274: 71–79.

Parker, S. T. 1986: *Romans and Saracens: A History of the Arabian Frontier* (ASOR Dissertation Series 6), Winona Lake, IN: Eisenbrauns.

Parker, S. T. 1987: "The Roman Limes in Jordan." in A. Hadidi ed., *SHAJ III*, Amman: Department of Antiquities, 151–164.

Parker, S. T. 1995: "The Typology of Roman and Byzantine Forts and Fortresses in Jordan," in K. 'Amir, et al. eds., *SHAJ V*, Amman: Department of Antiquities, 251–260.

Prawer, J. 1980: *Crusader Institutions*, Oxford: Clarendon Press.

Pringle, D. 1994: "Towers in Crusader Jerusalem," *Château Gaillard: Étude de Castellologique medieval*, XVI, Actes du Colloque international tenu à Luxembourg

(Luxembourg), 23–29 août 1992, Caen, 335–350; D. Pringle, 2000, *Fortifications and Settlement in Crusader Palestine*, Aldershot: Ashgate, 1–25 に再録。

Pringle, D. with the contributions by Leach, P. 1983: "Two Medieval Villages North of Jerusalem: Archaeological Investigations in Al-Jib and Ar-Ram," *Levant* 15, 141–177.

Rossi, L. 1971: *Trajan's Column and the Dacian Wars*, tr. by J. M. C. Toynbee, London: Thames and Hudson.

Smail, R. C. 1956: *Crusading Warfare (1097–1193): A Contribution to Medieval Military History*, Cambridge: Cambridge University Press.

Speidel, M. P. 1977: "The Roman Army in Arabia," *ANRW* 11.8, 687–730.

Watson, P. 2001: "The Byzantine Period," in MacDonald, B., Adams, R., and Bienkowski, P. eds. *The Archaeology of Jordan*, Sheffield: Sheffield Academic Press, 461–502.

杉本智俊・西山伸一・間舎裕生　2014:「2013 年度ブルジュ・ベイティン遺跡（パレスチナ自治区）における考古学的発掘調査」『史学』83 巻 1 号、57–87 頁。

杉本智俊　2016:「アブラハム記念ビザンツ教会の全容解明をめざして―パレスチナ自治区ベイティン遺跡発掘調査報告（2015 年度）」『平成 27 年度　考古学が語る古代オリエント―第 22 回西アジア発掘調査報告会報告集』日本西アジア考古学会。

ガンダーラ仏教美術における
階段蹴込みレリーフの意味
──新資料に基づく再考──

藤 原 達 也

Ⅰ．はじめに

　小川英雄先生を指導教授とする筆者の卒論は本稿と同表題であった。四半世紀以上も前の愚論だが、筆者がガンダーラ仏教美術を「階段蹴込みレリーフ」「仏伝図」「（単独）仏像」の３形式で捉えた点だけは評価できよう。後者２形式については後に個別の論考を発表したが（藤原 2008; 2012）、階段蹴込みレリーフは卒論以来である。研究にさしたる飛躍がなかったのが主な理由だが、「新資料に基づく再考」を副題にいま一度このガンダーラ仏教美術の一形式を見直すことで、先生の傘寿を祝うささやかな羽觴としたい。

Ⅱ．新資料の来歴

　パキスタン北西辺境（カイバル゠パクトゥンクワ）州スワート地方ミンゴーラの町を拠点に筆者は 1985 年以来ほぼ毎年、スワートおよび階段蹴込みレリーフの典型例とされる一群（以下、標準グループ）が出たと言うブネール地方を調査していた。町の商店主Ｂ氏（本人希望で匿名）は筆者を食事に招き、所蔵のガンダーラ美術を披露するのが常であった。1990 年のそうした会食の折、新資料を初見した（図1a）。出土地と

伝わるバグ＝デリー（Bagh-dheri）はありふれた遺跡名で、所在はB氏も曖昧であった。町の南東約8kmにも同名遺跡があり、仏教岩彫りも見つかっているが（Tucci 1958, 311-312）[1]、そこで新資料が盗掘された確証はない。2001年に訪れた際、B氏は筆者に新資料を持ち帰れと言った。自分のコレクションはタリバンの標的だ、と。氏が日本へ送る約束をしたが、期待もタリバン云々の実感もなかった。ともに筆者の誤算であったことは、1週間後の3月12日バーミヤーンでの蛮行と、4月の帰国時すでに氏からの郵送物が届いていたことで証明された。その後B氏とは連絡不通となった。

　90年時点（図1a）と比べて現状（図1b）の破損は進んでいる。事実、B氏から届いた箱の中には黒緑色の片岩の粉末が多量に残っていた。氏の所蔵時は見えなかった裏面には（図1c）、鑿の痕が多数あり、パティナ（炭酸カルシウム結晶の沈着）は表面ほぼ全体に認められるものの裏面にはない。新資料は階段蹴込みに嵌め込まれたまま長く土中にあった後、その柄を外す手間を惜しんだ盗掘者により上から鑿で割られて蹴込みから剥がされたのである。彫刻下底にある柄が（図1c）、上縁にないのは、盗掘時の欠損かも知れない。柄（約0.5×3.5cm）を除く像高は18.5cm、90年時点での残存長は44.8cmであった。

Ⅲ．新資料と既知の資料群

　標準グループでは（Nos.1-17, 図5-7）[2]、人物は6人ずつ付柱で区切られ、背景は無地で、人物同士は接触しない。階段の1段を複数の彫刻板が飾るが、同じ段の板には同タイプの刳型（molding）が彫込まれ、板を並べると段の全幅を貫く帯が現れる。各段同様に飾り、階段の手すりと蹴込みの間に残る三角形の空白を「三角パネル」が埋める（図10）。階段の幅は建物の規模により様々だが、人が上り下りする1段の高さはどれも

大体同じである。15cm 以上 20cm 未満が適値で、標準グループを含む全資料はこの像高である。片や、発掘者が階段蹴込みレリーフとする 2 点は（Dani 1969, 51-52, nos.1-2）、像高が 30cm 近くもあり、実見すると彫刻板がゆるい円弧を成しているのが判かる（図 11d-e）。他の数点も同様で（図 11a-c）、実際は仏塔の円胴部を飾っていたらしい（Czuma 1985, 179 ; Zwalf 1996, vol.I, 235, no.302）。

　新資料の像高は上記の標準で、盾を構える大きな動作にもかかわらず人物同士は接触しない（図 1）。背景は無地、刳型はトールス（torus）単一タイプである。群像の区切りはコリント式の柱ではなく、ピッパラ（インドボダイジュ）唐草であることが標準グループと異なる。この意匠はガンダーラ仏教美術で好まれ、コーイ（Koi）仏寺址出土の酷似例もある（図 4）。別の資料群にも類例がある。ミンゴーラの南約 10km の仏寺址シュネーシャ（Shnaisha）の大塔および発掘者が東基壇（Eastern Platform）と呼ぶ建物の階段付近出土の一群である（図 12b）。発掘者が断言するように（Rahman 1993, 47）、十数点は全て階段蹴込みレリーフ断片である（図 12f-j）。東基壇の階段は確かにこれらで飾られていた。レリーフ像高は一律 18cm で、区切り浮彫の遺る断片もあるが（図 12h, j）、同じ浮彫が東基壇の階段に遺っていた（図 12d）。意匠の忍冬（スイカズラ）はガンダーラやマトゥラーの仏教美術で吉祥文として好まれ（Czuma 1985, 59）、No.19（図 8）にも現れる。同じ段には同様の植物文「蕨（ワラビ）手」も遺っていた（図 12e）。

　標準グループでは度々ペアやセットが言及される（e.g. Marshall 1960, 36 ; Rosenfield 1967, 217）。例えばハーグリーヴズは連番（現在改訂）でペシャーワル博物館蔵となった 3 点を（図 5, Nos.2-4）、同じ建物を飾っていたセットと見る（Hargreaves 1930, 106）。しかし、寸法・細部・腹筋の特殊な表現からまず確実にペアである Nos.15-16 以外は、同じ階段を飾っていた遺品の特定は難しく、標準グループが出たとされる「ブネー

ル」も「出土地不詳」と同義である[3]。

　新資料は出自の確かな片割れをもつ。グムバット（Gumbat）出土の2断片で、この仏寺址はミンゴーラの約25km南西にあり、更に南西へ約15kmで前述コーイがある。1断片と新資料の像高は同じ、もう1断片も欠損前は同じであったと推定され、前者には4体の、後者には盾を持つ3体の武人像が遺る（図2b）。この7体を並べ替えれば新資料（図1）がもう1つできるほどの酷似である（コーイ出土の図4添付で複製は完璧）。断片1の刳型も新資料と同じトールス単一タイプである（Ackermann 1975, 21）。標準グループの武人はNo.14（図7）のみだが[4]、テュニック・長ズボン・ブーツ・尖頂帽という同じ装束の楽士たちがNo.13（図7）にも現れる[5]。このイラン系の服装は新資料やグムバットの武人たち（図1, 2b-c）の服装とは異なる。グムバット資料を「初期ヘレニスティック群」に分類するアッカーマンは（Ackermann 1975, 19）、一方で、武人たちは「ベルト留めの丈長の肌着・左肩で結んだ外套・ブーツ（?）で成るイラン系の服装である」と言う（Ackermann 1975, 49）。グムバットでも新資料でも武人たちはズボンをはかず、膝や脛はむき出しである。アッカーマンは「ブーツ（?）」と書くが、新資料では足の指が見える箇所がある。履物はブーツではなく、「エムバスという一種のサンダルで、指先と踵はむき出しだが、すねの前を紐で結ぶ脚絆と一体になったもの」（ティッソ 1993, 119）であろう。外套もイラン系ではなく、ギリシア＝ローマのクラミュスやパルダメントゥムに近い（ティッソ 1993, 108-109参照）。階段蹴込みレリーフかも知れない類例はあるが、人物はズボンをはく（図3）。外套に関し、新資料とグムバットは奇妙な描写も共有する。新資料（図1）の右から2人目とグムバット断片1（図2b）の左から2人目および右端の男は下ろした右腕に外套を掛けているが、それは長い袖のように腕に密着して棒状の輪郭を呈し、手は「袖」に収まって見えない。不自然に袖の長い外套の男はシュネーシャにも現れる（図12fの左か

ら2人目・7人目・右端、gの左端）。

　新資料との類似により、階段蹴込みレリーフとしては等閑に付されていたシュネーシャやグムバットの一群が加わり、これまで専ら標準グループが占めていた資料数は倍増する。

IV. 新資料と階段蹴込み

　本来「グムバット」は、「ブッタン」（仏寺址）に遺る特定の建物、特に仏塔等のドーム状建築を意味する。グムバット仏寺址でこれに当たるのは、今も立ち遺る（Luczanits et al. 2008, 296, Abb.5）、1926年スタイン発見の巨きな堂址である（図2a）。「正しくこの遺構がグムバットと呼ばれている」とスタインは言明（Stein 1930, 12）、仏寺址名は近傍の村名バロー（Balo）で代替する（Stein 1930, 13ff. and Figs. 6-7）。村人がここをバグ＝デリー（神の丘）と呼んでいる可能性、すなわち、新資料（図1）とその片割れ（図2b）は同じ場所で出土した可能性もある。スタインは図2aが像堂（image shrine）であると推測するが（Stein 1930, 13）、出入口の形状（Sttein 1930, Pl.4）からすると聖遺物堂（relic shrine）の可能性が高く、大階段が付属していたはずである[6]。図2bの出土地点の記録はないが、「大塔と周りの小塔群の瓦礫から掘り出した多数の石彫断片は」（Barger and Wright 1941, 17）、専ら図2cのような細長いフリーズで、図2bや新資料のような形状はない。階段蹴込みレリーフが図2aのような堂の付属階段を飾っていた公算は大きい。

　仏教建築の階段蹴込みをレリーフが飾っていた証拠はパキスタンに最低4例あり、アフガニスタンにもある[7]。4例とは、ガンダーラ本領マルダーン域のジャマール＝ガリー（Jamāl-gaṛhī）、ディール地方最南部チャクダラ近郊のアンダン＝デリー（Andan-dheri）、前述スワート地方のシュネーシャ、現在発掘中の本領スワビ北域のアジズ＝デリー（Aziz-dheri）であ

る[8]。内、荘厳が確かに仏塔の階段蹴込みなのはアンダン＝デリーのみだが、大塔ではなく奉献小塔の階段であり、レリーフ自体も標準グループと大きく異なる（図8, No.18）。トリートーンを1体ずつ区切る方式は、おそらく階段蹴込みレリーフであるチャールサダ出土の彫刻板や（図8, No.19）、ジャマール＝ガリーの階段蹴込みレリーフにも見られる（図8, No.20）。

　ジャマール＝ガリーの場合は仏塔の階段ではなく、大塔を囲んで堂群の建つ敷地（北テラス）と約4.5m低い小塔の群立する南テラスを結ぶ大階段である（図13a-b）。大階段の蹴込みレリーフが標準グループと共通するのは像高（約18cmが多数）くらいである。「饗宴・舞楽図」もあり（図13d）、酒杯や楽器を持つ男女が無地の背景の前に並ぶのは標準グループ（図6）と同じだが、人物を（6人ごとに）区切る発想はない。片や、前述No.20ではトリートーンが1体ずつ付柱で区切られる（図8）。資料群には、ハッダの場合と同じく（注7）、仏陀の前世譚を描く「本生図」も含まれる。図13cの上から2段目は「ヴィシュヴァンタラ本生図」であり、他にシュヤーマやマイトラカンヤカの「本生図」もあった（Zwalf 1996, nos.132-135）。所謂「獅子狩り図」では（図13e）、テュニックとズボンを着けた2人の男が装飾のある盾を構えてライオンと対峙するが（Zwalf 1996, vol.I, 241, no.315）、同様の服装と盾の人物はシュネーシャ資料にも現れ（図12hの左から3人目とjの右から2人目）、更には、グムバット資料でも盾を持つ武人の背後に獅子（?）の頭部と前脚らしき図像が確認できる（図2b, 断片2の中央）。新資料の武人たちもまた（図1）、人ではなく野獣に対して盾を構えているのかも知れない。

　アジズ＝デリーの階段蹴込みレリーフも「本生図」を含むようだが、確認できない（理由は注8）。レリーフの飾る階段が付属する基壇は6m四方超の大きさなので、壇上に遺る直径2m高さ1m程の円筒形構造物が大塔の円胴部とは思えない。おそらくは祭壇で、その基壇付属の階段を蹴込

みレリーフが飾っていた建物は聖遺物堂であったと思われる。

シュネーシャの東基壇もまた（図12b）、聖遺物堂の一部らしい。発掘調査以前の筆者の写真を見ると（図12a）、大塔の東側には東基壇の付属階段の遺構が傾斜した瓦礫の堆積として確認できるのみで、もし東基壇が仏塔基壇であったなら大塔のそれと同じように立ち遺っているはずの円胴部や伏鉢は見当たらず、1本の樹があるばかりである。前述のように、蹴込みレリーフによる荘厳が確認されたのはこの東基壇の付属階段である（図12d-e）。

Ⅴ．階段蹴込みレリーフの主題

標準グループ全体の主題を探る試みは、管見では田辺氏の論考のみである（注2参照）。氏は、図5（Nos.1-7）は献花場面ではなく、蓮華を持つのは「天界、仏国土ないし彼岸に復活往生した仏教徒」であり、No.12中央の男女が持つ「葡萄の房と石榴（?）」も奉献物ではなく「豊穣多産、再生復活のシンボル」だと言う（田辺勝美2011, 23）。図6の一群に関しても氏は、「饗宴（歌舞）は、来世の物質的至福の享楽を象徴し」、No.12の童子たちは「楽器を奏でるなどして、その（中央の男女の）再生復活を導き、祝福している」と言う（田辺勝美2011, 23）。

No.12右端の童子は棕櫚を担ぐが、Nos.8, 10, 11にも左手で棕櫚を持つ女がおり、No.11は右手で石榴（?）も持つ（図6）。石榴（?）が「再生復活のシンボル」ならば棕櫚もそうだということになり、するとNo.12の童子たちは「再生復活」者であると同時に「再生復活を導き、祝福している」者にもなる。楽奏する童子としない童子に質的な差があるようには見えず（図6, Nos.11-12）、他の楽奏者（図6-7, Nos.9-11, 13, 17）と楽奏しない人もそうである。互いによく似た僅か数点の「饗宴・舞楽図」に現れる同じ物体（棕櫚や石榴や楽器）を、持つ者によって意味が異なると

見るのは難しい。No.11 で棕櫚と石榴（?）を持つ女の傍らには、仔牛や尾長鶏（?）を抱える童子たちや、演奏や拍手をする女や童子がおり、これらは全て奉献物であろう。奉献儀礼は飲酒や舞楽を伴い、酒や楽奏自体も奉献物と見れば、図6の一群のみならず図7（Nos.13, 17）や図13dの「饗宴・舞楽図」全体が無理なく説明できる。棕櫚を持つ女の1人は（No.10）、右手の指を立てる仕草で隣の男に上方を示す。上方には本来この彫刻板の飾る階段が付属する仏教建築があり、棕櫚が建物（の主）への捧げ物である仕草らしい。図5の人々が持つ蓮華は、内2人（Nos.6-7 各々の左端）が捧げ持つ団子（piṇḍa）か花鞠（?）と同様やはり奉献物であり、彼らは皆この世の住人であろう。蓮華を持つ人々はシュネーシャにも現れ、やはり隣の人物に自分の奉献物を誇示している（図12fの右から2人目と4人目等）。

　田辺氏は、No.15 右端と No.16 右から2人目の男が抱えるイルカは魂を「先導・護送する導師（psychopompos）」であり、皆が櫂を持つこれら12人は魂の「航海や旅路の先導者・護送者と見なすことができる」と言う（田辺勝美 2011, 22）。直近の論考で氏はこの解釈をイルカのみならずケートスにも適用し、竜に似たこの獣を描く階段蹴込みレリーフを挙げる（田辺勝美 2014, 41, 図14）。そこにはケートスと共にトリートーンも現れるが（図9b）、田辺理氏はイルカを担ぐトリートーンを描く階段蹴込みレリーフ断片らしきものの新出を受け、トリートーンもイルカやケートスと同じ psychopompos であるとする（田辺理 2015）。

　標準グループ百人超の登場者が手にする多種多様な物や動物の1つに過ぎないイルカに、それほど深甚な意味を認め得るのか。櫂を持つ男たちが人ではなく海神であったとしても（図7, Nos.15-16）、百人中で彼らだけが魂の航海の先導者という特別の任務を担っていたとも思えない。彼らの櫂は「献花図」（図5）の人々の蓮華と、彼らの2人が抱えるイルカは「献花図」の2人（Nos.6-7 各々の左端）が抱える団子や花鞠と、あるい

は No.11（図 6）の 2 人の童子が抱える仔牛や尾長鶏と、相同である。彼らと他の人々に奉献者として基本的な差がないとすると、彼らを仏教に帰依した諸々の職能集団の 1 つである船乗りたち（boatmen）とするローランドの見解も的外れではない（Rowland 1956, 9）。トリートーンの階段蹴込みレリーフは確かにあるが（図 8）、ジャマール＝ガリーのそれは（No.20）、「饗宴・舞楽図」や「獅子狩り図」や「本生図」等々で成る集団の一員に過ぎないのだから（図 13）、やはり他の登場者とは別格扱いしたトリートーンにのみ魂の導師といった特権を付与するのは難しい。ケートスはまず、階段蹴込みレリーフに現れる確証がない。田辺勝美氏の挙げるサーリー＝バーロール出土の彫刻を（図 9b）、発掘者はフリーズとする（Spooner 1912, 51, Pl.XVa）。シュネーシャのケートス図像群も階段蹴込みレリーフではなく全てフリーズであった（図 9c）。大英博物館蔵パネルも階段蹴込みレリーフでは多分なく（図 9a）、「紋章のように描かれている」ケートスはパネルが荘厳する「建物の礼拝者であると同時に保護者でもあると見なされていたに違いない」（Zwalf 1996, vol.I, 253, no.344）。「紋章のように」という観察は鋭い。サーリー＝バーロールやシュネーシャの作例でも（図 9b-c）、対称・反復・連続といった紋章や文様の特徴が意識されている。ケートス図像の主機能が装飾であることは「三角パネル」において明瞭である。田辺氏の挙げる 1 点を含め（田辺勝美 2014, 42, 図 15）、階段蹴込みレリーフの補助パーツである「三角パネル」にケートスが現れるのは確かである。その形姿は、しかし、蛇のような下半身をもつ怪獣たちの一変種に過ぎないことも確かである。上半身が有翼の竜のようなら怪獣はケートスとなるが（図 10a）、上半身は人の場合も（図 10d）、馬も場合も（図 10b）、羊の場合もある（図 10c）。下半身は必ず蛇のようで、それがとぐろを巻いて三角形の角に入り込み、彫刻に空白を残さぬ工夫である。尾羽根がこの役割を果たす鳥の場合、蛇の下半身との接合は不要で、1 羽の形姿がそのまま 1 個の「三角パネル」を成す（図

10e-f）。こうしてみると、蛇のような二脚を左右対称にもつトリートーンの姿が階段蹴込みレリーフに使われたのも（図8）、専ら装飾の観点からではなかったのか。

前述のように標準グループで武人を描くのは1点のみだが（図7, No.14）、皆が歓談し、武器をふるう者はいない。しばしば蹴込みレリーフと誤認される図11c-dの武人たちも同様である。田辺氏は、No.14の武人たちは魂の旅の「陸上の道中の護送者」であり、海上の道中の護送者であるNos.15-16（図7）の男たちに「対応する」と言う（田辺勝美2011, 23）。一方、新資料の武人たちの何人かは盾を構えて戦っており（図1）、グムバットの片割れの武人たちも明らかに戦闘中である（図2b）。戦う武人を「魂の護送者」等と見るのは難しく、戦闘行為それ自体が「天界、仏国土ないし彼岸」等の主題とはおよそ相容れないであろう。

VI. おわりに

新資料（図1）および新資料が表舞台に引き上げたグムバット（図2）・シュネーシャ（図12）・ジャマール＝ガリー他の（図8, 図13）資料群が加わることで、標準グループ（図5-7）は階段蹴込みレリーフの異例とは言わないまでも、典型的作例とは最早言えなくなる。これら全ての資料を貫く主題を見出すのは難しい。「階段蹴込みレリーフ（stair-riser relief）」は建築部位による分類名称であり、仏教建築の階段蹴込みを飾るという以上の機能や意味を有してはいない、というのが現時点での筆者の結論である。これも今は純然たる憶測だが、階段蹴込みレリーフは古代ローマ美術を、特に霊廟や石棺の図像を下敷きにしているのではないか。ローマの霊廟や石棺がガンダーラでは仏塔や聖遺物堂の相同物と見なされ、前者を飾る図像が後者の荘厳に転用されたのではないか。その際、ローマ図像の側に一貫した意味体系があったのかどうか。筆者は階段蹴込みレリーフにト

リートーン等の神話的キャラクターが使われた主な理由は装飾であると考えたが、ローマ石棺図像におけるケートスの使用を「単なる装飾」とする大御所の意見もあるという（田辺勝美 2014, 43ff.）。石棺図像には深甚な象徴体系が潜んでいるのだとしても、ガンダーラの彫刻家がそれに精通していたはずもなく、ローマ美術の諸々のモティーフを本来の意味や文脈を理解しないまま恣意的に抜粋し、階段蹴込みに並べたのではなかろうか。

a: 伝バグ=デリー出土の階段蹴込みレリーフ, 18.5×44.8cm, 1990年撮影(B氏所蔵時)

図1: 新資料

←b: 現状(筆者蔵)　c: 裏面の鑿痕および下底に残る桝

a: 堂址　　b: 階段蹴込みレリーフ断片1(18.4×26.7cm)　　断片2(13.3×29.2cm)

図2: グムバット仏寺址

c: フリーズ断片 (8.3×43.7cm)

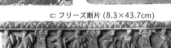

図4: ピッパラ唐草
　　のフリーズ
　コーイ仏寺址出土
　約30×10cm
　ルーヴル美術館蔵

図3: スワート地方出土
　の浮彫板断片
　19×26cm
　旧スワート藩王蔵品

ガンダーラ仏教美術における階段蹴込みレリーフの意味 | 243

No.1: Royal Ontario Museum蔵, 18.4×51.9cm

No.2: カラチ国立博物館蔵, 16.8×34.6cm
(ペシャーワル博物館旧蔵no.22L)

No.3: ペシャーワル博物館蔵(旧no.23L), 17.1×41.9cm

No.4: ペシャーワル博物館蔵(旧no.24L), 17.5×48.3cm

No.5: ペシャーワル博物館蔵(?), 寸法不明

No.6: Rijksmuseum voor Volkenkunde (Leiden)蔵, 寸法不明

図5:「献花図」群

No.7: Wadsworth Athenaeum (Hartford)蔵, 寸法不明

No.8: Victoria & Albert Museum (London)蔵, h.15.9cm

No.9: Royal Ontario Museum蔵, 15.8×42.9cm

No.10: Cleveland Museum of Art蔵, 16.5×43.2cm

図6:「饗宴
・舞楽図」群

No.11: Los Angeles County Museum of Art蔵, 16.2×31.4cm

No.12: Cleveland Museum of Art蔵, 16×53cm

No.13: Cleveland Museum of Art蔵, 17.1×44.5cm

No.14: ペシャーワル博物館蔵(?), 寸法不明

No.15: メトロポリタン美術館蔵, 16.8×43.2cm

No.16: 大英博物館蔵, 16.5(上下枡含17.8)×43.2cm

図7:「舞楽図」, 武人群像, その他

No.17: メトロポリタン美術館蔵, 17.2×40.6cm

図8: トリートーン群像

↑No.18の出土原位置
アンダン=デリー仏寺址の
第10奉献小塔の階段蹴込み

No.18: ディール博物館(チャクダラ)蔵, 15.2×72.6cm

No.19: ラホール中央博物館蔵,
チャールサダ地域「遺丘H」出土,
17.8×66cm

No.20: 大英博物館蔵,
ジャマール=ガリー仏寺
址の大階段蹴込みを飾る
17.8×83.2cm

ガンダーラ仏教美術における階段蹴込みレリーフの意味 | 245

a: 大英博物館蔵, 15.3×44.4cm

b: ペシャーワル博物館蔵, サーリー=バーロール出土, 17.4×51.4cm

c: 3点ともシュネーシャ仏寺址(スワート地方)出土
上: 6×37cm ; 中: 8×42cm ; 下: 7×40cm
図9: ケートスを描く浮彫群

図10: 「三角パネル」群
a-b: ディール博物館蔵 ; c-f: ペシャーワル博物館蔵

c : Royal Ontario Museum蔵, 23.6×50.8cm

a: ペシャーワル博物館蔵, 14.5×44.5cm

b: 大英博物館蔵, タフティ=バイー仏寺址出土, 13.7×34.3cm

d: ディール博物館(チャクダラ)蔵,
アンダン=デリー仏寺址出土, 27.9×53.3cm
図11: 似非「階段蹴込みレリーフ」群

←e: ディール博物館(チャクダラ)蔵,
アンダン=デリー仏寺址出土, 27.9×53.3cm

a: 発掘調査以前の東基壇(Eastern Platform)付属階段遺構 および大塔と階段の遺構 (北東より)　　c: 発掘後の大塔と階段 (北より)

f: 階段蹴込みレリーフ断片1, 18×48cm

g: 階段蹴込みレリーフ断片2, 18×48cm

h: 階段蹴込みレリーフ断片3, 18×56cm

i: 階段蹴込みレリーフ断片4, 18×47cm

↓j: 階段蹴込みレリーフ断片5　18×20cm

図12: シュネーシャ仏寺址

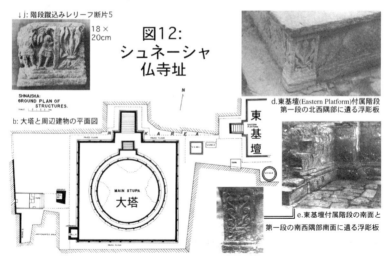

b: 大塔と周辺建物の平面図

d.東基壇(Eastern Platform)付属階段第一段の北西隅部に遺る浮彫板

e.東基壇付属階段の南面と第一段の南西隅部南面に遺る浮彫板

ガンダーラ仏教美術における階段蹴込みレリーフの意味 | 247

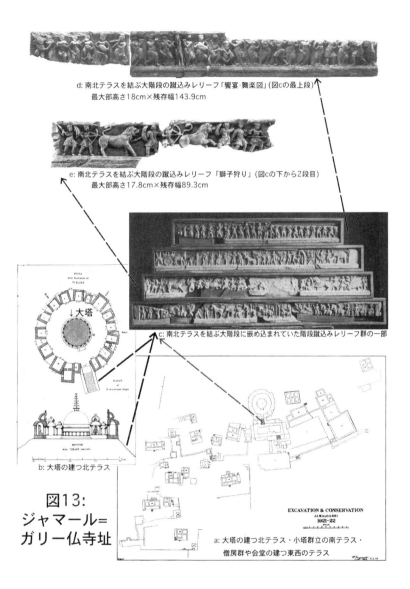

図13: ジャマール＝ガリー仏寺址

d: 南北テラスを結ぶ大階段の蹴込みレリーフ「饗宴・舞楽図」（図cの最上段）
最大部高さ18cm×残存幅143.9cm

e: 南北テラスを結ぶ大階段の蹴込みレリーフ「獅子狩り」（図cの下から2段目）
最大部高さ17.8cm×残存幅89.3cm

c: 南北テラスを結ぶ大階段に嵌め込まれていた階段蹴込みレリーフ群の一部

b: 大塔の建つ北テラス

a: 大塔の建つ北テラス・小塔群立の南テラス・僧房群や会堂の建つ東西のテラス

注

1) 藤原（2004, 188, no.11: Shang-lai=Bagh-dheri）参照。

2) 階段蹴込みレリーフの個々ではなく全体を扱った、田辺勝美（2011）の対象も本稿 Nos.1-17 から Nos.11, 17 を除く標準グループ 15 点であった。

3) 19 世紀末と 1926 年のスタインによる短期踏査を除けば（Stein 1930）、ブネール地方の考古情報は皆無に等しい。来歴不明のガンダーラ彫刻が何でも「ブネール出土」とされた所以である。長期間広くブネールを調査した筆者の見るところ、そこは標準グループの出土地ではまずなく、階段蹴込みレリーフの発源でも流行地でもなかったようである。

4) No.14 は、No.5 と共に、The Church Missionary Society at Peshāwar 旧蔵の後ペシャーワル博物館に収蔵されたとマーシャルの遺著は言うが（Marshall 1960, 36, Pl.29, Figs.45-46）、筆者は一度も 2 点を同館で見たことがなく、この遺著以外の写真も見たことがない。

5) 右端の男の持物を楽器ではなく聖遺物函とする説もあるが（Goldman 1978, 194-195）、同じ物は他の資料でも楽奏に使われている：No.9（図 6）の左から 2 人目の男と図 13d の左から 3 人目の女。男は No.13 と同じく長方形の箱を縦に持ち、女は横に持って、前面の板の溝を指で弾いて音を箱（サウンドボックス）に響かせている。前 9-8 世紀アッシリアの図像にも同様の楽器が登場する（朝日新聞社文化企画局東京企画部編 1996, 150-151, no.121）。

6) 像堂と聖遺物堂のプランの違い、ガンダーラ仏寺での聖遺物堂の重要性、付属大階段もつ聖遺物堂の実例等は拙稿参照（藤原 2008, 97-98 ; 2012, 115, 128, n.18 and 140, 図 20）。

7) ショトラク仏寺址の仏塔 F1 付属階段はトリートーン等の彫刻で飾られていたが、内 2 点は蹴込みレリーフではなく（「獅子座型浮彫」）、他の 1 点は天地逆で階段に嵌め込まれていた（田辺理 2015, 40, 図 6）。ハッダ仏寺群の 1 つチャキリ＝グンディ（Chakhil-i-Ghoundi）の仏塔 C1 付属階段の蹴込みも彫刻板で飾られていたが（ギメ美術館内に復元展示）、「饗宴・舞楽図」1 点以外は、全てシビ王の「本生図」であった（Barthoux 2001, 175-177）。

8) アジズ＝デリーを発掘中のペシャーワル大学ナシム・カーン教授の報告書 3 巻 *The Sacred and the Secular: Investigating the Unique Stupa and Settlement Site of Aziz Dheri, Peshawar Valley, NWFP, Pakistan,* vols.1-3, 2010-2012, Peshawar は未見。本文筆者の知見は、2015 年 5 月 14 日に創価大学国際仏教学高等研究所で聴いた教授の講演 "Excavation at the Buddhist Archaeological Site of Aziz Dheri

（Gandhāra）and its Impact on the History of Religion" による。

図版出典

図 1a-c: 筆者撮影。

図 2a: Stein 1930, Fig.6 ; b-c: Ackermann 1975, Pl.II and Pl.Vb.

図 3: Faccenna and Taddei 1964, Pl.CCCLXXXIVb.

図 4: Foucher 1905, 219, Fig.95.

図 5, No.1: Trubner 1968, 104, Pl.113a; No.2: Ingholt 1957, no.412; Nos.3-4: 筆者撮影（ペシャーワル博物館）; No.5: Marshall 1960, Pl.29, Fig.45; No.6: Ingholt 1957, Pl.IV-3; No.7: Rowland 1956, 10, Fig.3.

図 6, No.8: Rowland 1967, Pl.36; No.9: Trubner 1968, 105, Pl.113b; No.10: Czuma 1985, 173, no.87（B）; No.11: URL（http://collections.lacma.org/node/172831）; No.12: Czuma 1985, 173, no.87（C）.

図 7, No.13: Rosenfield 1967, Fig.58; No.14: Marshall 1960, Pl.29, Fig.46; No.15: Behrendt 2007, 28, no.26 ; No.16: Zwalf 1996, vol.I, Pl.XII, no.301; No.17: Behrendt 2007, 29, no.28.

図 8, No.18 の出土原位置 : Khan 1979, 17, bottom; No.18: 筆者撮影（ディール博物館）; No.19: Foucher 1905, 245, Fig.124; No.20: Zwalf 1996, no.342.

図 9a: Zwalf 1996, no.344; b: 筆者撮影（ペシャーワル博物館）; c: Rahman 1993, Pl. LIIIa.

図 10a-b: 筆者撮影（ディール博物館）; c-f: 筆者撮影（ペシャーワル博物館）。

図 11a: Luczanits et al. 2008, 101, Kat.Nr.36; b: Zwalf 1996, vol.I, Pl.XII, no.302; c: Trubner 1968, 106, Pl.114 ; d-e: 筆者撮影（ディール博物館）。

図 12a: 筆者撮影（1985 年 8 月 7 日）; b-j: Rahman 1993, Fig.5, Pl.IIIb, Pl.XVIIb, Pl. XVIa, Pl.XLVIIa, Pl.XLVIIb, Pl.XLVIIIa, Pl.XLVIIIb, Pl.XXXVIIIb.

図 13a: Hargreaves 1923, Pl.XXIII; b: Cunningham 1872-73, Pl.XV; c: Behrendt 2004, Fig.62; d-e: Zwalf 1996, nos.330-331 and 315.

参照文献

Ackermann, H. Ch. 1975: *Narrative Stone Reliefs from Gandhāra in the Victoria and Albert Museum in London*, Rome (Istituto Italiano per il Medio ed Estremo Oriente).

Barger, E. and Ph. Wright 1941 (rep.1985, Delhi): *Excavations in Swat and Explorations in the Oxus Territories of Afghanistan*, Calcutta (rep. Sri Satguru Publications, Delhi).

Barthoux, J. 2001 (2nd ed.): *The Hadda Excavations, I*, Bangkok (SDI Publications).

Behrendt, K. A. 2004: *The Buddhist Architecture of Gandhāra*, Leiden / Boston (Brill).

Behrendt, K. A. 2007: *The Art of Gandhara in the Metropolitan Museum of Art*, New York.

Cunningham, A. 1872-73 (rep. 1994, Delhi): "Jamāl-Garhi", *Archæological Survey of India: Report for the Year 1872-73*, Delhi (Rahul Publishing House), pp.46-53 and Pls.XIII-XV.

Czuma, S. J. 1985: *Kushan Sculpture*, Cleveland (The Cleveland Museum of Art).

Dani, A. H. 1969: "Excavation at Andandheri", *Ancient Pakistan*, Vol.IV: 1968-69, Peshawar (Department of Archaeology, University of Peshawar), pp.33-64.

Faccenna, D. and M. Taddei 1964: *Sculptures from the Sacred Area of Butkara I (Swat, W. Pakistan), Part 3*, Roma (Istituto Italiano per il Medio ed Estremo Oriente).

Foucher, A. 1905: *L'Art Gréco-bouddhique du Gandhāra, Tome I*, Paris (Ernest Leroux).

Goldman, B. 1978: "Parthians at Gandhāra", *East and West*, Vol.28, pp.189-202.

Hargreaves, H. 1923: "Jamālgaṛhī", *Annual Report of the Archæological Survey of India 1921-22*, pp.54-62 and Pls.XXIII-XXIV.

Hargreaves, H. 1930 (revised ed.; rep. 1977, Delhi): *Sculptures in the Peshawar Museum*, Calcutta (rep. M. C. Mittal Inter-India Publications, Delhi).

Ingholt, H. 1957: *Gandhāran Art in Pakistan*, New York (Pantheon Books).

Khan, A. Z. 1979: *Dir Museum, Chakdara*, Islamabad (Barqsons).

Luczanits, C. et al. (eds.) 2008: *Gandhara: Das buddhistische Erbe Pakistans*, Bonn / Mainz (Verlag Philipp von Zabern).

Marshall, J. 1960: *The Buddhist Art of Gandhāra*, Cambridge (Cambridge University Press).

Rahman, A. 1993: "Shnaisha Gumbat: First Preliminary Excavation Report", *Ancient*

Pakistan, Vol.VIII, Peshawar (Department of Archaeology, University of Peshawar), pp.1-124.

Rosenfield, J. M. 1967: *The Dynastic Arts of the Kushans*, Berkeley / Los Angeles (University of California Press).

Rowland, B. 1956: "Gandhara, Rome and Mathura: The Early Relief Style", *Archives of the Chinese Art Society of America*, vol.X, pp.8-17.

Rowland, B. 1967 (3rd ed., revised): *The Art and Architecture of India*, Baltimore (Penguin Books).

Spooner, D. B. 1912: "Excavations at Sahribahlol", *Annual Report of the Archæological Survey of India 1909-10*, pp.46-62 and Pls.XIII-XXII.

Stein, Sir Aurel 1930: *An Archæological Tour in Upper Swāt and Adjacent Hill Tracts*, Calcutta (Government of India, Central Publication Branch).

Trubner, H. 1968: *Handbook of the Far Eastern Collection*, Toronto (The Royal Ontario Museum).

Tucci, G. 1958: "Preliminary Report on an Archaeological Survey in Swat", *East and West* (New Series), Vol.9, No.4, pp.279-328.

Zwalf, W. 1996: *A Catalogue of the Gandhāra Sculpture in the British Museum* (2 vols.), London (British Museum Press).

朝日新聞社文化企画局東京企画部編　1996 年：『大英博物館アッシリア大文明展—芸術と帝国—』。

田辺勝美　2011 年：「所謂ブネル出土の階段蹴込み浮彫図像の解釈試論」宮治昭編・著『ガンダーラ美術の資料集成とその総合研究：中間報告書』龍谷大学、21-26 頁。

田辺勝美　2014 年：「ガンダーラ美術の図像学研究（10）：釈尊は般涅槃後、いずこに赴いたのか？」『古代オリエント博物館研究紀要』Vol.XXXIV、31-64 頁。

田辺理　2015 年：「イルカを双肩に担ぐトリートーン像の起源と展開：新出ガンダーラ仏教彫刻の図像をめぐって」『佛教藝術』340 号、37-61 頁。

ティッソ、F.　1993 年：『図説ガンダーラ—異文化交流地域の生活と風俗』前田龍彦／佐野満里子訳、東京美術。

藤原達也　2004 年：「ガンダーラ北部域の仏教岩彫り群について—現地考古調査に基づく考察—」慶應大学民考研究室編『時空をこえた対話』六一書房、187-192 頁。

藤原達也　2008 年：「ガンダーラ「仏伝図」再考」『オリエント』第 50 巻第 2 号、90-119 頁。

藤原達也　2012 年：「ブッダの帰還：ガンダーラにおける仏像の起源について」東洋英和女学院大学 死生学研究所編『死生学年報 2012』リトン、109-144 頁。

帝俊考
—— 中国神話の暇な神（デウス・オティオースス） ——

森　　雅　子

Ⅰ．はじめに

　中国の神話を最も豊かに記録し、後世に伝えた『山海経』という書物の中に、帝俊と表記される男神がいる。春秋から戦国時代に至る長い歳月をかけて、巫祝と呼ばれた複数の人々によって編纂されたこの書物の中では、彼は最古のものとされる五蔵山経や各四経からなる海外、海内諸経には全く名前が見出されず、それら先行する諸経を補足するために漢代以降に付け加えられたと推定される大荒諸経（東経、南経、西経、北経）と最後の海内経にのみ登場する。以下にその記述を列挙する。

(1)　大荒の中に山あり。名づけて合虚という。日月の出る所なり。中容の国あり。帝俊中容を生む。
(2)　司幽の国あり。帝俊晏龍を生み、晏龍司幽を生み、司幽思士を生む。
(3)　大荒の中に山あり。名づけて明星という。日月の出る所なり。白民の国あり。帝俊帝鴻を生み、帝鴻白民を生む。
(4)　黒歯の国あり。帝俊黒歯を生む。
(5)　五采の鳥あり。相むかい沙を棄てる。帝俊の下友なり。帝下の両壇は、采鳥が司る。

＊以上、五例は大荒東経

(6) 大荒の中に不庭の山あり。……人あり、三身なり。帝俊の妻娥皇、この三身の国を生む。……淵あり……南旁は名づけて従淵という。舜が水浴した所である。

(7) 襄山あり、また重陰の山あり。人あり、獣を食う。季釐という。帝俊季釐を生む。故に季釐の国という。緡淵あり。少昊倍伐を生み、倍伐降りて緡淵に居る。水ありて四方、名づけて俊壇という。

(8) 東南海の外、甘水の間に羲和の国あり。女子あり、名づけて羲和という。日を甘淵で水浴させている。羲和は帝俊の妻にして、十日（十個の太陽）を生む。

　　＊以上、三例は大荒南経。

(9) 西周の国あり。姫姓。穀物を食う。……帝俊后稷を生み、后稷が地上に百穀をもたらした。后稷の弟を台璽といい、叔均を生む。叔均はその父や后稷に代わり、百穀（の種子）を播き、始めて耕作をした。

(10) 女子あり、月を水浴させている。帝俊の妻常羲、月十二個を生む。

　　＊以上、二例は大荒西経。

(11) 東北海の外、大荒の中……衛于山の丘は三百里四方で、その南に帝俊の竹林あり。その竹の大きさは舟が作れるほどである。

　　＊以上、一例は大荒北経。

(12) 帝俊禺號を生み、禺號淫梁を生み、淫梁番禺を生む。番禺は始めて舟を作った。番禺奚仲を生み、奚仲吉光を生む。吉光は始めて木で車を作った。……帝俊は羿に彤弓（赤い弓）と素矰（白い羽の矢）を賜り、下界の国々を救済させた。羿は始めて下界に赴き、その様々な難儀を救った。帝俊晏龍を生む。晏龍は琴瑟を

作った。帝俊に八子あり、彼らは始めて歌舞を作った。帝俊三身を生み、三身義均を生む。義均は始めて巧みな工人となり、始めて下界の人々の様々な器具を作った。［帝俊后稷を生む。］后稷は百穀（の種子）を播いた。后稷の孫は叔均といい、彼は始めて牛による耕作をした。

　　　＊以上、一例は海内経。

　『山海経』の本文に見出されるこれら十二例の帝俊の記事は[1]、大半がその系譜をいうものであり、中容国、司幽国、白民国、黒歯国、三身国、季釐国、西周国などは彼の子孫が下界に作った国々である[2]。
　また、帝俊の子孫が多くの器具や文明の発明者・考案者の役割を果たしている記事も多出し、中には帝俊の妻である義和が十個の太陽、常義が十二個の月を生んだという特例も含まれている。この他、弓術の名手として名高い羿に武器を与え、下界の国々を救済させたことが特筆されているので、多くの国々の始祖とされ、日月をはじめ、多くの文化英雄たちを子孫に持ち、地上に秩序や平安をもたらした救済者でもある帝俊が、中国の古代神話世界において黄帝に匹敵する至高神であり、創造神としての一面をあわせ持つ存在であったことは疑う余地がない[3]。にもかかわらず、この帝俊という神格は前述したように『山海経』の大荒諸経と海内経にのみ登場し、その他の古文献——中国神話の宝庫と呼ばれる『楚辞』天問にも百科全書として名高い『呂氏春秋』や『淮南子』——にもその名前は全く見出すことが出来ない。本稿においては、帝俊が何故そのように『山海経』のある特定の経にのみ記録され、他の文献には見出されないといった事態を招来したのかを解明したい。

Ⅱ．嚳、舜、黄帝、堯、顓頊、夒（嫛）

帝俊がいかなる理由で『山海経』以外の文献からは姿を消したのかということを解明するに先立ち、従来彼に関して提唱されてきた諸説をとりあげる。

①最も代表的なものとして、帝俊はすなわち五帝の一人である嚳のこととする説がある。例えば、大荒西経と海内経で帝俊の子孫とされている后稷は、『史記』周本紀では帝嚳の正妃姜嫄の子であることが明記され、『楚辞』天問の「后稷は帝の元子（長男）である」という詩句の「帝」も諸注は帝嚳のこととして解釈する。また『初学記』巻九に引く『帝王世紀』には「帝嚳は生まれながらに神異であり、自ら夋と名乗った」とあり、この「夋」は『山海経』の帝俊に他ならないと推定されている。更に海内経に「帝俊は羿に彤弓と素矰を賜り、下界の国々を救済させた」とある「羿」は『説文』に「羿は帝嚳の射官なり」とあり、その家臣であると定義されていることからも、帝俊は帝嚳の別名と考えられてきた[4]。

②ついで帝俊は五帝の一人である舜であり、文字の意味とは関係なく、同音の文字を使って書き直したものであるとする説がある。実際、『山海経』に最も古く、権威のある注釈をした郭璞はこの立場にたち、例えば大荒東経の「帝俊中容を生む」という記事に「俊は舜であり、音を假借したものである」とし、同じく大荒東経の「帝俊の下界の友である五采の鳥が司る帝下の両壇」とは「山裾にある舜の二つの壇」のことであると述べ、帝俊はすなわち舜であると断定している。しかも大荒南経には、「帝俊の妻娥皇、三身の国を生む」とあるが、この娥皇という女性は『列女伝』有虞の二妃では帝堯の娘で、舜に嫁いだ長女の名前であり（次女は女英）、

この女性を妻とした帝俊がすなわち舜でもあったということも多くの学者によって指摘されている[5]。

③帝俊は五帝の筆頭にあげられている黄帝（こうてい）と同定されることがある。黄帝は中国民族の共通の始祖として信じられ、語り伝えられてきた存在であり、同時に農耕神、太陽神、天候神、治癒神、戦神、創造神といった複数の神格・属性を持つ中央の天帝（皇天上帝（こうてんじょうてい））であるが、この最後にあげた創造神としての神格は彼の場合二重の形で表象されている。一つは『史記』五帝本紀に「黄帝は……日月・星辰・水波・土石・金玉を遍く布き及ぶ」とあり、『淮南子』覧冥訓（らんめいくん）では「……日月（星辰）の行を治め、陰陽の気を律し、四時の度を節し、律歴の数を正した」といった類の記述であり、宇宙や地上の秩序を定めた創造神・至高神として特筆され、他の一つは彼自身や子孫・家臣らが様々な器具や文明（天文暦法、衣食住行、武器や文字、音楽など）の発明者・考案者であり、文化英雄であることによって表象されている[6]。一方、『山海経』における帝俊は羲和と常義という二人の妻に十個の太陽と十二個の月を生ませた日月の父であり、黄帝以上に直截的に創造神としての一面を持ち、また彼の子孫が舟、車、琴瑟、歌舞、農耕・牛犁などの発明者・考案者であることによって、彼自身もまた文化英雄であり、黄帝と同様にかつて万物を創造した至高神の人間化した姿をとどめている。しかも海内経に帝俊の子孫として名前の挙げられている禺號は、大荒東経では、黄帝から生まれ、東海に住む海神であるとされ、ここにも帝俊と黄帝の混同が見出される[7]。

④帝俊は五帝の一人である嚳とも同定される。例えば、海内経では羿に命じて下界の国々を救済させたのは帝俊であるが、上述したように『説文』では帝嚳であり、『楚辞』天問の「帝は夷羿を降らせて、夏の民の災いを救済した」とある「帝」は天帝のことと解釈されているが、『淮南子』

本経訓では「堯の時に十日並び出でて禾稼を焦がし、草木を枯らし……
猰貐・鑿歯・九嬰・大風・封豨・脩蛇みな民に害をなす。堯すなわち羿を
して……上は十日を射、下は猰貐を殺し、脩蛇を洞庭に断ち、封豨を桑林
に禽にせしむ。万民みな喜び、堯をたてて天子となす」とあり、羿に命じ
て下界の様々な災害を取り除くよう計らい、その結果として帝位に就いた
のは堯であったことが明記されている[8]。

　⑤更に、帝俊は五帝の一人である顓頊とも同定される。例えば、大荒
東経に帝俊が生んだとする中容（国）は、『春秋左氏伝』文公18年では
「高陽氏の才子八人」の一人にその名前（仲容）があり、高陽は顓頊が天
下を有していた時の号である。

　⑥この他、帝俊は甲骨文字では夔もしくは夒という文字が該当するとい
う説もある。夔は『説文』に「龍の如くにして一足。角や手があり、人面
の形に象る」とあり、また夒に関しては「貪獣なり、一に母猴という。人
に似る」とあるので、二つの文字からは龍の如く頭部に角があり、人間と
同じ顔や手を持つ一本足の山の神が想定され、殷王朝の卜師たちはこの猿
もしくは猿に似た怪物に対して、高祖と呼んで尊崇し、祭祀したことが知
られている。しかも夔もしくは夒は歴史の流れの中で様々な変貌を繰り返
し、やがて地方的に分化した神話伝説の中では、「時に俊・夋・舜・嚳な
ど、いろいろな名前で呼ばれるようになった」と断定されている[9]。

　以上の諸説を総合すると、帝俊は全ての五帝（中国の伝説時代を代表
する聖天子）、すなわち嚳、舜、黄帝、堯、顓頊と同定され、しかも甲骨
文字の夔・夒でもあるということになる。袁珂はこのように様々な説が提
唱されてきたことに関して、とりわけその類似が顕著な「帝俊、帝嚳、舜
は一人の人が何人かに分化した具体的な例である」と断定した上で、『山

海経』では帝俊に関する記述が圧倒的に大荒東経に多いところから、「帝俊は東方の殷族が祀る上帝であり、その偉大さは西方の周族の祀る上帝の黄帝に匹敵するものであった」と定義する。更に、氏は「周族が最終的に殷族を打ち破ったので、黄帝についての神話のほうが沢山残っており、黄帝のほうが偉大に見え……ついには人神共通の祖先となり、帝俊よりも壮大な勢威を誇るようになった。一方、帝俊は敗北した民族の上帝であるので、その神話の大半が散逸してしまったようで、あまり脈絡のない断片が残っているに過ぎない」事態が招来されたことを指摘し、帝俊の神話や記述が『山海経』のある特定の経にのみ出現し、他の文献に見出されない一つの要因は、帝俊が殷族の崇拝する上帝であり、西方の周族の崇拝する黄帝にその優位を奪われた結果であったと解釈する[10]。

III. 暇な神（デウス・オティオースス）

このような袁珂の歴史的な解釈に対して、私はウガリット神話に登場するエルという神をとりあげ、帝俊もまた彼と同様な暇な神であったのではないかという神話的な解釈を提示したいと考えている。1929 年以降、多くの神話テクストがシリア北部の地中海沿岸の港町ラス・シャムラから出土したが、それらは前 14 〜 12 世紀ころにウガリット王国で書かれたもので、エル（エール、イルウ）はそのパンテオンにおける最高神である。ところが彼は「神聖で、慈悲深く、極めて賢い者」と呼ばれ、「全ての神々の父親であり、その集会の主宰者」であるにも関わらず、残されている神話の中ではかばかしい活躍を見せず、むしろバアルやヤムのような若い神々にその地位を脅かされ、妻であるアシェラト（アシェラ、アシラト）や娘のアナトに対しても卑屈に対応する姿が頻出する。例えば、「神々の集会」と名付けられたテクストの冒頭で、彼は「海の王子」ヤムに脅迫されると、バアルの権威を否定し、その身柄を唯々諾々と前者に

引渡すことを承認し、その後アシェラトやアナトがヤムとの戦いで勝者と
なったバアルの神殿建設の許可を強要した時も、あっけなく彼女らに屈服
している[11]。このようなエルの態度、もしくは役割について、ミルチア・
エリアーデは次のように述べている。

> エルはその形容辞によって力ある神、真の地上の主と称えられ、供犠
> を捧げるべき神として真っ先にあげられているにもかかわらず、神話
> の中では肉体的に弱く、決断力に欠け、老化し、引退している神とし
> て現れる。エルを軽蔑する神もいる。ついには彼の妻であるアシェラ
> トとアナトは、バアルに奪われてしまう。従って、エルへの賛辞は、
> エルが事実の上でもパンテオンの主であった昔の状況を反映している
> (に過ぎない)、と結論しなければならない。宇宙を創造し、主宰する
> 年老いた神が、より活動的で宇宙の豊饒を専門的に司る若い神に取っ
> て代わられることは、よく見られる現象である。創造神が暇な神(デ
> ウス・オティオースス)になり、自己の創造物から次第に遠ざかって
> ゆくことがしばしば起こるが……ときに、この交代は神々の世代間、
> ないしはその代表者のあいだの闘いの結果である。[12]

　なお、エルはしばしば「雄牛」と呼ばれ、強さと創造力を象徴し、「優
雅な美しい神々の誕生」というテクストでは、二人の女を創り、彼女らと
交わってシャハルとシャリム(金星として顕現し、それぞれ「夜明け」と
「黄昏」、すなわち一日の始まりと終わりを表す星)と名付けられた双子の
神、続けて五もしくは七人の息子(豊穣の七年間を象徴する神々)を生ん
だことが語られている。しかしこの段階ですら既にエルは不能であり、彼
が二人の女と交わるため、天に向かって矢を射て、一羽の鳥を落し、炭
火の上で焼いたこの肉を食することによって、ようやく精力を回復して彼
女らを懐妊させることが出来たことが暗示されている[13]。従って、繰り返

すことになるが、エルとは「全ての神々の父」であり、「創造物の創造者」の称号を持ち、年功と優れた知恵に裏打ちされて主権を克ち得た最高神、ウガリット神話の主神であったが、やがて若くて血気盛んな「嵐の神」バアルにその地位を奪われ、去勢され、シュメル・アッカド神話のアン・アヌやヒッタイトの「クマルビ神話」のアラルやアヌ、ギリシア神話のウラノスやクロノス等と同様に神々の世代交代に敗れて引退した神、すなわち暇な神だったと結論することが出来よう。

このようなエルに対応するものとして、『山海経』に登場する帝俊もまた様々な国の始祖として祀られ、また多くの子孫を持つことによって「神々の父」という称号がふさわしい存在である。実際、彼の子孫が舟、車、琴瑟、歌舞、農耕・牛犁などの発明者・考案者であることは、上述したように彼自身が文化英雄であり、創造神・至高神であったことの一表現であり、エルと同様に「創造物の創造者」という称号に相応しい存在であったということも可能である。この他、帝俊の二人の妻、義和と常義はそれぞれに十個の太陽と十二個の月を生んだことが特筆されているが、この記述は帝俊の創造神としての神格・属性を強調すると同時に、二人の女にシャハルとシャリムという二つの天体、すなわち「夜明け」と「黄昏」に輝く金星を生ませたエルを想起させずにはおかない。しかもエルがこの段階で既に不能のレッテルを貼られていることと対応するかのように、大荒南経では義和が、大荒西経では常義が生まれたばかりの子供たちを「水浴」させている神話の背景に、彼女たちは「子の太陽や月を水浴びさせているのではなく、義和は陽光の照射する水中で沐浴して身ごもり、十個の太陽を生んだのであり、常義は月光の照射する水中で沐浴して身ごもり、十二個の月を生んだのである」として、中国神話に特有の「感生帝説」（感精伝説、異常出生説話）の可能性を指摘する説もあり、もしそうであるならばそれはまた一種の帝俊の不能を表現するものであったと言えよう[14]。ともあれ、帝俊はエルと同様に、二つの天体（前者は日月、後者

は金星）の父親という役割を演じる男神であり、しかも彼らはその二人の妻と「海岸あるいは大洋のほとり」や「甘水・甘淵」のような水辺で出会い、彼女らを懐妊させている。しかし何よりもエルと帝俊の類似点は、彼らが上述したように「神々の父」であり、「創造物の創造者」であり、二つの天体の父であり、それぞれのパンテオンにおける最高神としての神格・属性の持ち主でありながら、暇な神に落魄していることである。実際、ウガリット神話のエルはバアルに代表される若い神々にその主権を奪われ、「老化し、引退した神」として描かれ、『山海経』に登場する帝俊もまた多くの国々や子孫の始祖・父祖とされながら、その国々や子孫もしくは子孫が発明・考案した文明の器具や技術も、後に五帝と総称される他の神々もしくは帝王に簒奪され、帝俊自身すら彼らと混同され、時に同定されるに至ったのも、彼が暇な神であったことの証となるであろう。

IV. 結びにかえて

　はじめに書いたように、帝俊が『山海経』のある特定の経にしか記録されない要因を解明するにあたって、彼とよく似たウガリット神話のエルが若い神々にその主権を奪われ、暇な神になったことをとりあげ、帝俊もまた同じように暇な神の一人であったと考えられることを述べてきた。最後に、彼を落魄させ、暇な神に貶めたのは誰であったかということを論及しておきたい。上述したように、袁珂はこれを殷周革命において勝者となった周民族の上帝である黄帝に帰しているが、私は帝俊と同定されることの多い舜であったと考えている。実際、彼らは名前の類似ばかりではなく、様々な神格・属性を共有しているが、とりわけ海内北経に見える「舜の妻の登比氏（とうひ）が川の辺で宵明（しょうめい）と燭光（しょくこう）という二人の娘を生んだ」という記述は、帝俊の二人の妻が太陽と月を生んだ神話と驚くほどぴったりと吻合している。恐らく、舜は禅譲（ぜんじょう）（天子が有徳な家臣に帝位を譲る中国独自の王権の

世代交代）という形で地上における五帝最後の地位を獲得し、帝俊の神話の多くを自らのものとし、彼に全てを奪われた帝俊は暇な神に落魄して、名ばかりの最高神としての僅かな記録を残すのみになったのであろう。なお、帝俊がそのように暇な神となり、忘れられていく一方で、舜は今日もなお人々の崇拝を受け、彼の伝承や祭儀が中国の一部の地域では残存し、生きた信仰の対象となっていることは興味深い事実である[15]。

注

1) この他、大荒東経に記録された鞠陵于天・東極・離瞀という日月の出る山に吹いてくる風の「俊」を加えると、帝俊および俊の記述は十三例になる。一方、白川（1975：165）は、『山海経』には俊の文字を用いた関係記事は二十三条におよぶとする。恐らく俊を舜と同定し、後者の名前で表記された十例の記事をも加えた数と思われるが、本稿においてはとりあえず両者を弁別して論究する。

2) 袁珂（1999：485–486）では、上述した七国に加えて大荒東経の蒍国も帝俊の子孫の国に数え、「帝俊に八子あり」とする海内経の記事に対応させ八国とする。

3) 人類に有益な、あるいは意義深い発明や発見をもたらした人物は、学界では文化英雄という術語で呼ばれ、それは万物の創造者である「至高神が人間化することによって生じた変形であり、派生物である」と定義されている。大林（1966：125–126）に引用されたエーレンライヒの「神々と文化英雄たち」参照。

4) 郝懿行の『山海経箋疏』をはじめ、多くの注釈家はこの説をとり、『拾遺記』巻一の「帝嚳の妃である鄒屠氏の女は日を呑み込む夢を八回見て、八人の子（八神・八元）を生んだ」という記事が、海内経の「帝俊に八子あり」という記述に対応すること、また『春秋左氏伝』文公18年に帝嚳（高辛氏）の八人の才子の一人にあげられている季貍（貍）は俊の子孫の国に同名のものがあり、帝嚳の四人の妻（姜嫄、簡狄、慶都、常儀）のうちの常儀も、『山海経』に記録された帝俊の三人の妻（義和、常義、娥皇）の常義とほぼ同名であることなどが指摘されている。

5) 白川（1975：166）は「俊・嚳・舜は同じ神にして名を異にするもの」と断じ、袁珂（1980：345）は、海内経の「帝俊三身を生み、三身義均を生む」の義均は舜の子の商均であること、大荒北経の「帝俊の竹林」が竹に関する神話伝説の主人公である帝舜の二妃を連想させることなどをあげて、俊＝舜とする郭璞の説を是とする。

6) 銭穆（1978：17–29、注（3））及び森（1997：245–251）など参照。

7) 但し、『山海経』に見出される神々、もしくは帝王の系譜、および彼らの子孫が始めて作った器具に関しても一般的な伝承とはちがったものが多い。例えば、『初学記』所引の『世本』は舟を作ったのは（番禺ではなく）共鼓と貨狄、車を作ったのは（吉光ではなく）奚仲、また琴瑟は（晏龍ではなく）伏義と神農が作ったとする。

8) とはいえ、帝俊と堯にはこの記述以外には、類似する神格・属性や、対応するエピソードは見出されない。しかも後漢の王充の『論衡』説日では、十個の太陽を射落としたのは堯自身であることが明記されているので、現行の『淮南子』に見える

帝俊考 | 265

「羿」の文字は不要であり、これら全ての英雄的行為は堯の事績であり、それ故に万民みな喜び、堯をたてて天子となしたと解釈する説もある。

9) 貝塚（1976: 24-36）、白川（1975: 164–165）など参照。

10) 袁珂（1993: 247-250）は「上帝は天帝とも、単に帝とも呼ばれる宇宙を支配する神」を指し、必ずしも唯一神ではなく、各民族や部族によっては異なる名称のもとに崇拝されていたが、「時代の推移に伴い、民族そのものや、各民族の宗教や文化が絶えず互いに吸収・改変しあい、上帝や鬼神の数が増えていき、伝承されている神話」にも変化・変貌が起こった可能性を説く。

11) 杉勇他（1978: 275–312）、グレイ（1993: 174-250）、クロス（1997: 67–125）など参照。Cf. Ginsberg (1955: 129–155), De Moor (1987: 123–134).

12) エリアーデ（1991: 165–168、458）はメソポタミアとその周辺部によく見られる「神々の世代交代」の神話は、ウガリット神話の本質的テーマとしても再構成することが可能であり、「バアルがエルにとって代わり、至高神に昇格する様を示している」実例として、ある夥しく欠損したテクストをとりあげている。そこでは、バアルはエルの宮殿に奇襲を仕掛け、彼を縛り、傷つけ、この時「あるもの」が地上に落ちたが、それは「諸神の父」が去勢され、その主権を奪われたことを意味している。以後、エルは神話の主役の座を降り、不能者として描かれ、しかもその結果としてバアルに二人の妻を奪われ、「河川の源、冥界の穴」に亡命を余儀なくされた。一方、バアルはエルの息子とされながら、「ダガーンの息子」と呼ばれる唯一の神である。ダガーンは「穀物」を意味する言葉で、それゆえ彼の息子であるバアルは豊饒・多産を司る神格の持ち主であり、「雲に乗る者」「大地の主、王子」と呼ばれる若い神である。彼は妻であり、妹でもあるアナトと共に年老いた神々（エルとアシェラト）に挑戦し、その主権を奪い、後者を暇な神に貶めるのである。

13) イヴ・ボンヌフォア（2001: 228–231）によれば、「エルは（優雅な美しい）神々の誕生を語るテクストでは、生殖能力の絶頂を保っている善良で賢い老人として登場し、優雅な神々と二つの天体の父親である。……彼は海岸あるいは大洋のほとりで二人の女に出会い、直ちに彼女たちと交わりたいと思う。そして彼の性器は海のように伸びる。エルの性器は波のように伸びる。しかしこの段階で、彼は不能に陥り、彼の性器は頭を垂れ、エルの性器の緊張は緩む。そこで彼は天に向かって矢を放つ。彼は天の鳥を射て、その鳥を炭の上に置き、火で焼き、恐らくその鳥を食べることによって二人の女を妻にした」とあり、エルが一度は不能に陥り、ついでバビロニア人にとって精力復活剤であった鶏肉によって癒され、更に「この結合からシャハルとシャリムという二つの天体、すなわち「明けの明星」と「宵の明星」が生まれ、ついで名前もわからない優雅な神々が誕生した」と解釈されている。なお、エリアーデ（1991: 168）は、「このエルが天体神を生むテクストは、彼の生殖

能力を立証する例外である」とし、グレイ（1993: 186, 237–238）も、「この非常
に難解なテクスト……その露骨で下品な笑劇の中では、驚くべきことにエルが粗野
で、いくらか馬鹿げた役割を演じ」、また「愚鈍な好色漢として描かれている」と
述べ、共にエルを否定的に捉えている。

14）過偉（2009: 324–325）に引用された、徐華龍『中国神話文化』遼寧教育出版社、
1993 年参照。なお、感生帝説はいうまでもなく、生まれてくる子供——神々や建
国の始祖、英雄、時に孔子や老子のように宗教の開祖たち——が偉大であることを
神秘的な誕生によって強調することを主眼とし、母親は天界からもたらされた燕の
卵（殷の始祖となる契の母・簡狄）や巨人の足跡（周の始祖となる后稷の母・姜
嫄）、稲妻や星辰、虹（黄帝の母・附宝、顓頊の母・阿女、舜の母・握登）などに
感応し、処女懐胎によって出産している。従って、父親は有名無実であり、殆ど男
性原理として機能することがなく、不能にも通じる存在であったということが可能
である。

15）舜の生きている伝承や祭儀に関しては、小学校の同級生であり、書家である竹内公
一（公静）氏から貴重なご教示を受けた。氏が中国を旅行して採集してこられた資
料に関しては、今回紙幅の関係で触れることが出来ないが、ここに記して感謝の意
を表したい。

参照文献

De Moor, J. C. 1987: *An Anthology of Religious Texts from Ugarit*, Leiden-New York-Københaven-Köln: Brill.

Ginsberg, H. L. 1955: "Ugaritic Myths, Epics and Legends," in Pritchard, J. B. (ed.) *Ancient Near Eastern Texts Relating to the Old Testament*, Princeton: Princeton University Press, 129–155.

袁珂　1980：『山海経校注』上海古籍出版社。

銭穆　1978：『黄帝』台湾東大図書公司。

袁珂　1993：『中国の神話伝説』上、鈴木博訳、青土社。

袁珂　1999：『中国神話・伝説大事典』鈴木博訳、大修館書店。

エリアーデ、ミルチア　1991：『世界宗教史Ⅰ』荒木美智雄他訳、筑摩書房。

大林太良　1966：『神話学入門』中央公論社。

過偉　2009：『中国女神の宇宙』君島久子他訳、勉誠出版。

貝塚茂樹　1963：『神々の誕生』筑摩書房（貝塚茂樹　1976：『貝塚茂樹著作集』第五巻、中央公論社、所収）。

グレイ、ジョン　1993：『オリエント神話』森雅子訳、青土社。

クロス、フランク・ムウア　1997：『カナン神話とヘブライ叙事詩』輿石勇訳、日本基督教団出版局。

白川静　1975：『中国の神話』中央公論社（白川静　1999：『白川静著作集』第六巻、平凡社、所収）。

杉勇他訳　1978：『古代オリエント集』筑摩書房。

ボンヌフォア、イヴ編　2001：『世界神話大事典』金光仁三郎他訳、大修館書店（Yves Bonnefoy (ed.), *Dictionnaire des mythologies: et des religions des sociétés traditionnelles et du monde antique,* Flammarion, 1994, 1981）。

森雅子　1997：「黄帝伝説異聞」『史学』66（4）、639-659（森雅子　2005：『西王母の原像』慶應義塾大学出版会、所収）。

世界史の大学入試問題における
古代オリエント史

高 田 　 学

Ⅰ．はじめに

　1994（平成6）年に高等学校学習指導要領が改訂された際、世界史が必修化された。つまり制度上では、1994年以降日本の高等学校に入学した生徒は、世界史Aもしくは世界史Bを履修してきたことになる[1]。もちろん、2006（平成18）年に発覚した世界史未履修問題もあって、全ての生徒に世界史の知識が充分に教授されてきたわけではない。しかし、多くの生徒および卒業生にとって世界史が高校生活の一部を占めていたことは確かである。

　当然ながら古代オリエント史は、世界史の中で先史時代に続き学習することの多い単元である。先史時代から現代までを満遍なく扱う世界史Bのみならず、近現代を中心的に扱う世界史Aにおいても、これまでに編集されてきた教科書では、冒頭もしくはそれに近い箇所に登場することが多かった。すなわち古代オリエント史は常に、この20余年にわたり、多くの高校生にとって、地理歴史科の学習の出発点とも言える分野であった。新学年になってから比較的早い時期、という学習意欲が高まる時期に教授されること、また古代オリエント世界が持つ先進性や独自性に衝撃を受けることで、高校時代はもとより、卒業後も記憶に鮮明に残ることが多い分野である。

本論集の読者諸氏の中には、世界史の授業に影響を受け、古代オリエント史研究の道に進まれた方も少なくないであろう。この分野へ優秀な研究者を輩出するために、高校世界史の授業の冒頭部分が面白い、となるべく多くの生徒に感じてもらうことは非常に効果的である。ただ、それ以上に効果があるのは、大学への進学を希望する高校生の最大の関心事である大学入試に、古代オリエント史を扱った問題が、特定の時代・地域・テーマに偏ることなく、しかも豊富に出題されることである。近年、現代世界の諸問題を解決する力を養うため、などという理由により、世界史の入試では近現代史重視の傾向が強まっている[2]。この状況下においては、大学入試で古代オリエント史が扱われる頻度が、内容の重要性に比して低いことが推測される。また出題内容についても、内容の多様性に比して一定の偏りがあることが予想される。しかし、大学入試における古代オリエント史の位置づけを考察した論考はこれまで見られることはなかった。そこで本稿では、高等学校学習指導要領が抜本的に改訂された 2003（平成 15）年[3] から 2015（平成 27）年までの世界史の大学入試を取り上げ、古代オリエント史がどのように取り上げられているかを明らかにし、この分野の研究が発展していくにあたって必要な、大学入試のあるべき姿について論じたい。

II．出題数および出題大学数

上記の期間内、すなわち 2015 年までの 13 年間の大学入試を見ると、195 の大学の入学試験において世界史が出題され、確認できた大問[4] の数は 11,966 に上る。このうち、古代オリエント史[5] を扱った大問[6] の数は 843 であり、全体の 7.0％を占めた。現行の世界史教科書で古代オリエント史に割かれている分量の割合が 3％前後であることと対比すると、同分野が大学入試において高い頻度で取り扱われていることがわかる。また大

学数で見ると、古代オリエント史を出題した大学は国公立23、私立113の計136大学（表1）で、世界史を出題した195大学の69.7％を占めた。これらの事実を総合すると、同分野が日本の大学入試においてある程度重視されていると考えられる。

表1　古代オリエント史に関する問題を出題した大学（五十音順）

【国公立大学】（文部科学省所管外の大学校含む）
愛知教育　大阪　岡山　九州　京都　京都府立　高知工科　公立鳥取環境　静岡文化芸術　首都大学東京　高崎経済　千葉　筑波　東京　東京学芸　新潟　兵庫県立　福井　防衛　北海道　宮崎　横浜市立　和歌山

【私立大学】
愛知　愛知学院　愛知工業　愛知淑徳　青山学院　跡見学園女子　追手門学院　桜美林　大阪学院　大阪経済　大阪経済法科　大阪産業　大阪商業　大妻女子　学習院　学習院女子　神奈川　川崎医療福祉　川村学園女子　関西　関西学院　関東学院　畿央　岐阜聖徳学園　九州国際　九州産業　京都産業　京都女子　共立女子　杏林　近畿　倉敷芸術科学　慶應義塾　皇學館　甲南　神戸学院　國學院　国士舘　駒澤　札幌学院　産業能率　実践女子　順天堂　城西　上智　昭和女子　椙山女学園　駿河台　成蹊　成城　聖心女子　清泉女子　西南学院　摂南　専修　創価　大同　大東文化　中央　中京　中部　津田塾　帝京　天理　東海　東京経済　東京国際　東京女子　東京都市　東京農業　東京理科　同志社　東北学院　東洋　東洋英和女学院　徳島文理　獨協　中村学園　名古屋外国語　名古屋学院　名古屋学芸　奈良　南山　日本　日本女子　浜松（現常葉大学）　阪南　広島経済　広島文教女子　フェリス女学院　福岡　佛教　文教　文京学院　法政　北星学園　北海学園　松山　武庫川女子　武蔵　明治　明治学院　名城　明星　山梨学院　立教　立正　立命館　龍谷　流通科学　流通経済　和光　早稲田
（2003 ～ 2015 年の間に1回以上出題した大学）

Ⅲ．出題傾向

受験生に古代オリエント史の用語を実際に記述させた小問（単答記述問題）が、どのような事項を解答に要求していたかを見ていく。2015年までの過去13年間に出題された事項は236種類に上り、小問数では1,309を数えた。表2では、2回以上単答記述形式で出題された事項を出題回数順に列挙した。なお各事項の末尾に付した○付数字は、2015年度に使用されている世界史Bの7種類の教科書のうち、何種類に掲載されている

用語であるかを示している。「ヒッタイト」（34 回）を筆頭に、「アケメネス朝」（32 回）、「楔形文字」（26 回）、「アッシリア」「アメンホテプ 4 世」（どちらも 23 回）など、古代オリエント史の骨格を理解する上で欠かせない用語が続く。紙幅に限りがあるため掲載しなかった、1 回だけ単答記述問題に現れた用語も含めると、世界史 B の教科書に登場する古代オリエント史の専門用語（以下「教科書用語」と称する）をほぼ網羅していると言ってよい。

　ただし、エジプト史については「スフィンクス」「ミイラ」「ネフェルティティ」をはじめとする一部の用語、フェニキア文字から発展して成立したという文脈で教科書に現れる「アルファベット」、ユダヤ教を知るための重要資料として教科書で取り上げられている「死海文書」、そしてササン朝の国際性を説明する際に用いられている「獅子狩文錦」「正倉院」「漆胡瓶」など、単答記述問題としては出題されなかった用語も一定程度存在することも明らかとなった。特に、日本史と世界史の関連について取り扱うよう新旧の学習指導要領で指示されている中で、いや指示されていないにせよ、古代の日本とオリエント世界とのつながりを示唆する、上述の数少ない手がかりについて、入試問題で充分な形で触れられていないことには留意すべきであろう。さらには、「都市国家」「階級社会」「多神教」などの抽象的概念を含む用語が、単答記述問題として出題された例も見られなかった点も見逃せない。

　一方で、アッシリアに次いでオリエント世界の再統一に成功した人物という文脈で現れる「カンビュセス 2 世」（3 回）、パリサイ派との争いが生じていたユダヤ教の教派として問われる「サドカイ派」（2 回）、ギザの三大ピラミッドの一つを造営した「メンカウラー」（2 回）など、現行の世界史教科書には明確に記されていないものの、いくつかの大学入試では問われているケースも散見された。

世界史の大学入試問題における古代オリエント史 | 273

表2　単答記述問題で扱われたテーマ（出題回数2回以上。○内は掲載されている現行教科書の数）

順	事項	回数	順	事項	回数
1	ヒッタイト⑦	34	41	アレクサンドリア⑦	11
2	アケメネス朝⑦	32	41	ジッグラト⑥	11
3	楔形文字⑦	26	41	ソロモン⑥	11
4	アッシリア⑦	23	41	ティグリス川⑦	11
4	アメンホテプ4世（イクナートン）⑥	23	41	バビロン捕囚⑦	11
6	シュメール人⑦	22	41	ヤハウェ⑦	11
7	シャンポリオン⑦	20	48	海の民⑥	10
7	リディア⑦	20	48	ギルガメシュ叙事詩③	10
9	ダレイオス1世⑦	19	48	ムセイオン⑥	10
9	ヒクソス⑦	19	48	ユダ王国⑥	10
9	ヘロドトス⑦	19	48	ラメス2世③	10
12	アッカド人⑦	18	53	旧約聖書⑥	9
12	サトラップ⑦	18	53	クテシフォン⑦	9
12	ゾロアスター教（祆教・拝火教）⑦	18	53	クフ⑤	9
12	モーセ⑦	18	53	死者の書⑦	9
16	ハンムラビ⑦	17	53	シドン⑥	9
17	プトレマイオス朝⑥	16	53	ダマスクス⑦	9
18	ササン朝⑦	15	53	ノモス⑤	9
18	パルティア（安息）⑦	15	60	アルデシール1世⑤	8
20	アムル人⑥	14	60	イェルサレム⑦	8
20	セレウコス朝⑤	14	60	サルゴン1世④	8
20	テーベ⑥	14	60	シャープール1世⑥	8
20	ニハーヴァンドの戦い④	14	60	ティルス⑧	8
20	メディア⑦	14	60	ファラオ⑦	8
20	ロゼッタ=ストーン⑦	14	60	ヘレニズム⑦	8
26	ダヴィデ⑥	13	60	ミタンニ⑥	8
26	テル=エル=アマルナ⑤	13	68	アトン⑥	7
26	ヒエログリフ⑦	13	68	アマルナ美術⑤	7
26	メンフィス⑥	13	68	パピルス⑦	7
30	アヴェスター⑥	12	68	バビロン④	7
30	アラム人⑦	12	68	民用文字⑥	7
30	アレクサンドロス⑦	12	73	アモン③	6
30	カルタゴ⑦	12	73	イスラエル王国⑥	6
30	キュロス2世⑦	12	73	ウァレリアヌス④	6
30	新バビロニア（カルデア）⑦	12	73	オシリス⑥	6
30	ニネヴェ⑥	12	73	ギザ④	6
30	ネブカドネザル2世③	12	73	セム語派⑥	6
30	フェニキア人⑦	12	73	バビロン第一王朝⑦	6
30	ユーフラテス川⑦	12	73	ホスロー1世⑥	6
30	ユダヤ教⑦	12	73	六十進法⑦	6
41	アフラ=マズダ⑤	11	82	アッシュール=バニパル⑤	5
			82	アルサケス⑥	5
			82	ウルク⑦	5

順	事項	回数
82	王の道⑥	5
82	カッシート⑥	5
82	ハンムラビ法典⑦	5
82	マニ教⑦	5
82	メソポタミア⑦	5
82	ラー⑦	5
91	アーリマン⑤	4
91	アラム文字⑥	4
91	インド＝ヨーロッパ語族⑥	4
91	カナーン③	4
91	古王国⑥	4
91	神官文字②	4
91	スサ⑤	4
91	生産経済⑥	4
91	ナイル川	4
91	復讐法⑦	4
91	バクトリア⑥	4
91	パレスティナ⑥	4
91	ベヒストゥーン碑文②	4
91	メロエ⑥	4
105	ウル⑦	3
105	エジプト⑥	3
105	エジプトはナイルの賜物⑥	3
105	エラトステネス④	3
105	獲得経済⑥	3
105	カデシュの戦い②	3
105	カンビュセス2世	3
105	クシュ王国⑤	3
105	クレオパトラ⑦	3
105	彩文土器⑦	3
105	新王国⑥	3
105	選民思想⑥	3
105	ディアドコイ⑤	3
105	鉄	3
105	鉄器時代①	3
105	肥沃な三日月地帯②	3

順	事項	回数
105	フェニキア文字⑤	3
105	ヘブライ人⑦	3
105	ペルシア戦争⑦	3
105	ペルセポリス⑦	3
105	磨製石器⑦	3
105	目には目を、歯には歯を⑥	3
127	アナトリア⑦	2
127	アモン＝ラー⑤	2
127	アリストテレス⑦	2
127	イッソスの戦い⑥	2
127	ウル第三王朝③	2
127	王の目・王の耳⑥	2
127	コイネー⑤	2
127	最後の審判⑦	2
127	サドカイ派	2
127	シャー⑥	2
127	出エジプト⑤	2
127	新約聖書⑦	2
127	青銅器③	2
127	前6世紀	2
127	前722年	2
127	測地術⑥	2
127	太陰暦⑥	2
127	太陽暦⑦	2
127	ダレイオス3世⑦	2
127	ノアの洪水伝説②	2
127	農耕⑦	2
127	ピラミッド⑦	2
127	ヘブライ王国⑥	2
127	ボアズキョイ②	2
127	ミロのヴィーナス⑦	2
127	メシア⑦	2
127	メンカウラー	2
127	預言者⑥	2
127	ラガシュ④	2
127	ローリンソン③	2

○内の数値は、2014（平成 26）年度に使用された世界史Bの教科書に掲載されている用語を網羅した、全国歴史教育研究協議会 2014 による。

IV. 時期・地域ごとの傾向

次に、表2に挙げた各テーマの出題回数を千年紀単位および地域ごとに検討する。表3は、各テーマの出題回数を、千年紀単位・地域単位に合計して示したもので、1回以上単答記述問題として出題された用語をもとに算出している。

まず時期ごとにテーマの出題回数を見ると、前4千年紀以前が28回（2.1％）、前3千年紀が136回（10.4％）、前2千年紀が244回（18.6％）と、時間の流れとともに増加し、前1千年紀のテーマを扱った単答記述問題の出題数は、最多の591（45.1％）に上った。教科書用語の時期ごとの割合と比較すると、教科書用語の6.0％を占める、「獲得経済」「生産経済」「牧畜」など前4千年紀以前に関する用語の出題数の割合が、上述の通り2.1％に留まっていることが注目される。これは、受験生にとって解

表3　時期・地域ごとの出題回数

千年紀	エジプト	メソポタミア	シリア・パレスチナ	イラン	小アジア	その他の地域	複数地域	年代	合計	教科書用語
前4以前		6					22		28 (2.1%)	15 (6.0%)
前3	45	90						1	136 (10.4%)	25 (10.0%)
前2	100	54	30		39		19	2	244 (18.6%)	35 (13.9%)
前1	87	65	143	203	22	23	41	7	591 (45.1%)	97 (38.6%)
後1			1	57			10		68 (5.2%)	16 (6.4%)
複数	101	47	42	3	2	4	43		242 (18.5%)	63 (25.1%)
合計	333 (25.4%)	262 (20.0%)	216 (16.5%)	263 (20.1%)	63 (4.8%)	27 (2.1%)	135 (10.3%)	10 (0.8%)	1,309	251
教科書用語	55 (21.9%)	40 (15.9%)	42 (16.7%)	36 (14.3%)	7 (2.8%)	17 (6.8%)	42 (18.3%)	8 (3.2%)	251	

教科書用語の数および割合は、全国歴史教育研究協議会2014をもとに算出した。

答しづらい、都市国家形成期以前の抽象的用語を敬遠する大学が一部に存在したとも考え得る。そして、教科書用語としては13.9％に留まった前2千年紀に関する用語の出題数の割合が18.6％を占めていることも特筆される。前章で述べたように出題回数が34に上った「ヒッタイト」が、前2千年紀の出題数割合を押し上げた。さらには、「楔形文字」「ヒエログリフ」「ティグリス・ユーフラテス川」など複数の千年紀にまたがる用語は、教科書用語数の25.1％を占めるのに対し、出題数の割合においては18.5％に留まった。これも、より具体的な国名・人名・事件名などを優先しようと各大学が考えた結果、ととらえることもできる。

　一方、地域ごとにテーマの出題回数を見ると、エジプト・メソポタミア・イラン・小アジアを扱った単答記述問題の出題数の割合が、教科書用語の地域ごとの割合よりも大きいことがわかる。エジプト・メソポタミアはいわゆる「四大文明」の発祥の地として教科書でも大きく扱われている上に、前3千年紀から前1千年紀にかけ学習すべき重要人物・諸王朝・出来事が偏りなく、しかも相当数存在することから、大問のテーマとして取り上げやすい。このことが出題数割合を押し上げたものと考える。時代を超えて様々な用語が満遍なく出題されているエジプト・メソポタミアとは対照的に、イランを扱った263の単答記述問題のうち、8割近くの203問が前1千年紀に関連する用語で占められた。これは、「アケメネス朝」（32回）、「ダレイオス1世」（19回）、また「サトラップ」（18回）など、アケメネス朝に関連する用語が多くの大学で何度も出題されてきたことによる。そして、小アジアにおいては、上述のとおり34回も出題されてきた「ヒッタイト」に加え、「リディア」（20回）も出題数割合を拡大させた。

V．出題ジャンル

　これまで古代オリエント史に関する単答記述問題の出題傾向を時期・地域ごとに見てきたが、その内容から何らかの傾向を看取できるだろうか。各小問の解答を「国名・民族名」「人物名」「都市名」「社会経済」「言語・文化」「宗教」「政治」「地理」のジャンルで分類し、表4にジャンルごとの出題回数を示した。最も出題回数が多いジャンルは国名・民族名（357回）で、人物名（234回）、言語・文化（220回）と続く。現行の世界史教科書に登場する用語の14.3％を占めるに過ぎない国名・民族名が、大学入試問題では27.3％という大きな割合を占めていることがわかる。表2からもわかるように、国名・民族名は多くの大学入試問題で取り上げられている。諸民族・王国の興亡が古代オリエント史の理解の根幹を成している以上、民族・国家の知識は最優先で学習すべきである。大学がこの部分をしっかり問いたいと考え、その結果上述のような出題傾向に至るのは当然と言える。

　しかしこうした出題傾向は、世界史学習者に古代オリエント文明の先進性や独自性を意識させる一方、数百万年という人類史の中に古代オリエント史を位置付ける機会を失わせ、古代オリエント文明が他の諸文明から隔絶しているかのような誤解を与えかねない。もちろん、アルファベット・キリスト教・六十進法など、現代世界にまで多大な影響を与え続け、高校世界史の教科書

表4　ジャンルごとの出題回数

ジャンル	出題回数		世界史教科書掲載の用語	
国名・民族名	357	(27.3%)	36	(14.3%)
人物名	234	(17.9%)	41	(16.3%)
言語・文化	220	(16.8%)	53	(21.1%)
都市名	158	(12.1%)	24	(9.6%)
宗教	139	(10.6%)	30	(12.0%)
政治	113	(8.6%)	27	(10.8%)
地理	58	(4.4%)	21	(8.4%)
社会経済	24	(1.8%)	13	(5.2%)
その他	6	(0.5%)	6	(2.4%)
総計	1,309		251	

にも大学入試にも取り上げられている、古代オリエント世界の遺産は数多く存在する。ただ、古代のギリシア・ローマ・インドなどに比べ、その後の世界史との連関性を低くとらえる学習者は少なくないであろう。世界史学習を始めた矢先に古代オリエントの諸民族・国家の興亡などを事細かに記憶することに集中せざるを得ない一方、その後学習する古代ギリシア・ローマ史やインダス文明、アーリヤ人進出以後のインド史の分野は、そうした労苦の度合いが幾分低いばかりか、宗教・社会経済などの面で中世、近代、そして現代社会との連関性がより明確である。この点を考慮すると、高校世界史の冒頭部である古代オリエント史の学習内容が、長い人類史の流れの中でより明確に位置づけられる構成になり、それが大学入試にも反映されるようになれば、古代オリエント史に苦手意識を持つ生徒を減らし、興味関心を持つ生徒を増やす効果が得られるであろう。

VI. 論述問題の内容

　本稿ではこれまで、古代オリエント史に関する単答記述問題に焦点を当て、その出題傾向を分析してきた。それは、受験生に実際に用語を記させる問題こそ、各大学が受験生に理解しておいてほしい知識を、最も反映していると考えるからである。さらにもう一種類、各大学が高校生に求めている学習内容を鮮やかに映し出していると考えられるのが、文章で解答させる論述問題である。受験生に明確なテーマを与え、それに沿って論じさせる論述問題は、単答問題に比べ採点に労力を要するだけに、各大学が古代オリエント史を重視しているのか、などを知る上で最適な情報をもたらしてくれるはずである。

　2015年までの13年間に43の、古代オリエント史に関連する論述問題が、全国の大学で出題されている（表5・表6）。私立大学による出題や指定字数が少ないのは、国公立大学より受験生が多い上に、上述のとおり

表 5　国公立大学入試の論述問題

	テーマ	指定字数
1	アケメネス朝による東地中海世界支配の進展と衰退	400
2	アケメネス朝の異民族支配の特徴	150
3	アケメネス朝の形成過程	100
4	アケメネス朝の言語・文字	80
5	アケメネス朝の支配体制	100
6	アッシリア王の統治方法	なし
7	アラム人の活動と歴史的意義	なし
8	アラム人の商業活動の特徴と、アジア諸地域に与えた影響	200
9	アレクサンドロス大王の東方遠征の経過	400
10	エジプトの統一国家成立におけるナイル川の意味	なし
11	エジプトの農耕における洪水の意義	なし
12	エジプトにおける統治者と神の関係	なし
13	オリエントでヘブライ人だけが一神教を信仰していた理由	70
14	出エジプトがヘブライ人の思想・文化に与えた影響	50
15	シュメール都市国家の政治	60
16	前 17 世紀〜前 12 世紀のエジプトとシリア地方との関係	400
17	前 8 世紀〜前 4 世紀の西アジア世界における広域支配国家の興亡	400
18	ゾロアスター教について	100
19	太陽暦と太陰暦の基本的特徴	なし
20	ディアスポラの過程	なし
21	ナイル川の洪水とエジプト農業との関係	なし
22	ナイル川の洪水と王権の発生との関係	なし
23	バビロン捕囚の結果	なし
24	ハンムラビ法典について	なし
25	フェニキア人とアラム人の文字文化	なし
26	フェニキア文字の特徴	なし
27	ペルシア戦争の発端	80
28	ヘレニズム文化について	なし
29	メソポタミア・エジプトにおける暦とその発達理由	90
30	ユダヤ教の成立過程	120
31	ユダヤ教の他民族・他宗教との関係における特質	なし
32	ユダヤ教の特徴	なし
33	ユリウス暦の仕組み	なし

表6　私立大学入試の論述問題

	テーマ	指定字数
1	アケメネス朝の中央集権体制	なし
2	アケメネス朝の服属民統治の特徴	25
3	アマルナ美術登場の背景	なし
4	アラム語が広く使われた背景	なし
5	エジプトの文化	120
6	灌漑技術の発達にともなってあらわれてきた国家の特徴	なし
7	バビロン捕囚の開始と終了の経緯	80
8	ハンムラビ法典中の刑法の特徴	50
9	ハンムラビ法典の特徴	なし
10	ヘロドトスが「エジプトはナイルのたまもの」といった理由	40

採点に単答問題より多くの労力を要するため敬遠された結果と推測され、他の単元でも同様の傾向が見られるであろう。それよりも重視したいのは、43という論述問題の総数が、13年間に出題された論述問題を含む大問1,475の2.9％に過ぎないということである。これはⅡの冒頭で述べたように、現行の世界史教科書で古代オリエント史に割かれている分量の割合とほぼ等しい。ただ、古代オリエント史に関連する大問が世界史の入試の大問全体の7.0％を占めることを考えると、古代オリエント史を論述問題の素材とすることに消極的な大学が多いことがわかる。

　テーマを地域ごとに概観すると、エジプト、メソポタミア、シリア・パレスチナ、イランから偏りなく出題されている。またアッシリアやアケメネス朝、マケドニアといった世界帝国や、アラム人やカルデア人などオリエント世界内で広範囲に活動した集団を取り上げ、古代オリエント世界内における複数の民族・国家・地域などの歴史を特定の視点から比較したり、歴史上の事件の内容や意義を論じさせたりする問題をいくつか確認できた。しかし表5の20にあるディアスポラの過程を論じる問題のような、オリエント世界以外の地域との歴史的なつながりを説明する問題や、複数地域を何らかの切り口で比較する問題は稀有である。Ⅴでも述べたように、古代オリエント文明が他の諸文明から隔絶しているかのような誤解を与えないよう、作問過程においてより配慮できれば、人類史の中で古代

オリエント史を容易に位置づけることも可能となり、この分野に対する生徒たちの興味関心を育むことにも貢献できるはずである。

VII. おわりに

これまでの分析から、以下のことを指摘し得る。まず出題頻度や出題大学数を見る限り、古代オリエント史の分野は世界史の大学入試問題において、論述問題を除けばある程度重視されている。これは、世界史教育における近現代重視が叫ばれる中においては僥倖と言ってよい。入試問題のうち多くの単答記述問題が、最多出題数の「ヒッタイト」をはじめ、教科書用語をほぼ網羅しており、総体的に見れば特定地域・時代に偏らないバランスの取れた出題がなされている。ただし、古代のイランと日本の文化的関連を示唆する教科書用語「獅子狩文錦」「正倉院」「漆胡瓶」が取り上げられていないなど、オリエント世界とその他の地域との関係に対する作問者の意識は総じて希薄である。また国名・民族名、人物名、そして都市名といった固有名詞が解答すべき事項として重視されている一方で、抽象的概念を含む普通名詞が問われるケースはほとんどなかった。これにより、固有名詞に恵まれているエジプト・メソポタミア・イラン・小アジア、また前3千年紀から前1千年紀にかけての出題が目立つ。また論述問題を見ると、イランやエジプトなど特定地域にテーマを絞ったものが多く、複数地域間の連関性を説明したり、複数地域を比較したりする問題はあまり見られない。

このような傾向は、世界史学習者に古代オリエント文明の先進性や独自性を意識させることには成功しているが、古代オリエント世界と、他地域および中世以降の世界との連関性への意識を希薄化させている可能性がある。世界史学習の冒頭において、人類史における古代オリエント史の重要性を理解する以前に、諸民族・国家の興亡の記憶に汲々とせざるを得ず、

世界史への関心そのものを失わせかねない状況を生み出しているとも言える。この問題を解決するためには、単答記述や論述といった問題形式を問わず、例えば現在進行中の情報通信革命と18世紀後半からの産業革命の延長線上に、食料生産革命を明確に位置づけ、約1万年前から前4千年紀にかけてオリエント世界で起こった変化が、人類全体にとっていかに重要かについて気付かせるなど、メソポタミアにおける都市国家形成以前の社会経済に焦点を当てた問題がより多く出題されるべきである。またヘレニズム期のオリエント世界について、アケメネス朝以前のオリエントと古代ヨーロッパとを結びつける場であることを、従来以上に強調して出題することも効果的である。

　そして、小川英雄先生の多年にわたるご研究により諸相が明らかになってきたミトラス教も、古代オリエント世界からどのように、ローマ社会でいかに大きな力を持つに至り[7]、帝国やキリスト教会といかなる関係を有したのかに着目しながら取り上げることで、古代オリエント世界と現代世界との関連性を意識させる好材料となり得るであろう。

注

1) 世界史Aは、世界の歴史の大きな枠組みと展開を、近現代史を中心に理解させる科目である（文部科学省 2009：15）。それに対し世界史Bは、世界の歴史の大きな枠組みと展開を、各時代、各地域の歴史の重要な事項を中心に学ぶ科目である（文部科学省 2009：30）。

2) 全国の 58 大学 98 学部で出題された 2015 年度の世界史の入試問題を見ると、近現代史に関する問題が全 390 問中の 49.9％を占めていたのに対し、古代〜中世に関する問題は 33.8％に留まっている（旺文社 2015：2–3）。

3) 2003 年改訂の高等学校学習指導要領では内容の精選化が行われ、いわゆる「ゆとり教育」が導入された。同要領は 2003 年高校入学者から適用されたため、2003 年の入試問題が完全に同要領に準拠しているわけではない。ただ、旧要領適用中の入試問題の一部で、新要領の内容が反映される事例は少なからず存在する。1999（平成 11）年に発表されている同要領の内容が、2003 年の入試問題へ部分的に反映されたことは充分考えられる。

4) 特定テーマによって作成された小問の集合を指す。

5) 本稿のいう古代オリエント史とは、食料生産革命からササン朝滅亡までの、エジプトを含む西アジア史のことをさす。なお、世界史教科書の一般的構成に従い、ヘレニズム期についてはアレクサンドロスの東方遠征・セレウコス朝・プトレマイオス朝・バクトリア・パルティアに関連する事項だけ古代オリエント史に含めている。また前 1 世紀以降、東地中海世界を支配下に置いたローマ、ならびにキリスト教の成立・発展は含めていない。ただし、エデッサの戦い（260 年）でササン朝の捕虜となったローマの軍人皇帝ウァレリアヌスなど、古代オリエント諸勢力と密接な関わりを持つ古代ヨーロッパの人物・事象については対象としている。

6) 大問全体が古代オリエント史をテーマとしているものもあれば、小問において部分的に扱われた例もあるが、本稿では「古代オリエント史を扱った大問」として一括している。

7) ミトラス教は、後 2 世紀に入るとシリアの地ではドゥラ・エウロポス駐屯のローマ軍パルミラ部隊の宗教として、またローマの外港オスティアの居留外人の宗教として姿を現し、コモドゥス帝の治世（176–192 年）までに急速に全ローマ帝国に流布する（小川 1993：318）。

参照文献

旺文社　2015：『全国大学入試問題正解 15 世界史』。

小川英雄　1993：『ミトラス教研究』リトン。

ジェイシー教育研究所　2003-2015：『全国大学入試問題データベース Xam 世界史』。

全国歴史教育研究協議会　2014：『世界史用語集』山川出版社。

文部科学省　2009：『高等学校学習指導要領解説　地理歴史編』。

執筆者紹介

近森　正　（ちかもり　まさし）　　慶應義塾大学名誉教授

金関　恕　（かなせき　ひろし）　　天理大学名誉教授

Amihai Mazar　（アミハイ　マザール）　ヘブル大学名誉教授

月本昭男　（つきもと　あきお）　　立教大学名誉教授、
　　　　　　　　　　　　　　　　　上智大学神学部特任教授

間舎裕生　（かんしゃ　ひろお）　　慶應義塾大学文学部非常勤講師、
　　　　　　　　　　　　　　　　　東京文化財研究所客員研究員

長谷川　修一　（はせがわ　しゅういち）立教大学文学部准教授

伊藤早苗　（いとう　さなえ）　　　ヘルシンキ大学人文学部研究員

永井正勝　（ながい　まさかつ）　　東京大学附属図書館特任研究員

牧野久実　（まきの　くみ）　　　　鎌倉女子大学教育学部教授

江添　誠　（えぞえ　まこと）　　　慶應義塾大学文学部非常勤講師、国士舘
　　　　　　　　　　　　　　　　　大学イラク古代文化研究所共同研究員

徳永里砂　（とくなが　りさ）　　　アラブ　イスラーム学院研究員、
　　　　　　　　　　　　　　　　　金沢大学人間社会研究域客員准教授

杉本智俊　（すぎもと　ともとし）　慶應義塾大学文学部教授

藤原達也　（ふじわら　たつや）　　共立女子大学非常勤講師

森　雅子　（もり　まさこ）　　　　元中央大学文学部非常勤講師

高田　学　（たかた　がく）　　　　開智中学・高等学校教諭

あとがき

　この度、私たちの敬愛する小川英雄先生傘寿記念論文集を出版できますことをうれしく思います。本来、もっと早い機会に先生の記念論文集を出したいという願いは多くの者の心に去来していたのですが、諸般の事情でこの時期になってしまいました。しかし、ここに思いを形にすることができ、のどのつかえが少しとれたような気もします。また、先生に対して改めて感謝の思いを深くしています。

　小川英雄先生の研究生涯は、まさに日本の古代オリエント研究、とりわけ地中海地域の歴史考古学研究の歴史そのものだといえるでしょう。小川先生は、慶應義塾大学文学部で長年古代オリエント考古学と西洋古代史を指導されました。また、1996 年から 2000 年までは日本オリエント学会の会長を務められ、それ以前にも長年理事として、この分野の研究を牽引されました。当時外国での発掘調査はほとんど行われていない中で、日本初の西アジアにおける発掘調査隊であるテル・ゼロール遺跡の調査に参加され、日本におけるパレスチナ考古学の基礎を据えられました。一方で、古代ローマの密儀宗教の研究も続けられ、多くの著作、翻訳を世に出されました。

　本書に掲載した先生の著作目録は、これ自体が日本の古代オリエント研究の歴史を反映するものとして意味があるのではないかと思います。特に『イスラエル考古学研究』（山本書店）と『ミトラス教研究』（リトン）は、先生の二つの大きな研究分野の結実だといえます。

　古代オリエント研究を行うためには、聖書はもとより、ギリシア・ローマ神話、ユダヤ教、イスラームなど、広範な知識が要求されます。語学と

しても、英独仏語はもちろん、ギリシア語、ヘブル語など、さまざまな言語が必要となります。さらに、フィールド・アーキオロジストとしての経験も重要です。こうしたいくつもの壁を乗り越えないと、現代社会や思想の基層となっている文化を理解することはできません。

　小川先生は、若い時から一貫してこの課題に取り組み、慶應義塾大学でカエサルの『ガリア戦記』を翻訳された近山金治先生に西洋古代史を、『アラビアン・ナイト』を翻訳された前島信次先生に西アジア史の薫陶を受けられました。また、先生は、英独仏語はもちろん、留学先のオランダ語、ギリシア語、ラテン語、ヘブル語もおできになります。先生のヘブル語のメモのことは本書でマザール教授も紹介しています。宗教にも造詣が深く、イスラエルの発掘調査にも長年実地で携わってこられました。そして、なによりも研究が好きで、入院中に原稿を持ち込んでベッドの上で執筆することもしばしばだったようです。まさに学者の鑑のような方だといえるでしょう。

　小川先生自らがこうして高い壁を越え、道を拓いてくださったので、それに続く世代の者にとってははるかに容易にこの分野の研究に携わることができるようになりました。本書は、小川英雄先生とともに研究に関わってきた同僚たちと先生のご指導を受けた後進の研究者たちによって執筆されました。その分野は、まさに古代オリエントの歴史考古学全般に広がっています。ひとりで小川先生の研究の全分野を引き継ぐことのできる者はいませんが、先生が積み重ねてこられたご功績がそれぞれの研究の基礎となっていることがわかります。

　本書の出版にあたっては、小川先生のご家族から貴重なお写真や著作データをお借りいたしました。お礼を申し上げます。さらに、多くの方々が、ご挨拶、論文を寄せてくださいました。海外から、また体調の優れない中、原稿をお送りくださった方々もおられます。心から感謝いたします。また、出版は、小川先生の多くの著作を手がけてこられた有限会社リ

トンの大石昌孝氏が引き受けてくださり、ご協力くださいました。

　小川英雄先生の八十歳の誕生日を記念し、このような記念の出版をすることができることをうれしく思います。執筆者一同、小川先生の学恩を覚え、今後も研究に精進していく所存です。

小川英雄先生傘寿記念献呈論文集刊行会

杉本智俊　牧野久実　永井正勝

古代オリエント研究の地平
——小川英雄先生傘寿記念献呈論文集

発行日　2016 年 9 月 30 日

編　者　小川英雄先生傘寿記念献呈論文集刊行会
発行者　大石　昌孝
発行所　有限会社リトン
　　　　101-0061　東京都千代田区三崎町 2 -9 -5 -402
　　　　　　　　　FAX 03-3238-7638
印刷所　互恵印刷株式会社

ISBN978-4-86376-051-6　　　　　　　　　<Printed in Japan>

発掘された古代オリエント

小川英雄 著
● A5判上製　187頁　本体 2,000 円＋税

　本書は純然たる考古学書ではない。オリエント各地から、とりわけ、この百数十年の間に知られるようになった考古遺跡や考古遺物を主な資料とする歴史記述であり、古代オリエントについての考古学的知識を総括したものである。旧約聖書の背景を俯瞰的に見るための書でもある。

〈目次〉
序説　オリエントと考古学／第 1 章　石器時代／第 2 章　シュメール人とバビロニア人／第 3 章　アッシリア人とイラン人／第 4 章　エジプト人／第 5 章シリア・パレスティナ／第 6 章　アナトリアとウラルトゥ

ISBN978-4-86376-022-6

ミトラス教研究

小川英雄 著
● A5判上製　401頁　本体 4,854 円＋税

　ローマ帝国において流行したミトラス教の起源およびその成立過程（前 1 世紀−後 2 世紀）を解明する。当時、キリスト教がローマ帝国内に急速に流布しつつあったが、同じく西アジア起源のミトラス教もほぼ同じ布教範囲を持っていたので、この起源と成立過程の研究によって、初期キリスト教史の理解を深めることができる。本邦初の本格的ミトラス教研究書として、キュモン以来の研究を紹介し、研究法をも示す。
　「著者はキュモンのミトラス学の視点の広さ、洞察の深さ、方法論の多様さを受けつぎつつ、なおその「起源説」と「発展形成説」の矛盾をつき、新しい考古資料とそれらをめぐる研究者たちの論議を再考して新しい問題の地平を切り開こうとしている。……ミトラス学にもう一つの視座を与えるものである。本書のおかげで私たちはポスト・キュモンの研究の動向を鳥瞰できるだけではなく、キュモンの彼方に豊かで新しい問題の糸をたぐることもできるということを教えられる。宗教に関心をもつ者はかならず繙くべき書であろう。（和光大学教授・前田耕作「書評」より）

ISBN978-4-947668-05-9